LA MÉDITATION SUR-MESURE

Dr Robert Butera

LA MÉDITATION SUR-MESURE

Créez un programme qui vous corresponde

Traduit par Alison Feucherolles

2019

Améthyste Éditions

À propos de l'auteur

Le Docteur Robert Butera, titulaire d'un Master en théologie et d'un doctorat, étudie la méditation et le yoga depuis 1984. Il a fondé le YogaLife Institute de Devon, en Pennsylvanie, où il forme des instructeurs de yoga, des thérapeutes du yoga et publie le magazine *Yoga Living*. Il est diplômé de l'Institut de yoga de Bombay, Inde, de la Earlham School of Religion et du California Institute of Integral Studies (1998). Instructeur de yoga depuis toujours, n'ayant qu'une carrière, Bob a ouvert l'Institut YogaLife après avoir terminé son doctorat. Auteur de *The Pure Heart of Yoga: 10 Essential Steps to Transformation* [Le cœur pur du yoga : 10 étapes essentielles pour la transformation] (Llewellyn, 2009), il a également formé plus de 750 professeurs de yoga dans des programmes en Pennsylvanie, à Exeter, au New Hampshire et à Brantford, en Ontario. Rendez-vous sur www.MeditationForYourLife.com pour des clips vidéo gratuits.

Améthyste Éditions
29 les hautes louves
83820 RAYOL CANADEL
FRANCE

www.amethyste-editions.com

Retrouvez-nous sur les réseaux sociaux
Facebook @AmethysteEditions
Twitter @AllianceMagique
Instagram @alliancemagique

Couverture et mise en page : Sandrine Pennard
Image couverture : © Istockphoto / slobo
Traduction : Alison Feucherolles
Titre original : *Meditation for your Life: Creating a Plan That Suits Your Style*

2143 Wooddale Drive Woodbury, MN 55125-2989

Un Label des Éditions Alliance Magique
ISBN : 979-10-97154-27-1
Dépôt légal : 3e trimestre 2019

Éloges de La Méditation sur-mesure et du programme de méditation du Dr Robert Butera :

« Fortement recommandé pour les enseignants, les étudiants et les professionnels de la santé. »

- Dr Larry Payne, co-auteur de *Yoga pour les nuls, Yoga Rx,* et *The Business of Teaching Yoga* [Les affaires de l'enseignement du yoga]

« Le livre de Robert Butera est le premier que j'ai vu qui mette en perspective les différentes méthodes et aide donc l'étudiant à commencer à déterminer quelle approche lui convient le mieux… Cela a été extrêmement utile dans ma propre pratique et ma compréhension. »

— John Kepner, directeur exécutif de l'Association internationale des yoga thérapeutes

« Vous ne pourriez pas avoir de meilleur guide à travers les six styles de méditation majeurs que le maître Yogi et l'érudit Robert Butera. Que vous enseigniez la méditation ou que vous fassiez vos premiers pas dans la pratique, ce livre est à votre portée ! »

— Amy Weintraub, MFA, ERYT-500, fondatrice de l'Institut de guérison LifeForce Yoga, auteure de *Yoga for Depression* [Yoga pour la dépression] et *Yoga Skills for Therapists* [Techniques de yoga pour thérapeutes]

« Les étudiants nous disent que la philosophie non dogmatique du Dr Butera a permis de dissiper leurs craintes concernant la méditation. Ils étaient motivés à pratiquer régulièrement et ont ainsi trouvé une paix plus profonde, une meilleure humeur et des relations plus saines au quotidien. Les étudiants apprécient l'approche personnalisée. »

— Erin Byron, directeur de l'Institut Welkin YogaLife,
Brantford, Ontario, Canada

« Ce guide merveilleux couvre les bases de la méditation, offrant une variété de techniques et un moyen d'auto-évaluer quel style fonctionnera le mieux pour chaque individu. »

— Dr Christopher Key Chapple, professeur Doshi de théologie indicative et comparée, Université Loyola Marymount,
auteur de *Yoga and the Luminous [Le Yoga et le Lumineux]*

« J'ai enseigné le cours du Dr Butera pendant deux ans avec un immense succès. Les étudiants s'engagent dans la méditation et sont capables d'appliquer les pratiques à leurs besoins personnels. »

— Julie Rost, RYT, formatrice de professeurs de yoga,
directrice du Blue Moon Yoga, Exeter, New Hampshire

« Le cours du Dr Butera inspire une solide base de méditation pour tous les étudiants. Avec la prise de conscience et la motivation accrues, une pratique solide commence. J'ai vu beaucoup d'étudiants s'épanouir à partir de ces enseignements. »

— Brian Serven, professeur de méditation et de yoga,
responsable du Blue Moon Yoga, New Hampshire

« Le cours du Dr Butera apporte de profonds changements dans la vie des étudiants. Parce qu'il se concentre sur différents types de pratiques, il est vraiment novateur et constitue une excellente ressource pour les praticiens débutants et avancés. »

— Tina Devine, professeur de méditation et de yoga

« Je recommande fortement ce cours à tous les étudiants en yoga qui souhaitent apprendre la pratique de la méditation. Le Dr Butera a comblé un vide avec un programme qui introduit efficacement la méditation. »

— Dr James Dougherty, professeur de yoga

SOMMAIRE

Remerciements

Ce livre est un hommage à tous ceux qui se sont occupés de moi et ont partagé leurs connaissances avec moi au fil des ans. C'est avec la plus modeste gratitude que je remercie et honore tous leurs dons et contributions uniques. Tout d'abord, ma femme, Kristen, qui est plus affectueuse et plus encourageante que les paroles ne peuvent l'exprimer. Mes parents, qui avaient confiance en moi, ne m'ont pas forcé à exercer une profession « rationnelle » et ont soutenu ma décision de voyager et d'étudier en Asie et en Inde en tant que jeune adulte. Pour mon grand-père, qui a médité tous les soirs avec son chapelet et m'a appris les valeurs de la persévérance et le respect des cycles de la nature.

Pour tous mes professeurs au Japon et à Taiwan où j'ai appris à méditer, notamment le Friends World College, l'Ittoen Community, la Communauté de psychothérapie Naikan, Yamagishi Kai et M. Sakai Sensai.

À mes gourous de l'Institut de yoga de Bombay, en Inde, en particulier le Dr Jayadeva et Hansaji Yogendra qui m'ont donné une formation très sophistiquée et individualisée en yoga, thérapie par le yoga et méditation.

Pour tous les membres de la Society of Friends, en particulier ceux de la Earlham School of Religion de Richmond, dans l'Indiana, où j'ai réalisé mon Master en divinité.

Aux membres dévoués du California Institute of Integral Studies qui ont éclairé mes études de doctorat, en particulier les docteurs Yi Wu, Jim Ryan, Paul Schwartz, Rick Tarnas et Rina Sircar.

À tous les participants et enseignants du programme Meditation for Your Type pour leurs commentaires, leur dévouement et leurs efforts inlassables au nom du Yoga et de la méditation, en particulier Erin Byron, Julie Rost, Brian Serven et Tina Devine.

Pour ma tante, Marge McDonald, dont l'expérience en tant qu'auteure m'a permis de publier mon premier livre, *The Pure Heart of Yoga* [Le cœur pur du Yoga]. Aux rédacteurs en chef Vesela Simic et Joshua Rusbuldt pour leur patience et leurs commentaires éclairés, ainsi qu'aux personnes de Llewellyn Worldwide, y compris Angela Wix et son équipe, pour avoir fait de ce livre une réalité.

INTRODUCTION

Une fois, en Inde, un mentor m'a fait remarquer qu'il était très long de parcourir un peu plus de la moitié du monde pour apprendre des principes aussi simples. Ces mots n'avaient aucun sens pour moi, âgé de vingt-cinq ans, qui aimait l'aventure des voyages à l'étranger et l'exploration exotique de cultures anciennes. Aujourd'hui, son argument est logique : vous n'avez pas à voyager à travers le monde pour apprendre à vous calmer. Vous pouvez travailler, prendre soin de votre famille et assumer des responsabilités tout en vous concentrant sur votre propre investigation et paix intérieure.

Ce livre systématise les étapes qu'un débutant parcourt dans le développement d'une pratique de méditation. Il comprend un programme de style de vie basé sur les besoins de chaque méditant. J'ai évalué mon parcours et celui de centaines d'étudiants pour développer ce manuel en méditation, qui vous aidera à établir une pratique de méditation et un mode de vie personnalisés. Ce livre vous guidera pour découvrir ce sur quoi vous devez travailler en vous demandant de considérer les questions clés. Je ne recommande pas un moyen pour tout le monde. Au lieu de cela, vous remplissez les blancs pour créer votre propre programme.

Mon but ici avec vous est d'être un auteur aussi transparent que possible, partageant mes expériences pour illustrer davantage l'approche de la méditation inclusive et individualisée pour votre type, y compris la probabilité que, avec le temps, vous puissiez changer votre façon de pratiquer.

Ce livre met en évidence les enseignements clés pour quiconque souhaite plus de concentration et de tranquillité d'esprit. L'objectif est de transmettre deux leçons fondamentales : *(1) il est possible de trouver un type de pratique de méditation qui convienne à votre personnalité pendant une à deux séances calmes par jour et (2) être assis en silence dans une posture de méditation n'est qu'une petite partie de ce que j'appelle le « mode de vie de la méditation », ce qui est nécessaire pour une pratique réussie et durable.*

En d'autres termes, pour que « rester assis là » fasse une différence dans votre vie, le reste de votre vie doit soutenir cette concentration et cette paix. La bonne nouvelle est que toute étape dans la tranquillité d'esprit est un pas dans la bonne direction !

Comment est né ce programme

La première ébauche de ce livre a commencé quand on m'a demandé d'écrire un essai de vingt pages pour un cours de méditation pendant mes études de doctorat en thérapie de yoga en 1994. La méditation était un aspect clé dans la dissertation sur la thérapie de yoga. La définition de base de la méditation est une méthode pour focaliser l'esprit mais cette compréhension ne remplit pas vingt pages. Sur des centaines de livres, mes recherches ont porté sur vingt-cinq uniquement, superposés sur la table de la bibliothèque où je travaillais. La tâche était ardue, que pouvait-on dire qui n'ait pas déjà été écrit ?

En lisant le livre de Daniel Goleman, *The Meditative Mind:The Varieties of Meditative Experience* [L'esprit méditatif : les variétés de l'expérience méditative], dans lequel il explore les principales voies de méditation du monde, l'inspiration m'a submergé. À cette époque, il y avait peu de livres comme celui-ci. Goleman a expliqué le processus de conscience qui se développe à travers onze types différents de méditation. J'ai décidé de classer les nombreux types de méditation dans mon essai. Après de nombreuses recherches et quelques débats animés avec des collègues sur les traditions de méditation du monde, voici un résumé des six principaux types de méditation :

1. La respiration
2. La visualisation
3. Le mantra

4. Dévotion, prières ou intentionnalité
5. La pleine conscience
6. L'introspection contemplative

Les cinq objectifs de ce livre en cinq parties

Bien qu'il existe de nombreux types de pratiques de méditation, il ne faut pas croire qu'il existe une méthode de choix. S'il y avait effectivement une meilleure forme, la plupart des méditants l'auraient déjà découverte. La réalité est que chaque personne est unique et que chacun d'entre nous adoptera différents styles à sa manière. Ce livre redéfinit l'affirmation selon laquelle un chemin de méditation est plus efficace en ajoutant trois mots à cette notion : « pour votre type ». *La Méditation sur-mesure* vous initiera à diverses pratiques de méditation et vous permettra de découvrir celle qui convient le mieux à votre personnalité et à votre style de vie.

Objectif n° 1 : La partie I de ce livre présente les définitions de la méditation, des exemples tirés de ma vie et celles d'autres personnes, ainsi qu'un ensemble d'exercices pour vous aider à évaluer votre prédisposition naturelle et votre expérience de la méditation. Les nouveaux étudiants en méditation continuent de m'impressionner par leur compréhension de soi naturelle et intuitive. Prenez le temps de noter vos pensées. Connaître vos tendances passées vous donnera des informations précieuses pour progresser avec un type de méditation au lieu d'un autre. Définir des attentes raisonnables ainsi que vos objectifs personnels commence votre voyage avec clarté.

Objectif n° 2 : Pour établir votre propre pratique de méditation, il est essentiel d'apprendre et d'intégrer un style de vie méditatif. Calmer l'esprit par votre style de vie soutiendra votre « succès » avec la méditation formelle. Imaginez simplement l'effet sur l'esprit si vous criez après les autres conducteurs sur votre trajet domicile-travail puis rentrez chez vous pour vous asseoir et vous entraîner ! Il existe plusieurs étapes pour calmer l'esprit et la deuxième partie de ce livre présente les avantages de bien manger, de l'exercice physique, de la pensée positive et de la réduction du stress. Vous pouvez pratiquer la méditation sans vous préoccuper de ces éléments, mais les défis inhérents auxquels vous ferez face vous obligeront probablement à vous écarter de la pratique ou pire, à être contre-productif lorsque vous vous asseyez pour pratiquer. Une fois que vous commencez à intégrer des changements de style de vie favorables dans votre vie quotidienne, vous pouvez toutefois commencer à avoir l'impression de méditer même au beau milieu de vos activités quotidiennes. Votre style de vie joue un rôle dans la réduction du stress et l'augmentation du calme.

Objectif n° 3 : Les explications et pratiques de ce livre vous aideront à identifier parmi les six méthodes principales le type de méditation qui convient à votre personnalité unique. Vous pouvez découvrir la méthode qui vous convient le mieux en les essayant toutes. À ma connaissance, aucun test ne permet d'évaluer la pratique de méditation la plus efficace pour un individu. L'introduction aux différentes méthodes de méditation présentées dans ce livre vous permettra d'économiser le temps et l'argent consacrés à la participation à des séminaires et à des cours dans des styles qui ne résonnent peut-être pas avec vous. Lorsque vous avez découvert la méthode qui vous convient, vous pouvez bien entendu déterminer jusqu'où vous souhaitez aller dans votre pratique.

Objectif n° 4 : Après avoir découvert la méthode de méditation adaptée à votre type, le prochain obstacle que la plupart des nouveaux méditants ignorent est le défi de maintenir la pratique au fil du temps. L'enthousiasme du nouveau pratiquant pour la méditation commence à effacer les toiles d'araignée de l'esprit, mais les jours de paresse émergent assez tôt. La nouveauté de découvrir un mode de vie sain devient finalement votre routine quotidienne et la fascination de l'expérimentation avec les six principaux types de méditation cède la place à la discipline de travailler avec une méthode qui vous convient. Bientôt, vous commencez à remarquer que du karma non résolu ou des problèmes psychologiques non résolus font surface pendant la méditation. Parce que l'esprit est de moins en moins distrait par une pratique régulière, des problèmes internes obsédants deviendront apparents même pour la personne la plus équilibrée. Ce livre examinera les raisons pour lesquelles vous éviterez la pratique de la méditation et vous préparera ainsi à parcourir la distance. Consultez n'importe quel méditant de longue date et vous entendrez les nombreuses raisons que l'esprit commence à produire à ce stade pour éviter de méditer. Bien que votre esprit puisse résister, votre tâche est de vaincre cette résistance et de récolter les avantages de la persistance.

Objectif n° 5 : Vous serez peut-être inspiré pour aller plus loin dans votre chemin de méditation. C'est pourquoi ce livre vous présente des ressources qui vous aideront à trouver un groupe de méditation pour soutenir votre croissance. Pendant des milliers d'années, les méditants ont trouvé un soutien et des conseils en méditant les uns avec les autres. Vous aussi pouvez vous trouver attiré par une communauté de soutien.

Apprendre à connaître votre auteur

En tant que gars sympathique au grand cœur, je tiens à vous faire savoir que la motivation pour écrire ce livre est de vous faciliter le processus de méditation. Je dis ceci dans le livre : la méditation est difficile, affronter vos insécurités les plus profondes, même si c'est génial une fois que vos croyances limitantes et douloureuses sont libérées, il n'est tout simplement pas facile de les libérer. Cependant, la croissance *est* possible et la joie de surmonter votre douleur est glorieuse !

Nous venons tous à la méditation de différents chemins. Aucun n'est le bon et aucun n'est le mauvais. Avant de vous plonger dans la matière de ce livre, laissez-moi vous expliquer en détail comment je suis arrivé à comprendre ce sujet. Si j'inclus mon éducation religieuse dans mon enfance, à l'âge de vingt ans, j'avais été exposé aux six principaux types de méditation présentés dans ce livre. En tant qu'étudiant insouciant et idéaliste, j'ai appris la méditation pendant trois ans au Japon, un an à Taiwan et six mois en Inde au cours d'une séance intensive de yoga et de méditation dans un ashram. Le temps était de mon côté : j'étais jeune *et* je pouvais consacrer tout mon temps à cette entreprise. Les instructeurs étaient très acceptants ; ils ont honoré mon processus de découverte de soi et m'ont aidé à trouver mon chemin. Il était entendu que le chemin d'une personne prendrait des années, donc il n'y avait aucune hâte et aucune incitation à suivre un chemin et pas un autre.

Dans sa forme la plus tolérante, j'ai découvert que l'étude et la pratique de la méditation étaient comprises comme une investigation qui doit finalement convenir à la disposition de chaque individu. Cette question devint claire lorsque j'ai appris la méditation par le yoga, où le gourou, qui connaît toutes les formes de méditation, enseigne à chaque étudiant une technique en accord avec sa disposition.

Ayant expérimenté cette approche ouverte d'esprit, je souhaite vous transmettre cette vision inclusive et large de la méditation.

En apprenant dans les monastères, j'ai trouvé l'étude de la méditation simple, car personne n'essayait de faire passer une méthode avant une autre. De retour aux États-Unis, j'ai obtenu un doctorat en philosophie et religion. La méditation était également une partie fondamentale de mes études à l'Institut d'études intégrales de Californie, comme mentionné ci-dessus.

Ce même point de personnalisation de la pratique spirituelle est mis en exergue dans mon premier livre, *The Pure Heart of Yoga: Ten Essential Steps to Transformation* où je souligne le processus interne qui se produit lorsqu'une personne exécute des postures de yoga. La découverte de votre routine personnelle de posture de yoga et de votre intention personnelle est mise en évidence dans ce livre. Et cette routine peut évoluer avec le temps. Un deuxième point principal lié au yoga et abordé dans ce livre est l'importance de préparer l'esprit et le corps à la méditation. Bien que la pratique du yoga puisse être utilisée pour le fitness et la santé, un autre objectif des postures, de la respiration et de la relaxation du yoga est de préparer l'esprit à la méditation. Plutôt que de plonger dans le calme de la méditation, la pratique du yoga, la respiration et la relaxation facilitent la transition d'une vie active à un état de méditation tranquille.

Tout au long du livre, vous trouverez diverses études de cas ou de courtes histoires de méditation, pour une raison : je veux que vous sachiez que tout le monde peut méditer. Le paradoxe des praticiens de la méditation est que vous n'êtes vraiment bon qu'en méditation quand vous pouvez être aussi normal qu'une personne comme tout le monde, tout en connaissant une profonde sagesse sur vous-même et sur l'humanité dans son ensemble. Je veux que vous me rejoigniez dans ces deux attributs. Si vous y êtes déjà, j'espère vous donner quelques outils supplémentaires pour améliorer votre pratique de méditation, vous permettant de rester dans un lieu de bonheur et de joie !

Deux clauses de non-responsabilité

Bien que les principaux groupes de méditation soient mentionnés tout au long de ce livre, il n'est pas possible d'énumérer tous les groupes de méditation disponibles pour les lecteurs ; il y en a beaucoup trop ! C'est à vous de faire l'effort de trouver un cours ou un groupe de méditation local, ainsi qu'un mentor. Vous devrez peut-être expérimenter avec divers groupes ou classes jusqu'à ce que vous trouviez une situation d'apprentissage favorable. Ceux d'entre vous qui appartiennent à des organisations religieuses peuvent trouver ou former un groupe au sein de cette organisation. Le rapport personnel que vous rencontrerez sera bien plus important que la dénomination, le nom ou le prestige du groupe de méditation lui-même.

De plus, gardez à l'esprit qu'il est possible de méditer avec un groupe qui ne pratique pas le type de méditation que vous pratiquez et qui en profite tout de même. Par exemple, si vous êtes un praticien visuel et que vous avez tendance à visualiser les instructions d'un enseignant dans un cours de méditation sur la respiration, c'est parfaitement acceptable. En fin de compte, vos difficultés avec la méditation se situeront à un niveau plus psychologique, en termes de motivation pour la pratique quotidienne ou de difficulté difficile à accepter des pensées répétitives. C'est pourquoi une relation personnelle avec un enseignant de méditation local, une personne qui vous connaît et qui se soucie de vous en tant qu'être humain, constitue un avantage des plus profonds pour votre pratique. Une seule demi-heure avec un professeur de méditation renommé ne vaut peut-être pas une année de discussions de cinq minutes avec un professeur qui vous connaît bien. Encore une fois, vous devrez faire l'effort de vous trouver le bon mentor.

PARTIE I

DÉMARRER VOTRE VOYAGE DANS LA MÉDITATION

Le but de ces premiers chapitres est de présenter le type de problèmes que les gens rencontrent généralement au début de leur parcours de méditation.
Les premières tentatives de méditation nous laissent souvent le sentiment que cela n'a pas fonctionné. Dans cette section, je vous guiderai pour examiner vos motivations et attentes et pour comprendre que tous les efforts ont du « succès ». Vous commencerez également le processus d'apprentissage de vous-même en relation avec un type de pratique. Tout au long du livre, je soulignerai qu'un changement important se produit lorsqu'un pratiquant cesse de se concentrer sur une méthode et commence à se concentrer pour pratiquer la quiétude de son esprit.

Les trois premiers chapitres comprennent d'importants exercices de « journaling » concernant votre passé, votre présent et votre avenir. Répondre à ces questions en écrivant dans un journal est important. L'écriture focalise l'esprit d'une manière que ne le fait pas simplement penser ou se rappeler abstraitement. L'enregistrement de vos réponses vous permet également de vous y référer et d'apprendre plus tard. Au chapitre 1, il vous sera demandé d'écrire sans vergogne vos souhaits les plus fous pour l'avenir en ce qui concerne la méditation, avant une discussion et examen des hypothèses, des attentes et des idées fausses sur la méditation.

Calmer l'esprit n'est pas une tâche simple, et votre effort bénéficiera des informations que vous aurez acquises au chapitre 2 lorsque vous plongerez dans votre mémoire pour identifier les activités qui vous ont calmé dans le passé. Dans le chapitre 3, nous examinerons votre vie actuelle pour identifier et optimiser les bonnes choses que vous pratiquez déjà pour vous centrer et vous équilibrer. Vous découvrirez peut-être que vous souhaitez augmenter ou renouveler votre engagement envers certaines de ces choses.

CHAPITRE UN

ATTENTES, PRÉSOMPTIONS, ET IDÉES FAUSSES SUR LA MÉDITATION

Alors que la méditation gagne en popularité dans la culture dominante et que la communauté scientifique continue de documenter ses avantages, de plus en plus de gens sont ouverts à la pratique. Bien que ce soit certainement une bonne chose pour toutes les personnes impliquées, il peut être difficile de distinguer un ouï-dire de la vérité. De nombreux spécialistes du marketing, par exemple, exploitent cet intérêt croissant et séduisent ceux qui ne connaissent pas bien la méditation avec des produits et de fausses déclarations. Bien que les avantages de la méditation soient de plus en plus vérifiés par des enquêtes scientifiques et que des témoignages de célébrités captivent l'imagination du débutant, la méditation ne promet pas une immunité contre les hauts et les bas de la vie. La méditation n'est pas une solution miracle ou une pilule magique. Déchiffrer vos perceptions à propos de la méditation avant de commencer à pratiquer vous aidera à éviter les déceptions potentielles que l'ego peut créer. Comme dans le cas de nombreuses nouvelles entreprises, diverses défaillances peuvent miner les meilleures intentions. La méditation, entreprise de toute une vie, est semée de fausses conceptions qui peuvent décourager les plus enthousiastes.

Elles peuvent intervenir au début ou même après vingt ans de pratique. Voici quelques précautions à prendre au début, que les méditants expérimentés feraient bien de retenir et de prendre à cœur.

1. Les enfants arrêtent souvent de pratiquer un sport lorsqu'ils perdent ou, pour une raison quelconque, décident qu'ils ne sont pas assez bons. Malgré tous les entraîneurs qui prêchent l'impératif de gagner, dès que les choses se compliquent, beaucoup d'entre nous ont tendance à cesser tout effort. Certaines personnes arrêtent de jouer de la musique lorsque leur interprétation publique les met dans l'embarras. Beaucoup d'entre nous n'ont pas été conseillés sur la façon de faire face à l'échec. Les normes irréalistes de perfection sont les véritables obstacles au succès.

2. Après une mauvaise rupture, certains sont terrifiés à l'idée de sortir à nouveau avec quelqu'un. Trompés par les contes de fées romantiques, ils n'étaient pas pleinement conscients des risques que comporte l'intimité. Une prise de conscience réaliste des gains et pertes potentiels lorsque nous nous ouvrons nous-mêmes dissiperait les fantasmes et sèmerait la résilience.

Ces scénarios sont des exemples de l'une des prouesses humaines les plus difficiles : maintenir notre conscience au centre de notre attention pendant une période prolongée, en particulier lorsque les conditions sont difficiles. C'est aussi la difficulté à laquelle nous sommes confrontés avec la méditation. Comme pour beaucoup de choses, nous entendons plus parler de la gloire et de la romance de la méditation que de ses défis. Dans les discussions populaires et même dans les rapports scientifiques, les effets de la méditation sur la réduction du stress, l'amélioration de l'énergie, l'approfondissement des relations et le renforcement de la créativité sont mis en exergue. Toutefois, nous concentrer uniquement sur ces avantages nous impose des attentes élevées, qui nous permettront de nous écraser si les choses ne se passent pas comme prévu. La méditation peut être difficile, elle exige une discipline énorme face aux distractions de toutes sortes ainsi qu'aux difficultés que la clarté mentale et émotionnelle peut apporter. Quand entendons-nous parler du nombre de personnes qui ne respectent pas leur bonne intention de méditer chaque jour ?

La connaissance de l'épée à double tranchant de la méditation aide à préparer l'esprit et à le garder ouvert à tout ce qui vient de la pratique. Ce chapitre explore certains scénarios fondés sur des idées reçues concernant la méditation. Je vous encourage à les utiliser pour prendre conscience de vos propres attentes, suppositions et idées fausses lorsque vous commencez votre voyage de méditation. Votre conscience vous habilitera le long du chemin.

Comme indiqué, ce manuel a pour but de vous guider dans un voyage de découverte de soi. *Le guide doit connaître le chemin* (dans ce cas, les composants d'une pratique de méditation solide), *mais un guide ne montre que le chemin*. En tant qu'instructeur, j'ai appris au fil des ans que lorsque vous définissez, choisissez et créez votre propre pratique de méditation, il est plus probable que cela fonctionne pour deux raisons importantes. Tout d'abord, vous n'avez personne à qui résister. Deuxièmement, *vous* seul savez vraiment ce dont vous avez besoin. Mon travail consiste simplement à vous donner quelques outils pour identifier ce dont vous avez besoin. Mon parcours n'a pas donné les résultats escomptés, mais si vous préférez suivre un programme plus étendu, lisez ce livre, puis choisissez le programme établi ou le groupe qui convient à votre disposition.

Commençons le processus de découverte personnelle avec votre journal.

1. Définissez la méditation telle que vous la comprenez avec vos propres mots. Cette définition peut être modifiée ultérieurement, car elle peut changer, ou bien rester la même. Dans les deux cas, vous vous reporterez à cette définition tout au long de votre travail avec ce livre.

2. Quels avantages attendez-vous de votre pratique de méditation ? Soyez honnête avec vous-même.

Bien sûr, les réponses individuelles varieront, allant de « Je veux l'illumination » ou « Je veux que ma douleur (dépression, anxiété, maux de dos, etc.) disparaisse » à « Je veux vivre jusqu'à cent ans » ou « Je veux juste quelques minutes de paix et de calme par jour ».

3. Qu'est-ce qui vous a amené à développer un intérêt pour la méditation ? Les réponses courantes incluent : le désir de gérer le stress, d'améliorer la créativité, de gérer la douleur, d'améliorer la concentration et de faire baisser la pression artérielle.

4. Quelles pratiques de méditation avez-vous déjà essayées ?

Il est bon d'être un débutant et de transmettre cette question, tout comme il est bon d'enregistrer une longue liste de pratiques de méditation.

Attentes et méditation

Les attentes peuvent être désastreuses dans de nombreux domaines. Lorsque nous projetons ce que nous pensons qu'un résultat devrait être et que, plus tard, nous devons faire face à la réalité, le résultat étant hors de notre contrôle, nous sentons l'aiguillon des attentes brisées. Nous souhaitons contrôler la réalité pour en faire ce que nous voulons, mais les seules choses que nous pouvons réellement contrôler sont nos actions et nos réactions à la réalité. Les attentes nous préparent à l'échec lorsque la réalité frappe et la réalité frappe souvent fort ! Reconnaître ce que vous savez mais être ouvert à ce que vous ne faites pas est un pas en avant pour surmonter les illusions de nos attentes. Veuillez utiliser les exemples suivants pour vous aider à évaluer vos propres attentes en matière de méditation.

J'ai entendu dire que la méditation est bonne pour guérir.

Après avoir lutté contre un problème de santé mais ne trouvant aucun remède auprès d'autres sources, Mélanie s'est tournée vers la méditation après avoir lu un article sur ses effets curatifs. Quand un mois passa et que rien ne changea, elle se sentit à nouveau abandonnée. La méditation n'était pas différente de tout ce que Mélanie avait essayé. Elle a plus tard appris d'un psychothérapeute que la méditation est un élément d'un style de vie plus général qui améliorerait sa santé, un mode de vie à maintenir en cas de maladie et de santé.

Leçon : Faites de l'objectif un principe spirituel intérieur et laissez tout effet physique être un sous-produit bienvenu. Un esprit plus clair nous donne une plus grande conscience de la condition de notre corps et une relation compatissante avec elle, mais faites attention à ne pas ajouter de pression à votre pratique de méditation pour résoudre un problème de santé.

La méditation réduira ma douleur chronique.

Après avoir essayé de faire tout ce qui était en son pouvoir pour atténuer ses accès de douleur répétés au dos, Jeanne a décidé de méditer après avoir appris dans des livres de méditation qu'elle pouvait diminuer la douleur. Mais Jeanne a vite découvert que la méditation était plus difficile que prévu et que rester longtemps assise lui faisait en fait mal au dos. Elle était plus qu'un peu déçue. Comment pouvait-elle espérer faire cette pratique bénéfique si elle n'était pas physiquement capable de s'asseoir confortablement ? Heureusement, Jeanne a appris par la suite que la méditation par la marche lente, la respiration profonde et les exercices de relaxation produisaient des effets similaires à ceux assis sur un coussin. Heureusement pour Jeanne, elle était suffisamment débrouillarde pour continuer à explorer lorsque ses attentes initiales n'étaient pas satisfaites.

Leçon : La relaxation du complexe corps-esprit diminue la tension sur les nerfs, ce qui diminue souvent aussi la douleur. L'expansion de la conscience, cependant, nous aidera également à accepter la douleur avec une nouvelle perspective, ce qui changera également notre expérience.

J'espère avoir de meilleures relations quand je suis calme et composé.

Malgré son espoir, la pratique de méditation de Carl à elle seule n'a pas amélioré son mariage. Cela améliora le quotient de stress de Carl, mais sa femme avait toujours les mêmes plaintes. Au cours d'une séance de consultation matrimoniale, Carl s'est rendu compte qu'il n'écoutait pas vraiment sa femme ; il écoutait ses pensées, pas les siennes. Lorsque son esprit et son cœur s'ouvrirent aux sentiments de sa femme, son mariage fut sauvé. La méditation a aidé Carl à devenir plus conscient, ce qui lui a permis de voir au-delà de lui-même et d'écouter le point de vue d'une autre personne.

Leçon : Un esprit immobile s'adapte mieux parce que sa conscience est élargie.

Un ami qui médite n'a pas de problèmes avec le stress ; mon stress disparaîtra si je médite aussi.

Au fil des ans, Sally a admiré Joanne, sa voisine véritablement calme et positive. Finalement, Sally a rejoint Joanne à ses cours de méditation hebdomadaires et, avec le temps, Sally a appris de Joanne qu'elle voyait souvent un conseiller et étudiait régulièrement des ouvrages sur la promotion de la paix. Joanne fait aussi des exercices quotidiens et mange sainement. Sally réalisa que si elle désirait l'équanimité qu'elle admirait en Joanne, elle aussi devrait faire plus que méditer.

Leçon : La méditation est l'un des outils de gestion du stress parmi tant d'autres qui, ensemble, créent un mode de vie de bien-être.

La méditation m'aidera à doubler mon salaire parce que ma créativité sera améliorée.

John est un bourreau de travail qui sait que le surmenage entraîne des rendements décroissants. Il a choisi de méditer dans l'espoir de maximiser sa productivité. Son copain sans emploi, Bill, médite également, persuadé que cela lui sera très utile. Les deux hommes méditent parce qu'ils ont mal compris la loi d'attraction vulgarisée : concentrez-vous sur ce que vous voulez et vous l'attirerez dans votre vie. Mais John et Bill n'ont pas examiné l'essence de ce qu'ils veulent. En apparence, ils souhaitaient tous deux une meilleure carrière et des gains financiers, mais une réflexion plus approfondie leur a permis de voir que ce qu'ils souhaitaient, c'était une existence heureuse, paisible et sûre pour leurs familles. Avec le temps, John et Bill ont abandonné leur désir de mesures matérielles du succès et ont commencé à cultiver leur expérience interne du succès. Ils ont simplifié leur vie et utilisé leur argent plus consciemment.

Leçon : Un esprit stable peut voir quels sont les vrais problèmes et les solutions et ce qui est vraiment nécessaire ou désiré.

La méditation répondra à mes questions à tout moment.

Greg était dans une impasse : devrait-il accepter une promotion qui l'obligerait à déplacer sa famille dans un autre pays, ou devrait-il rejeter la promotion et garder sa famille enracinée là où elle se trouvait ? La famille a énuméré les avantages et les inconvénients, mais ils étaient étonnamment égaux. Personne ne pouvait voir dans l'avenir, alors Greg décida de trouver la réponse en méditant sur la question. Mais ses méditations étaient pleines de pensées perturbantes ; son ego a persisté dans ses tentatives pour résoudre la situation.

Finalement, un jour, il abandonna la route de l'ego et arrêta de chercher. Quelques semaines plus tard, Greg a partagé cette idée avec sa famille : « Notre bonheur en tant que famille devra se trouver en chacun de nous. Nous pouvons être heureux ici et en Amérique du Sud. » La famille a finalement décidé de déménager parce qu'elle pensait que la réinstallation serait amusante et s'est rendu compte qu'elle pourrait toujours revenir dans sa ville natale à l'avenir.

Leçon : Lorsque les réponses aux questions ne sont pas claires, laissez les réponses vous trouver d'elles-mêmes. Elles vous trouveront quand vous serez assez ouvert pour les recevoir.

Je médite depuis quelques mois mais rien ne se passe.

Après quelques mois de cours de méditation, Betty a dit à son professeur que rien ne se passait dans sa pratique. Betty a raconté qu'elle méditait tous les jours à la même heure, en utilisant la même technique, mais que des mois s'étaient écoulés et qu'elle n'avait toujours pas vu de lumière ni entendu une voix intérieure, le genre de choses qu'elle avait lues dans certaines de ses livres New Age.

L'instructeur de méditation de Betty lui a rappelé ce que beaucoup d'enseignants de méditation à travers les âges avaient dit sur le fait de se laisser distraire du vrai Soi par un phénomène extrasensoriel. Elle a également demandé à Betty d'explorer son expérience et son interprétation de « rien ».

Leçon : Il est utile de consulter un mentor en méditation, car il est difficile de mesurer les progrès de la méditation pendant la méditation.

Je pensais que la méditation diminuerait mes pensées, mais elles ont augmenté !

Lors du dernier cours d'introduction à la méditation, Ralph a annoncé au groupe qu'il avait régressé pendant le cours. Au lieu d'un esprit calme, il s'aperçut qu'il avait plus de pensées que lorsqu'il avait commencé le cours. Bien qu'il ne l'ait pas dit à haute voix, il se demandait s'il pourrait récupérer son argent. Mais ensuite, le professeur l'a surpris en annonçant à la classe : « Ralph a en fait commencé avec succès le processus de découverte de soi par la méditation. Si quelqu'un d'autre a également découvert qu'il ou elle a plus d'idées maintenant qu'au début, sachez que cela signifie que votre conscience s'est élevée au-dessus de l'esprit pensant. Afin de réaliser que votre esprit a beaucoup de pensées, vous devez être arrivé à un endroit à partir duquel vous pouvez observer votre propre esprit. Lorsque vous comprendrez les racines de vos pensées, elles commenceront à s'estomper.

Excellent travail, Ralph ! »

Leçon : Nous voyons beaucoup de turbulences lorsque nous sommes assis dans l'œil du cyclone.

Hypothèses et méditation

Si les attentes sont le fruit d'un ego fondé sur la connaissance, les hypothèses sont le fruit d'un ego motivé par une compréhension incomplète. Un ami peut vous parler constamment de ses cours de méditation, mais entendre parler de la méditation et la pratique réelle est très différent. Il est facile de voir comment quelqu'un pourrait créer de l'espoir sur ce que la méditation fera, en se basant uniquement sur ce qu'il a entendu parler de la pratique. Cependant, l'espoir n'est souvent pas fondé sur la vérité. L'espoir peut aussi nous priver du moment présent alors que nous anticipons des « meilleurs » moments dans l'avenir, des moments qui peuvent ou non se manifester. Pour surmonter les hypothèses, rappelez-vous que la connaissance est un pouvoir contre des espoirs égarés. Les scénarios suivants vous aideront à évaluer ce que vous savez réellement et ce que vous pensez savoir à propos de la pratique de la méditation.

J'entends dire que la méditation est difficile, donc je ne suis pas intéressé à essayer.

À divers moments de sa vie, Joe avait essayé la méditation mais en vain. Il pensait que cela ne fonctionnait pas pour lui et la trouvait souvent inconfortable. Mais quand Joe a appris une méthode de relaxation physique, il a commencé à ressentir plus de paix presque instantanément et quand il a appris un exercice de respiration profonde, cela l'a complètement amené à un nouveau niveau. Une fois qu'il a également appris à travailler avec ses pensées pour les orienter dans des directions positives, il a soudainement découvert qu'il pouvait méditer.

Leçon : L'apprentissage des bases de la méditation conduit à une véritable expérience de la méditation et la réalisation progressive de ses avantages.

Je ne suis pas le bon type pour la méditation parce que je suis trop actif.

Corinne a été initiée à la visualisation par son voisin et bon ami. En écoutant les cassettes qu'on lui a données et en essayant les pratiques, Corinne pouvait dire honnêtement qu'elle ne voyait rien, même si elle appréciait l'opportunité de se détendre. Lorsqu'elle a appris par la suite qu'il y avait six méthodes de méditation majeures, elle a constaté que les pratiques de pleine conscience et les pratiques centrées de mantra lui venaient facilement parce qu'elle connaissait déjà la technique des prières qu'elle avait récitées dans son enfance.

Leçon : Trouver votre type de méditation améliore votre pratique.

La méditation prend trop de temps et la vie est trop courte pour prendre ce temps.

Entre les exigences du travail, les BlackBerry, les iPhones, les ordinateurs portables, les textos, les Tweets et Facebook, entre faire la navette entre les enfants et préparer les repas et faire le ménage, qui a le temps de méditer ? Ce temps devrait être passé avec la famille, n'est-ce pas ? C'est vrai, mais prendre un moment de calme au réveil ou avant de s'endormir renforce notre conscience et notre appréciation de tous les petits événements qui composent la journée, au lieu de passer d'une journée à l'autre dans un flou puis s'écraser à la fin de celle-ci.

Leçon : La méditation ne prend que vingt à trente minutes par jour et les avantages enrichissent nos vies avec une approche plus consciente et plus globale de la vie.

La méditation est une religion orientale et je ne suis pas intéressé par une autre religion.

Depuis son enfance, Paul est un membre actif de son église. Il se sent en conflit à propos de la méditation parce que son église ne le recommande pas, mais sa copine médite quotidiennement. Lorsque Paul accompagne sa petite amie à son centre de méditation, il découvre qu'il en profite. Certains des livres qu'il a lus sur la méditation prêchent une dévotion à un gourou ou un culte de divinité en contradiction avec ses convictions religieuses. Récemment, il a assisté à un groupe de méditation qui adopte une approche plus scientifique et accueille des membres de toutes les religions.

Leçon : Bien qu'il existe des groupes de méditation qui mélangent leur méditation avec leurs dogmes, de nombreux groupes et pratiques de méditation sont ouverts aux personnes de toutes les confessions. La pratique de la méditation se retrouve également dans la plupart des traditions religieuses.

Je ne peux pas être à l'aise assis sur un petit coussin de méditation.

Samson était un joueur de ligne de football à l'université. Avec des douleurs aux genoux dues à de nombreuses blessures et une ossature musclée, il trouvait intenable de s'asseoir sur un petit coussin de méditation, mais il voulait se calmer. Simpson a cessé de méditer parce que ses genoux ne pouvaient tout simplement pas s'asseoir sur le coussin. Lorsqu'il a par la suite participé à un programme de méditation dans lequel l'instructeur permettait de s'asseoir sur des chaises, Simpson a découvert que les chaises étaient une méthode confortable et accessible. Il n'a pas manqué une journée dans son fauteuil de méditation depuis.

Leçon : L'aspect le plus important de la position de méditation assise est que la colonne vertébrale est dressée pour maintenir la vigilance. S'asseoir sur une chaise est parfaitement acceptable.

Je peux apprendre la méditation moi-même.

Peter a déclaré qu'il ne voulait pas participer à un cours de méditation, car il pouvait l'apprendre seul. Il avait appris à construire un moteur de voiture en démontant une vieille voiture, puis en le remettant en place. Pourquoi ne serait-il pas en mesure de séparer son esprit en méditation et de le reconstituer sans aide ? Après avoir lu quelques livres sur la méditation et essayé quelques-unes des méthodes par intermittence pendant quelques années, Peter a découvert qu'il n'apprenait pas beaucoup de cette approche. En fin de compte, il lui était beaucoup plus facile de construire sa propre voiture que de comprendre seul le fonctionnement de son psychisme. Après des années de méditation « solitaire », Peter a rejoint une classe.

Leçon : La méditation a besoin de conseils et du soutien de la communauté pour favoriser une compréhension claire et maintenir la discipline.

Je pensais que trouver du temps pour la méditation ne serait pas si difficile.

Joey et Jeanne ont commencé à pratiquer la méditation ensemble en couple. À mesure que le temps passait et que le travail de Joey changeait, leurs horaires ne pouvaient pas être facilement coordonnés. À l'exception d'un cours occasionnel, la routine de travail trépidante leur a fait perdre leur pratique de méditation. Une fois de plus, les affaires dans le monde moderne se sont révélées être le principal obstacle à la pratique de la méditation.

Leçon : Planifier des heures de repos doit être un engagement actif face aux obligations et au stress de la société moderne.

Idées fausses et méditation

Les idées fausses sont basées sur des informations partielles ou complètes mal interprétées ou mal interprétées. Les idées fausses nous offrent une opportunité de croissance. Quelles que soient les idées fausses que nous puissions avoir, si nous sommes ouverts d'esprit et valorisons l'apprentissage, corriger les idées fausses devient une expérience positive. Cependant, ceux qui estiment devoir rester fidèles à leurs opinions subissent des déceptions quand la réalité détruit leurs idées fausses. Devenir conscient de la raison pour laquelle nous croyons ce que nous faisons (est-ce basé sur des faits, l'expérience, l'assomption, etc.) est primordial pour découvrir la vérité. Les exemples suivants soulignent certaines idées fausses sur la méditation. Utilisez-les pour évaluer vos propres idées sur la méditation.

La méditation s'adresse uniquement aux personnes non actives.

Bill est le genre de personne qui aime faire des choses. C'est un type actif, discipliné par sa routine d'exercices, son régime alimentaire et son mode de vie en général. La discipline de Bill l'a aidé à surmonter ses pensées négatives et à devenir un employé modèle et un dirigeant de son entreprise. Cependant, il a du mal à dormir à cause des nombreuses idées qui circulent dans sa tête. Son esprit ne veut tout simplement pas coopérer, contrairement au contrôle discipliné auquel Bill est habitué dans d'autres domaines de sa vie. Après un combat avec une méditation autodidacte, Bill a décidé que c'était pour les personnes passives et non pour les types actifs comme lui, alors il est retourné à l'exercice physique pour faire face à son esprit occupé. Lorsque son médecin lui recommanda de prendre des somnifères, Bill hésita et poursuivit ses recherches, suggérant une nouvelle fois que la méditation pouvait aider. Cette fois-ci, Bill suivit un cours et découvrit que la méditation incorporait plus que rester immobile. Il apprit la respiration profonde et des exercices de relaxation, ce qui l'a aidé à surmonter ses problèmes de sommeil. Il a également appris à travailler avec ses pensées grâce au journaling. Quand presque un an avait passé, Bill réalisa qu'il était en train de gratter la surface du fonctionnement interne de son esprit.

Leçon : Rester assis à l'extérieur ne veut pas dire que nous ne sommes pas activement en train d'accomplir beaucoup de travail en interne.

Je suis trop occupé pour méditer.

C'était en janvier et la résolution du nouvel an de Déborah l'a amenée à participer à son cinquième cours de méditation, bien qu'elle n'ait jamais terminé les cours précédents qu'elle avait suivis au cours des dernières années. Après la deuxième nuit, Déborah réalisa que ce n'était pas sa motivation ou son intérêt pour la méditation qui l'empêchaient de terminer les cours mais son intérêt pour tant d'autres activités qui la distrayaient. Elle était bénévole chaque semaine à la SPA et à une soupe populaire le samedi matin, enseignait l'école du dimanche et rendait visite à sa grand-mère âgée de 98 ans toutes les semaines, en plus de s'occuper de ses deux enfants passionnés de musique et de football. Après avoir échoué à terminer son cinquième cours de méditation, Déborah a consulté un thérapeute de yoga. Après mûre réflexion, elle a choisi de cesser de faire du bénévolat pendant que ses enfants étaient jeunes et sa thérapeute en yoga l'a aidée à se fixer un nouvel emploi du temps. Déborah suit maintenant régulièrement son sixième cours de méditation et a même commencé un groupe de méditation en milieu de semaine sur son lieu de culte.

Leçon : Il est vrai que si vous êtes trop occupé, vous ne pouvez pas trouver le temps de méditer.

Planifiez votre temps de méditation comme vous le feriez pour tout autre événement important.

Je ne peux pas méditer parce que je suis une personne sportive et soucieuse de sa forme physique. La méditation est une pratique trop statique.

Triathlète et « super-maman », Elisa était une femme énergique jusqu'à ce qu'une blessure la fasse atterrir dans des cours de yoga et de natation. Les deux activités ont donné plus de temps à Elisa pour réfléchir, en particulier le temps calme passé en yoga. Elle a commencé à apprendre à relâcher des muscles qui n'avaient pas à s'engager dans d'autres mouvements et elle a commencé à apprendre à respirer profondément en rythme. Elle a appliqué ce qu'elle avait appris du yoga à la natation et a vu son endurance augmenter pour la première fois depuis ses jours à l'université.

Elisa a découvert l'intérêt de garder l'esprit concentré sur des périodes de plus en plus longues.

Leçon : Même les plus forts doivent former leur esprit.

Si je veux méditer, je devrai rejoindre un monastère.

Susan s'est réveillée un jour fatiguée après une nuit de fête. La fête était amusante, mais Susan était en transition car elle avait commencé à étudier la méditation. Elle réduisit bientôt sa consommation d'alcool. Elle commença à rester à la maison le week-end sauf pour son cours de méditation, ses réunions de famille et autres activités de plein air. Susan lut des livres très sérieux, mais elle ne se rendait pas compte qu'ils étaient un peu en dehors de ce qui était normal pour elle. Elle a commencé à s'isoler parce qu'elle pensait que la voie monastique était la seule solution. Son approche extrême l'a laissée seule. Elle tenta d'intéresser ses amis à la méditation mais ils ne s'engagèrent jamais comme elle. Elle s'était créé une approche de tout ou rien. Enfin, son professeur de méditation l'a remarquée en train de parler en termes absolus de la nécessité de prendre la méditation au sérieux. Cet enseignant aux idées larges a aidé Susan à reconnaître que le fait d'entretenir des relations aimantes avec de vieux amis et la famille est un élément clé du maintien d'un état d'esprit équilibré. Dès que Susan a accepté que tout le monde ne doit pas méditer pour être heureux, elle s'est détendue et a progressé.

Leçon : Vous pouvez vous faire de nouveaux amis qui partagent votre intérêt pour la méditation et il est acceptable d'avoir une variété d'amis qui reflètent vos différentes qualités et intérêts.

La méditation va guérir ma dépression, je vais donc pouvoir arrêter de prendre mes médicaments.

Comme beaucoup d'étudiants, Liam continuait à prendre les médicaments contre l'anxiété et la dépression qui lui avaient été prescrits au lycée. Ses lectures l'ont amené à découvrir que la méditation équilibrerait son esprit et lui permettrait de cesser de prendre des médicaments. Mais ses tentatives de faire cela tout seul l'ont déstabilisé. Lorsqu'il a commencé à travailler avec un psychothérapeute qui enseignait la méditation et le yoga, Liam a pu réduire sa dose et sa dépendance aux médicaments. Il ne pouvait pas savoir avec certitude quel était le problème (méditation, thérapie, outils de gestion du stress, de relaxation et de respiration qu'il avait appris) ou l'association de tous ces outils.

Leçon : La méditation est vraiment une guérison, mais une seule méthode ne garantit pas la guérison.

Si je prends la méditation au sérieux, mes émotions cesseront.

Harold est passé d'un homme extraverti à un type taciturne, ne parlant que lorsque cela était nécessaire. Il appliquait les leçons que son gourou lui avait enseignées et maîtrisait ses émotions. Harold a pris à cœur les commentaires à propos de l'importance de la stabilité émotionnelle. Cela a amené Harold à traiter les hauts et les bas de la vie comme s'il méditait : il était devenu très fade. Cependant, Harold était un type avec beaucoup d'humour. Finalement, ses amis l'ont sorti de son sérieux et il a abandonné la méditation parce que ses amis avaient raison, Harold devait être Harold. Un an plus tard, Harold est retourné rendre visite à son gourou avec une question sur comment être à la fois lui-même et un méditant. Son gourou a répondu en riant et en plaisantant avec Harold. Il a dit à Harold d'essayer quelques exercices de méditation joyeux et de reformuler sa vision du silence comme de l'austérité en silence comme une félicité.

Leçon : Maintenez une perspective équilibrée. Ne renoncez pas au bon sens, au soutien de la communauté, ou à votre disposition naturelle, pas même pour un gourou au bon cœur et bien intentionné.

Personne ne m'a dit que je ferais face à des souvenirs douloureux et refoulés en méditant.

Jenny a commencé la méditation avec l'idée que cela renforcerait son sentiment de paix et apporterait dans sa vie tous les effets positifs sur lesquels elle avait lu. C'était une personne optimiste et énergique qui faisait se sentir bien tout le monde autour d'elle. Dans le même temps, une amie proche a constamment confronté Jenny avec de la négativité et des critiques, qu'elle a inconsciemment intériorisées. Après quelques mois de pratique de la méditation, Jenny est devenue plus silencieuse et soumise. Même si elle était toujours gentille avec tout le monde, elle n'était pas aussi exubérante. Après quelques mois de méditation, Jenny comprit que si elle était honnête avec elle-même, elle pourrait voir que, quelle que soit sa gentillesse, tout le monde ne peut lui rendre la pareille, en particulier cette amie proche mais pleine de défauts. Son amie n'a peut-être pas changé, mais Jenny, oui. Elle a appris à accepter cette personne sans intérioriser la négativité de son amie.

Leçon : Un esprit calme se purifie dans la conscience de soi. Les problèmes non résolus peuvent être pénibles, mais la paix et la libération surviennent lorsque l'esprit est libéré d'émotions et de situations chargées.

Je pensais qu'il serait facile de commencer à méditer, mais je n'arrive pas à trouver de routine.

Comme Bill et Déborah qui pensaient que la méditation serait facile, Jack a constaté que lorsqu'il s'asseyait pour méditer, malgré ses bonnes intentions, il s'endormait ou devenait frustré. Après en avoir discuté avec un mentor de méditation, Jack a appris qu'il essayait les mauvais exercices pour ses besoins. Jack utilisait un livre avancé sur la méditation, mais il n'avait pas encore appris à respirer profondément, à se détendre ou à penser positivement. Une fois qu'il a reçu les exercices appropriés, l'expérience de méditation de Jack a été beaucoup plus fructueuse et il attend maintenant avec impatience son temps de repos.

Leçon : Apprendre à méditer implique de nombreuses étapes pouvant être appliquées progressivement. Avancez un pas à la fois. Portez une attention particulière à la partie II de ce livre.

Après avoir lu les différents exemples d'attentes, d'hypothèses et d'idées fausses associées à la méditation, revenez maintenant à vos réponses aux questions posées au début de ce chapitre.

1. Définissez la méditation telle que vous la comprenez avec vos propres mots. Remarquez si votre définition a été modifiée ou étendue.

2. Quels avantages attendez-vous de votre pratique de méditation ?

Cette fois-ci, prenez les réponses exagérées et irréalistes que vous avez pu avoir à l'origine et voyez comment vous pouvez les réviser pour qu'elles soient plus réalistes. Au lieu de méditer pour guérir votre cancer, pourquoi ne pas utiliser la méditation pour minimiser le stress que vous subissez afin de mieux faire face à la situation ?

3. Qu'est-ce qui vous a amené à développer un intérêt pour la méditation ?

4. Discutez de la manière dont votre intérêt trouve ses racines dans un besoin ou des besoins plus profonds.

Résumé

1. La méditation implique une approche complète de la vie. Cela signifie à la fois être assis tranquillement pour concentrer l'esprit *et* aborder la vie quotidienne avec grâce.

2. La méditation nous aide à faire face aux difficultés de la vie mais ne les résout pas.

3. La méditation est un voyage de découverte de soi qui dure toute la vie. Nous ne réussissons ni n'échouons en méditant ; nous observons ce que nous appelons le succès ou l'échec.

4. La méditation concerne votre voyage de découverte de soi. Vous ne pouvez pas forcer un programme de méditation dans votre vie. Vous alignez lentement votre vie et une pratique de méditation en utilisant tous les éléments qui composent un mode de vie de méditation.

5. Bien que cela défie votre esprit, la méditation doit être confortable pour votre corps.

6. Comme les distractions sont éliminées, votre esprit peut sembler avoir plus de pensées que lorsque vous avez commencé à méditer. Au fur et à mesure que vous comprenez ces pensées, la découverte de soi continuera à se produire.

CHAPITRE DEUX

COMMENT VOTRE PASSÉ FORGE VOTRE STYLE DE MÉDITATION

Une définition littérale de la méditation assise consiste à s'asseoir et à concentrer l'esprit sur un seul objet. Le mot « objet » est intentionnellement vague car l'objet de l'attention dépend de la méthode de méditation. La plupart des méthodes sont une variante de l'attention portée à une seule pensée. Certaines écoles de méditation parlent de n'avoir « aucune pensée » pendant la pratique, alors que d'autres affirment que même aucune pensée n'est une pensée. Certaines écoles de méditation mettent l'accent sur l'esprit, d'autres sur le fait de ne pas prendre la pensée trop au sérieux.

Toutes ces variations impliquent de rester assis les yeux fermés. Je veux élargir la définition de la méditation et utiliser ce livre pour présenter la méditation en tant que processus qui se déroule par étapes. La première étape implique une auto-investigation en termes de reconnaissance de votre disposition, en particulier de vos forces, ainsi que de votre motivation. La prochaine étape met en évidence l'importance d'un mode de vie propice à une pratique de méditation soutenue, que couvre la partie II. Dans la troisième partie, nous explorons les méthodes de méditation afin de vous permettre de découvrir un style qui vous convient. Ce manuel examine ensuite l'étape suivante, lorsque l'esprit lutte en se livrant à diverses résistances à une pratique prolongée.

Ma compréhension de la méditation applique le processus de concentration de l'esprit à la fois pendant la pratique formelle et tout au long de la journée. C'est une leçon importante, que je citerai fréquemment tout au long du livre : *la méditation comprend une approche complète de la vie.* Après tout, comment peut-on s'attendre à ce que le même esprit qui criait de manière incontrôlable il y a une heure se concentre une fois les yeux fermés en méditation assise ? Certaines personnes commencent d'abord par travailler sur leur vie, puis passent à la méditation assise. D'autres commencent à méditer et réalisent vite à quel point il est important de calmer leurs réactions dans les choses quotidiennes. Les exercices de méditation sont une manière de pratiquer, mais couper des légumes et conduire pour aller au travail sont également des occasions de pratiquer.

Parce que les choix de vie que vous faites pour soutenir votre pratique et les choix que vous faites à propos des méthodes formelles de méditation dépendent d'un large éventail de facteurs. Mon rôle est de vous guider dans la création de votre programme personnalisé. Il existe déjà de nombreux programmes (DVD, CD et cours coûteux) qui promettent tout ce que vous pouvez attendre de la méditation. Ces programmes peuvent rapporter beaucoup d'argent à leurs producteurs, mais ils s'avéreront sans doute être une expérience infructueuse pour vous. Je souhaite vous aider en partageant des informations et des outils qui vous permettront de prendre les décisions qui vous conviennent. Je vous encourage à rejoindre un groupe de méditation local une fois que vous avez déterminé la pratique qui vous convient le mieux, mais je veux d'abord que vous appreniez en explorant ce qui est le mieux pour vous.

Au cours des étapes de ce processus, des changements vont se produire dans votre vie. Le programme doit être créé par vous pour que vous puissiez le façonner tout au long de votre vie. Dans un mois ou deux, lorsque quelque chose de nouveau se produira dans votre vie, votre programme devra peut-être être révisé. Vous pouvez déménager, changer de travail ou initier un autre changement important, ou il se peut qu'un simple changement de saison nécessite une révision de l'heure de votre promenade quotidienne. Tous ces changements, majeurs et mineurs, vous obligeront à adapter votre pratique de médiation. En raison de ces variables imprévisibles, il n'y a pas de solution miracle pour tout le monde. Ce qui fonctionne, c'est lorsque vous, munis d'informations et d'outils, prenez le contrôle de votre programme de méditation personnel.

Il existe toute une gamme de tests psychologiques permettant de classer les types de personnalité. Vous pouvez être de type A, un intuitif selon Myers-Briggs ou *Vata* ayurvédique, mais quelle que soit la classification de votre type de personnalité, vous êtes unique. Je trouve les tests psychologiques fascinants. Lors de l'obtention de mon doctorat en guérison holistique, j'ai utilisé plusieurs de ces tests, mais lorsque j'enseigne la méditation, je ne les utilise pas. Je trouve que le fait de faire réfléchir les élèves et le journaling sont des outils efficaces pour se comprendre.

Pour poursuivre le travail de journaling, j'aimerais que vous réfléchissiez à au moins cinq expériences de vie déterminantes qui vous ont laissé l'esprit tranquille. Beaucoup de personnes relatent des expériences aussi familières que remarquables telles que promener le chien, faire la vaisselle, nettoyer la maison, plier le linge, jardiner, peindre, chanter, nager, lire et même prendre le train. La liste collective peut être sans fin. Vous reviendrez à vos réponses à la fin de ce chapitre. Et tout au long du travail que nous entreprenons ensemble dans ce livre, n'oubliez pas de profiter du processus. Le cheminement est aussi important que la destination.

Phase 1

Dressez la liste des activités de votre passé qui ont favorisé la tranquillité de votre esprit. Vous pouvez même remonter à votre enfance.

- Quels jeux ou activités ont apaisé votre esprit ?
- Est-ce que des expériences religieuses viennent à l'esprit ?
- Des expériences dans la nature se démarquent-elles ?
- Avez-vous des expériences antérieures avec la méditation à signaler ?

- Avez-vous pratiqué des loisirs relaxants ?
- Y a-t-il des moments passés avec des animaux de compagnie ou des amis qui ont un effet relaxant ?
- Avez-vous consommé de l'alcool ou d'autres substances psychotropes qui vous ont calmé ?

Soyez honnête avec vous-même. Ces réponses sont pour vous lorsque vous explorez vos expériences avec un état d'esprit paisible et que vous posez les bases d'un programme de méditation qui vous convient.

Nos expériences d'enfance nous montrent une expression pure de notre personnalité. Les enfants ont l'option presque illimitée de jouer et ils jouent d'une manière qui exprime leur personnalité. Prendre le temps de vous rappeler les activités qui vous ont procuré la paix dès votre plus jeune âge vous aidera à faire le lien entre ces moments fondamentaux et les activités que vous avez poursuivies en grandissant. Vos tendances innées reflètent vos forces inhérentes à la méditation. Cette autoréflexion sera également utile pour identifier les domaines de style de vie qui ont besoin de soutien. Étant donné que la plupart des adultes perdent le temps libre suffisant qui leur est imparti pendant leur enfance, cet exercice peut être un rappel rafraîchissant pour pratiquer de temps en temps certaines de ces activités pacifiques.

Les exercices de ce chapitre vous aident à comprendre votre propre personnalité. Pendant que vous travaillez sur les exercices ci-dessous, réfléchissez à l'essence des moments cruciaux où vous avez ressenti la paix intérieure. Bien que ce ne soit pas une méditation formelle, jouer avec l'abandon intemporel d'un enfant peut calmer l'esprit. Jouer sans effort peut aider à créer un esprit réceptif à la méditation. Rappelez-vous comment vous perdiez le sens du temps. C'était peut-être dans la nature, parfois avec une famille proche ou lors de rassemblements religieux. L'important est de s'attarder sur ces moments positifs afin que vous puissiez comprendre ce qui vous a aidé. Les exemples ci-dessous sont destinés à vous aider à approfondir votre compréhension de ce qui vous a apporté la paix dans le passé.

Phase 2

Analysez les expériences de paix de votre enfance.

- Décrivez et intitulez l'expérience.
- Quel était le sentiment ou l'émotion lors de cette expérience ?
- Remarquez ce que vous avez fait et comment vous l'avez fait.
- Connectez les aspects de cette expérience qui ont apporté la paix à l'esprit de votre enfance.

EXEMPLE N° 1 : PRIÈRE AU COUCHER

L'un des instructeurs de l'Institut YogaLife raconte qu'elle avait l'habitude d'aligner ses animaux en peluche sur son oreiller. Ses précieux animaux prenaient tellement d'espace qu'elle manquait à chaque fois de tomber du lit ! En dépit de la foule de peluches, ce rituel lui procurait beaucoup de paix intérieure et de joie. Cette simple action d'affection est le reflet de quelqu'un qui trouve la paix d'esprit dans les rituels. Voici ses réponses aux questions qui concluent ce chapitre.

1. Décrivez et intitulez l'expérience.

Chaque soir, après que mes parents m'aient bordée, je rangeais mes animaux en peluche sur mon lit. Je faisais semblant de m'endormir pour que mes parents quittent la pièce, puis je bordais mes animaux comme mes parents m'avaient bordée. J'appelle cette expérience « prière au coucher ».

2. Quel était le sentiment ou l'émotion lors de cette expérience ?

J'ai ressenti une sollicitation qui apportait le contentement et la paix dans mon cœur parce que chacun de mes animaux en peluche était heureux et à sa place.

3. Remarquez ce que vous avez fait et comment vous l'avez fait.

J'ai fait très attention à aligner tous les animaux, comme s'il s'agissait d'un rituel religieux.

4. Connectez les aspects de cette expérience qui ont apporté la paix à l'esprit de votre enfance.

Je remarque que la disposition des animaux m'a procuré un sentiment de confort. Aujourd'hui, à l'âge adulte, j'observe à quel point j'aime placer mon journal spirituel à gauche de ma bougie de méditation et mes lectures spirituelles à droite, et j'allume toujours une bougie pendant ma pratique. Pendant un moment, j'ai pensé que c'était superstitieux, mais je peux maintenant honorer le fait que cela donne le ton pour ma pratique de méditation quotidienne.

Exemple n° 2 : Jogger Zen

Alors qu'il grandissait, un ami et professeur de yoga a déclaré qu'il était loin du genre sportif, mais la pression de l'adolescence et l'inspiration de certains héros olympiques l'ont poussé à courir, et cela lui a également permis de retrouver la tranquillité d'esprit.

1. Décrivez et intitulez l'expérience.

Bien que n'étant pas athlétique par nature, j'ai commencé à faire du jogging à l'âge de quinze ans parce que j'étais fatigué d'être un enfant en surpoids. C'était pendant l'été des Jeux olympiques de 1980 ; les stars de la piste de course m'ont inspiré avec leur mouvement fluide et presque sans effort. J'ai commencé à courir cet été et je suis devenu le « jogger zen ».

2. Quel était le sentiment ou l'émotion lors de cette expérience ? Au départ, la colère me poussait à courir, même si je ne pouvais faire qu'un tour autour du pâté de maisons. Après avoir marché quelques minutes, ma frustration d'être en mauvaise forme me poussait à faire un autre tour. Au fur et à mesure que je progressais, je commençais à me sentir revigoré et je finissais par acquérir une estime de moi-même chaque fois que je prolongeais la course. J'ai réalisé que me sentir fatigué n'était pas la fin, et j'ai appris à courir même fatigué. En quelques mois, je courais dans d'autres quartiers et ma faible estime de moi est devenue un sentiment d'accomplissement. Un an plus tard, je suis devenu membre d'une équipe de cross-country.

3. Remarquez ce que vous avez fait et comment vous l'avez fait.

Quand je courrais, j'ai commencé à trouver un rythme avec mes pieds, mes mains et mon souffle. Je pouvais entendre chaque pas lorsque ma chaussure de course agrippait le trottoir. La synchronisation du souffle, du corps et du son m'hypnotisait bien que je n'en étais pas conscient à l'époque. Mon esprit était vide de ses pensées habituelles de conscience de soi. La répétition semble avoir été un bon moyen pour moi de regarder à l'intérieur.

4. Connectez les aspects de cette expérience qui ont apporté la paix à l'esprit de votre enfance.

Avoir un objectif est très important pour moi. J'avais l'habitude de penser qu'avoir un but allait à l'encontre de la méditation, mais maintenant je vois qu'un but fournit une direction positive. Mon but m'a donné un objectif, qui a concentré mon énergie dans des directions positives.

Exemple n° 3 : Rat de bibliothèque

Un étudiant en méditation a acheté une petite bibliothèque de livres sur la méditation. En fait, elle a des étagères de livres : romans, livres de voyage, livres de cuisine, etc. Elle adore lire et, si ce n'était pour d'autres responsabilités, elle lirait toute la nuit. Enfant, elle lisait sous son couvre-lit avec une lampe de poche pendant que ses parents pensaient qu'elle dormait bien.

1. Décrivez et intitulez l'expérience.

J'aimais jouer dehors avec tous les enfants du quartier. Jouer à chat et nager chez mon ami était le plus amusant. Mais au moment des jeux de sport, je préférais lire. Quand j'avais dix ans, je lisais *Guerre et paix*, et même si une partie dépassait mon entendement, j'utilisais un dictionnaire pour apprendre de nouveaux mots. Tout compte fait, j'étais un rat de bibliothèque sérieux.

2. Quel était le sentiment ou l'émotion lors de cette expérience ? La lecture était un mécanisme d'adaptation. Cela me permettait de me

détendre et m'aidait à utiliser mon imagination. Je m'enseignais à moi-même plus que je n'apprenais à l'école, où je m'ennuyais. La lecture me protégeait également des moments d'instabilité émotionnelle dans notre maison quand mon père était stressé.

3. Remarquez ce que vous avez fait et comment vous l'avez fait.

Quand je lisais, j'étais seule, ce qui était rare pour les enfants de mon quartier. Cela me distinguait de cette manière et me permettait également de parler avec des adultes. Je n'ai jamais pensé à ces choses jusqu'à maintenant. La méditation est très similaire à cela.

4. Connectez les aspects de cette expérience qui ont apporté la paix à l'esprit de votre enfance.

Vouloir aller au-delà de mes limites préconçues faisait partie de ma personnalité, comme ma façon de lire *Guerre et paix* à dix ans. Apprendre m'apporte vraiment un sentiment d'expansion et de paix.

Résumé

Examinez vos expériences d'enfance et utilisez les questions ci-dessous pour analyser votre approche personnelle en vue de calmer votre esprit.

1. Décrivez et intitulez l'expérience.

2. Quel était le sentiment ou l'émotion lors de cette expérience ?

3. Remarquez ce que vous avez fait et comment vous l'avez fait.

4. Connectez les aspects de cette expérience qui ont apporté la paix à l'esprit de votre enfance.

CHAPITRE TROIS

VOTRE VIE QUOTIDIENNE ET LA MÉDITATION

La méditation équivaut à calmer l'esprit. Parce que la méditation est généralement considérée comme étant uniquement être assis immobile dans une pose contemplative, je continuerai à vous rappeler que chaque aspect de votre vie affecte la capacité de l'esprit de concentration et d'aisance. La prochaine étape dans la découverte de votre type de méditation nécessite que vous soyez honnête avec vous-même. Tout ce que nous faisons dans nos vies affecte notre esprit et tout ce que nous faisons affecte également notre karma ou nos expériences futures.

Alors que le chapitre 2 explore des exemples de paix de votre passé, ce chapitre examine les activités de votre vie à l'heure actuelle. Dans la première série d'exercices, vous listerez toutes les activités édifiantes qui vous procurent actuellement un sentiment de paix. La deuxième série d'exercices examine les activités qui peuvent offrir un soulagement temporaire, mais qui vous éloignent finalement d'un esprit tranquille. Vous tenterez de comprendre les racines de telles activités dans le but de les transformer. Après tout, le travail de méditation est de transformer l'esprit. C'est parti !

La transformation d'un docteur

Être diagnostiqué d'hypertension à quarante ans a amené Tom au yoga et à la méditation. La famille de Tom avait des antécédents de maladie cardiaque et aucun de ses parents n'avait atteint l'âge de soixante ans. Tom était médecin et connaissait les avantages d'une vie saine. Maintenant, il était prêt à cultiver lui-même des habitudes saines. Il savait que la méditation avait été scientifiquement prouvée pour faire baisser la tension artérielle et il voulait apprendre. Il s'est inscrit à une série de cours particuliers avant de rejoindre n'importe quel cours en groupe.

À sa grande surprise, au lieu de commencer par un tas de directives, j'ai posé à Tom une question simple : « Qu'est-ce qui vous détend ? » Bien qu'il ait été pris au dépourvu, Tom a facilement répondu qu'il aimait jouer avec ses deux golden retrievers. Il promène les chiens chaque matin et chaque soir sans faute. Tom a également noté qu'il aimait jardiner, mais il ne pouvait le faire que le week-end, lorsque le temps le permettait. Il venait de perdre sept kilos, mais Tom ne plaçait pas la salle de sport très haut sur son échelle de plaisir. Cependant, il appréciait les cours de yoga auxquels il avait commencé à assister. Il aimait aussi lire des livres de développement personnel et d'autres lectures pédagogiques, mais à cause du temps dont sa pratique médicale avait besoin, il n'était pas capable de lire autant qu'il le voulait. Enfin, Tom a ajouté qu'il aimait dîner avec des amis, sa relation amoureuse et ses visites dans sa famille élargie.

La première étape de la première mission de Tom était en partie terminée. Maintenant, c'est votre tour. Écrivez vos réponses dans votre journal.

Exercice 1 : Activités édifiantes

1. Énumérez les activités édifiantes que vous aimez actuellement.

En aparté, si vous trouvez des activités comme le jeu de hasard relaxant, conservez ce genre d'activité pour un prochain exercice. Pour l'instant, prenez votre temps et énumérez les activités les plus saines de votre vie. La liste devrait être plus longue que vous ne le pensez. Voici quelques exemples :

- aller au marché des producteurs ;
- bavarder avec les voisins ;
- lire le journal ;

- regarder un film ou une émission de télévision préférée ;
- être dans la nature ;
- se promener ;
- écouter la radio ;
- jouer avec un ou des animaux ;
- les passe-temps.

Même si vous ne trouvez que le temps de vous adonner à une activité favorite uniquement à certains moments, incluez-la. Cette liste peut également refléter certaines des activités que vous avez eues dans votre passé (que vous avez peut-être notées dans l'exercice du chapitre précédent).

2. Décrivez ce que vous ressentez lors de chacune des activités que vous avez énumérées. Tom m'a pris par surprise lorsqu'il a mentionné le plaisir d'arroser des fleurs. Il a expliqué comment son jardin le rapproche de la nature, qui suscite toujours l'émerveillement en lui. Il a failli ne pas inclure cette activité car il n'avait qu'un petit jardin de fleurs, il était donc facile de passer du temps à la faire. Assurez-vous d'inclure même de petits événements comme celui-ci et expliquez les sentiments que vous ressentez avec le plus de détails possible.

3. Examinez ces sentiments positifs pour découvrir les croyances sous-jacentes qui leur sont liées.

Tom a commencé à découvrir une croyance sous-jacente lorsqu'il a évoqué le sentiment d'émerveillement suscité par la nature. Il a continué à expliquer que le sentiment d'émerveillement envers la nature exprimait la gratitude qu'il ressentait pour sa vie. La vie comme une bénédiction est la conviction fondamentale qui a incité Tom à s'engager dans la faculté de médecine il y a de nombreuses années.

Vous pouvez trouver de nombreuses réponses lorsque vous abordez vos croyances et valeurs plus profondes et certaines activités susciteront des sentiments et des croyances similaires. Par exemple, Tom a découvert que jouer avec ses chiens le liait également à la gratitude pour la vie. Il croit qu'un médecin devrait mettre en pratique ce qu'il prêche, de sorte que Tom continue de suivre son régime d'exercices. Lorsque vous examinez la manière dont une activité exprime une valeur ou une conviction profonde, vous devez également reconnaître que vos valeurs et vos croyances ont le pouvoir de calmer votre esprit.

Si vous vous sentez déprimé ou perdu et que vous ne pouvez pas identifier d'activités positives dans votre vie pour le moment, il serait sage de parler à un ami proche ou à un thérapeute pour obtenir du soutien.

4. Comment les activités positives de ma vie sont-elles liées à la méditation ? Cette question vous oriente vers l'une des principales leçons de ce livre : toute notre vie est liée à la méditation.

Être plus conscient des comportements positifs que vous possédez déjà vous permettra de découvrir des moyens de transformer les tâches quotidiennes que vous jugez stressantes. Votre plaisir de la méditation et de la vie en général augmentera à mesure que votre expérience de stress diminue. Ces exercices fondamentaux sont importants. Revenez-y plus tard chaque fois que vous vous sentez coincé dans votre pratique de méditation.

En identifiant vos croyances les plus profondes, vous verrez que les premières étapes de la méditation comprennent la compréhension et l'expression efficace de vos croyances fondamentales tout au long de la vie quotidienne.

Connie : une nouvelle méditante

Connie, ma mère, surveillait les programmes de notre institut depuis le début, mais il lui a fallu quatorze ans pour suivre un cours de méditation. L'une des raisons pour lesquelles elle a attendu si longtemps était qu'elle se sentait obligée de bien étudier au centre de formation de son fils. Cependant, quand elle a pratiqué les exercices présentés dans ce chapitre, sa conscience de soi a cédé la place à la délicieuse découverte que presque tout dans sa vie conduisait déjà à la méditation. Elle n'était pas uniquement assise officiellement dans le silence. Voici certaines des activités qu'elle a énumérées, suivies des sentiments et des croyances qu'elle a découverts.

Cuisiner des repas sains remplit d'amour le cœur de Connie et lui permet d'exprimer sa conviction que le pouvoir de la nutrition est efficace en tant que médecine préventive.

Promener son chien donne à Connie un sentiment de liberté. Elle est nourricière par nature et quand elle promène son chien, la promenade la revigore et elle a un sentiment de bien s'occuper de son chien, Putter. Elle aime aussi l'occasion de rendre visite à des voisins.

Rassembler la famille, garder les petits-enfants et les vacances réconfortent Connie, car elle valorise la tradition. Honorer la tradition familiale renforce également sa conviction selon laquelle une famille aimante peut continuer à partager son amour pour la société en général.

Connie profite de la nature, notamment de la pêche, de la randonnée, du ski et du golf. Être dans la nature aide Connie à se concentrer sur la tâche à accomplir. Elle ne pense plus à rien quand elle marche dans les bois ou frappe une balle de golf. Affûter sa concentration dans la nature concerne la capacité de Connie à atteindre son plein potentiel lorsqu'elle se déplace dans une zone de conscience supérieure.

EXERCICE 2 : ACTIVITÉS ET HABITUDES QUI LIMITENT

Dans cet exercice suivant, vous explorerez les activités et les habitudes qui limitent votre bien-être. Tout comme ma mère l'a remarqué dans le développement de sa méditation : la méditation consiste davantage à comprendre les schémas de votre pensée enracinés. La méditation m'a aidé à reprogrammer quelques modèles que je ne connaissais pas, tels que certaines de mes réactions vis-à-vis des autres et des situations. La méditation vous aide à prendre conscience dc vos réactions, positives et négatives.

Méditation de la crème glacée Oreo Blast de Tiffany

Un jour en classe de méditation, Tiffany a parlé de son pêché mignon : la glace Oreo Blast. Elle souriait comme un enfant lorsqu'elle a parlé au groupe de morceaux de biscuits Oreo qui sont mélangés à la crème glacée à la vanille. Avec l'arrivée de l'été, Tiffany nous a dit qu'elle pensait à sa glace après le travail toute la journée. Tiffany est une massothérapeute. Elle passe donc sa journée à soigner et à guérir les autres et la crème glacée est sa récompense. Tiffany a partagé cette habitude en classe comme exemple d'une habitude limitante qui apporte un bonheur momentané mais des conséquences négatives plus tard. Alors que la plupart d'entre nous craignons de prendre du poids avec de la crème glacée, le problème de Tiffany était qu'elle se sentait coupable. En tant que professionnelle de la santé, elle sait que manger de la glace tous les soirs n'est pas sain. Elle se sent hypocrite car elle ne conseille pas à ses clientes de manger de la crème glacée après leurs massages mais leur conseille plutôt de boire de l'eau citronnée.

J'ai demandé à la classe de personnifier l'activité qui leur procure un soulagement temporaire, suivi d'effets négatifs. Si la glace Oreo Blast pouvait parler, Tiffany a dit qu'elle lui dirait : « Chérie, je suis ici pour toi afin que tu puisses te détendre et te relaxer. Tu ne bois pas d'alcool et tu brûles beaucoup de calories au travail, alors détends-toi et amuse-toi ». Pendant qu'elle mange la crème glacée, Tiffany se sent comme une enfant et se détend. Ses fardeaux tombent et elle oublie les préoccupations de ses clients. Mais après, elle dit qu'elle se sent « vraiment, vraiment coupable ». Ce schéma de culpabilité continue de circuler et, bien sûr, à la fin, la culpabilité n'est pas relaxante.

J'ai également demandé aux élèves d'identifier les aspects positifs de leur plaisir coupable. Tiffany a répété que c'était l'abandon des préoccupations et le changement de vitesse à la fin de la journée. Son travail peut être difficile lorsque les clients présentent des problèmes émotionnels difficiles et qu'elle est incapable de les aider. La glace Oreo Blast l'aide à recadrer son point de vue.

La clé de la transformation pour Tiffany consistait à trouver une activité sans culpabilité qui l'aiderait à se laisser aller sans compromettre ses valeurs de santé. Tiffany aimait les aspects respiratoires de sa pratique de méditation, ainsi, pendant deux semaines, elle s'assit sur le même canapé sur lequel elle appréciait sa glace Oreo Blast, et au lieu de cela, elle pratiqua dix minutes d'exercices de respiration non perturbés. Elle ne ressentait aucune culpabilité ni résistance interne et se sentait revigorée lorsqu'elle abandonnait les problèmes de la journée en respirant. Un tel changement immédiat peut ne pas être l'expérience de tout le monde, mais Tiffany a déclaré que son envie de glaces avait disparu lorsqu'elle avait découvert ce dont elle avait vraiment besoin.

Maintenant, c'est à vous de prendre la parole. Soyez courageux, soyez honnête et libérez-vous.

1. Énumérez les activités que vous entreprenez pour vous détendre, mais qui vous retardent.

De nombreuses personnes utilisent des substances psychotropes telles que l'alcool, la cigarette et même la nourriture. Certains se distraient avec des activités telles que faire les magasins ou regarder la télévision. Bien que de telles distractions ne soient pas nécessairement une dépendance à part entière, leur soulagement est temporaire. Il est important d'être honnête à ce stade. Je n'ai jamais vu quelqu'un qui n'avait pas quelques éléments sur cette liste. Notez quand et où vous faites cette activité, à quelle fréquence et quels autres détails vous aideront à examiner votre comportement.

Continuez maintenant en sélectionnant un élément de votre liste à traiter dans le reste de cet exercice. Veuillez n'examiner qu'une activité à la fois.

2. Personnifiez ou donnez une voix à l'activité.

Soyez créatif à ce stade et voyez ce qui se passe, vous pouvez être surpris.

Permettez à l'activité de vous parler et, encore une fois, soyez honnête. Si cet exercice ne fonctionne pas pour vous, demandez-vous pourquoi vous faites ce que vous faites. Essayez de nommer ce que vous ressentez pendant l'activité.

3. Distillez l'aspect positif de l'activité.

Comment cela vous profite-t-il de manière positive ? Tiffany était capable de distiller un sentiment de « lâcher-prise » quand elle mangeait de la glace.

Quel(s) bénéfice(s) recevez-vous de votre activité ?

4. Identifiez les effets négatifs de la même activité.

Encore une fois, la crème glacée de Tiffany la laissa avec des sentiments coupables, empreints de tristesse.

5. Utilisez vos connaissances des avantages de cette activité pour vous aider à découvrir une activité qui peut vous apporter les mêmes avantages sans effets secondaires néfastes pour la santé.

Tiffany s'est tournée vers la respiration profonde pour se laisser aller, calmer son esprit et oxygéner son corps. Vous pouvez également vous promener, cuisiner un repas sain ou parler à un ami. Veillez à ne pas forcer une activité. Vous devez vous sentir véritablement satisfait de l'activité saine que vous choisissez. Cette étape vous invite également à essayer un nouveau comportement pour voir si cela vous élève réellement.

Plus d'aide pour surmonter les comportements limitants

Lorsque vous travaillez avec l'étape pivot 3 dans l'exercice ci-dessus, vous pouvez vous sentir confus. Il n'est pas toujours facile de comprendre à quel point la consommation d'alcool est censée être utile, ou vous risquez de ne pas savoir pourquoi vous êtes perdu lors de la rediffusion d'épisodes de votre émission de télévision préférée. Le tableau ci-dessous peut vous être utile pour déterminer quel domaine de votre vie a besoin d'attention. « Âme-corps-esprit » est une expression populaire qui capture une façon non linéaire de penser à nous-mêmes. Elle relie l'idée que notre corps, notre esprit et notre âme s'influencent mutuellement. Donc, si le corps est rempli d'aliments sains qui digèrent bien, l'esprit et l'âme sont également affectés de manière positive. Lorsque l'esprit a le temps de se reposer et les émotions de s'installer, le corps gagne de l'énergie et l'esprit s'épanouit. De même, lorsque l'esprit est inspiré par une compagnie édifiante ou par l'étude des Écritures, le corps et l'âme retrouvent également la paix. Ce paradigme peut être étendu à deux catégories supplémentaires : énergie et intellect. Une construction philosophique trouvée dans les anciens écrits indiens de la *Taittiriya Upanishad* soutient que l'énergie et l'intellect sont des attributs (nommés *koshas* en sanscrit) qui affectent à la fois le corps et l'âme.

Passez en revue les résumés positifs et négatifs que vous avez écrits dans les exercices ci-dessus à travers l'objectif de ces attributs : corps, esprit, âme, énergie et intellect. Lorsque j'enseigne la nutrition aux élèves, j'utilise ce paradigme et n'inclut pas que la nourriture physique que nous mangeons. L'habitude de la crème glacée de Tiffany est un cas d'école de tentative d'alimentation pour nourrir les émotions avec de la nourriture. Quand elle se donna le temps de respirer et traita consciemment ses émotions, elle se sentit plus profondément satisfaite. Utilisez le tableau ci-dessous pour voir quel aspect de vous-même a besoin d'attention.

Corps : Le corps physique a besoin de nourriture, de repos, d'un abri et d'hygiène.

Énergie : L'énergie est créée par l'exercice, la respiration et l'activité physique.

Esprit : Le « mental inférieur » se rapporte à nos émotions.

Intellect : Le « mental supérieur » se rapporte à des idées, comme dans la réflexion et l'étude.

Âme : Ceci est notre système de croyance et comprend la pensée religieuse, la prière et d'autres activités qui offrent un lien avec une réalité plus grande ou un pouvoir plus élevé.

Voici quelques façons d'utiliser le tableau ci-dessus pour répondre de manière positive à vos besoins réels.

Corps : Limitant - Je mange de la glace tous les soirs. Positif - Je prends soin de manger des aliments sains dans les bonnes quantités.

Énergie : Limitant - Je pousse ma vie au maximum et je bois beaucoup de caféine pour continuer à avancer.

Positif - Je fais de l'exercice quotidiennement et me couche tôt pour une bonne nuit de sommeil.

Esprit : Limitant - Je me détends en faisant la fête et en sortant avec des amis.

Positif - Je parle avec des amis qui m'aident à comprendre les événements de la vie dans une perspective empreinte de compassion.

Intellect : Limitant - Je lis n'importe quoi pour rester occupé.

Positif - Je lis des livres qui élèvent ma vision de la majesté et du mystère de la vie.

Esprit : Limitant - Je vais à l'église parce que c'est ce que je suis censé faire.

Positif - Je reste impliqué avec ceux qui m'aident à voir la situation dans son ensemble.

Résumé

1. Les exercices sur l'identification d'activités et de comportements positifs dans votre vie actuelle mettent en lumière divers points clés qui orienteront le développement de votre pratique de méditation. Augmentez le temps que vous consacrez à de telles activités.

2. Les comportements restrictifs censés être édifiants mais n'offrant qu'une satisfaction temporaire doivent être reconnus pour pouvoir être transformés. Le processus de compréhension de ces activités limitantes afin de les transformer a commencé.

3. Tous les exercices illustrent le fait que la méditation n'est pas une activité que nous faisons en plus de la vie quotidienne mais qui émane de tous les aspects de notre vie et de notre être.

Conclusion de la partie I

La première partie de ce voyage a consisté à clarifier les attentes, les hypothèses et les idées fausses concernant la méditation. Ce processus vous a aidé à comprendre vos motivations et à les recadrer afin que vous soyez prêt à travailler sur la méditation pour l'auto-transformation. Au chapitre 2, vous avez travaillé sur la compréhension de votre disposition naturelle en vous rappelant des activités de votre passé qui vous ont apporté la paix et le bien-être. Au chapitre 3, vous êtes revenu au présent pour reconnaître et honorer les activités et les comportements que vous pratiquez actuellement qui favorisent un style de vie méditatif, axé sur la santé et la facilité. Identifier les activités et les comportements qui limitent réellement votre bien-être vous permet de réduire le stress et d'améliorer votre concentration mentale de manière constructive, sans effets secondaires négatifs.

PARTIE II

UN NOUVEAU MODE DE VIE

Après avoir introduit la méditation, ses avantages et quelques idées fausses sur la pratique, la deuxième partie se concentre sur la culture d'un style de vie méditatif. La méditation est beaucoup plus qu'une allocation quotidienne de temps. Contrairement à un programme d'exercice régulier, la méditation ne consiste pas à « s'entraîner » pendant vingt à trente minutes, puis à retourner dans le tourbillon de la vie. Chacun des six chapitres suivants est axé sur différents aspects essentiels pour transformer une courte période de méditation assise quotidienne en un état d'esprit permanent et continu. Les objectifs de cette section sont triple :

1. Vous aider à minimiser les facteurs de stress externes et les réactions de stress internes, ainsi que pour toutes activités favorisant « l'esprit de singe ». Tout comme il est difficile de voir le fond d'un lac clair si la surface est ridée, il est presque impossible de cultiver le silence intérieur quand l'esprit est dérangé par des choses extérieures et intérieures. Identifier les éléments qui compensent votre paix intérieure naturelle peut aider à mieux faire connaître vos réponses à l'avenir.

2. Vous aider à trouver ou à redécouvrir des activités adaptées à votre vie qui apportent la quiétude et la tranquillité d'esprit.

Bien que le service envers les autres soit la quintessence d'une vie méditative, si nous ne prenons pas soin de nous-mêmes par le biais d'activités simples et de soins personnels, nous ne pourrons jamais espérer servir les autres. Une réflexion plus approfondie sur vos voyages personnels de méditation du chapitre 3 peut révéler de nouvelles idées ou raviver les vieux amours.

3. Vous aider à trouver au moins vingt à trente minutes de votre journée animée pour la pratique de la méditation.

Certes, dans un monde de plus en plus rapide et toujours actif, trouver le temps de méditer n'est pas une tâche facile. Évaluer vos responsabilités et vos priorités (vis-à-vis des autres et de vous-même) peut vous aider à trouver ces précieux moments de silence.

CHAPITRE QUATRE

DÉFINIR LES COMPORTEMENTS STRESSANTS

J'ai souvent demandé aux étudiants novices en méditation de me dire ce qu'ils pensaient être les « clés » de la méditation. Les réponses habituelles peuvent décrire quelque chose lié à un exercice de méditation régulier, à une respiration profonde et appropriée, ou même simplement à rester assis tranquillement pendant un laps de temps chaque jour. La plupart d'entre nous pensent que méditer ne concerne que le temps passé assis immobile, mais ces quelques instants sur le coussin ou le sol ne sont que la surface !

Faire face à « l'esprit de singe »

Pour ceux qui pratiquent la méditation depuis des années, l'efficacité ou le succès de la méditation sont meilleurs certains jours que d'autres, comme toute autre chose. Les méditants novices et vétérans ont leurs jours de troubles mentaux ainsi que leurs jours d'immobilité. La différence est que le débutant ne peut attribuer la profondeur méditative (ou le manque de profondeur) à laquelle il parvient à aucune cause particulière. Cependant, la quantité de stress quotidien qu'une personne accumule et autorise dans la routine quotidienne a un effet direct sur la séance de méditation de la journée.

Ce que le méditant vétéran sait (généralement), c'est que la manière dont nous vivons nos vies affecte grandement les vagues sur le lac de nos esprits. Entrer dans une séance de méditation avec un état d'esprit équilibré vous donne une longueur d'avance.

Pour commencer à vous sensibiliser au comportement de votre esprit, évaluez le degré de paix que vous ressentez dans votre vie quotidienne et votre routine. Espérons qu'il y ait des moments sacrés : manger avec la famille, faire de brèves promenades, pendant l'exercice. Mais que se passe-t-il lorsque vous quittez ces environnements ? Comment réagissez-vous lorsque vous vous réveillez un peu tard ou que vous êtes assis dans un trafic dense ? Réfléchissez sur vos relations avec un patron irascible, un collègue ou un client qui vous énerve. Comment gérez-vous les situations où les choses ne se passent pas comme prévu, au travail ou au cours d'autres tâches quotidiennes ? Qu'en est-il de vos relations avec vos proches : membres de votre famille, conjoint ou partenaire, enfants si vous en avez ?

Lorsque vous considérez ces éléments de votre vie, soyez honnête, mais évitez de porter des jugements : l'intention est la conscience, pas la condamnation. Si même une ou deux réponses à ces exemples n'étaient pas équitables, elles se manifesteront probablement lorsque vous vous asseyez pour méditer. La première étape consiste alors à prendre conscience de ce qui bouleverse votre paix intérieure et, plus important encore, de la façon dont vous réagissez à ces choses.

Rappelez-vous que le « stress » n'est rien d'autre que l'environnement en interaction avec nous et qu'il est constant. Nous ne pouvons pas éliminer les facteurs de stress externes, mais ce que nous avons laissé entrer est entièrement sous notre contrôle.

Exercice 1 : Liste de vos contraintes personnelles

Aussi difficile que cela puisse être, faites une liste des choses qui vous apportent du stress tout au long de la journée. Faites cela avec conscience et compassion. Essayez de capturer chaque petit détail du moment où vous vous réveillez jusqu'à ce que vous vous rendormiez le soir. Encore une fois, l'intention est la prise de conscience ; faites de votre mieux pour cultiver une attitude objective et non critique pour tirer le meilleur parti de cet exercice très instructif. Peu importe la longueur ou la brièveté de votre liste, il s'agit de *votre* liste et, espérons-le, elle vous ouvrira la voie à des habitudes ou à des comportements dont vous n'aviez peut-être pas connaissance au début. L'intention de cet exercice consiste à sensibiliser au moins une fois par jour à l'un des éléments de la liste que vous avez générée. Observez votre respiration pendant que vous êtes assis dans le trafic ou quand quelqu'un coupe la file devant vous au magasin ; observez vos émotions pendant et après une conversation difficile avec un être cher ou un collègue ; arrêtez-vous juste un instant avant de répondre aux critiques de quelqu'un d'autre : ce sont toutes des actions très simples mais profondes qui peuvent commencer radicalement à modifier la façon dont votre esprit traite les événements quotidiens.

En faisant cet exercice moi-même et avec les étudiants, il existe généralement deux types d'éléments qui apparaissent sur les listes. Le type le plus répandu est généralement le stress mineur, les petites irritations qui peuvent s'accumuler rapidement au cours d'une journée ou d'une semaine. Nous espérons que l'exercice de sensibilisation ci-dessus vous aidera à faire la part des choses parmi les autres types de stress de votre liste. J'espère sincèrement que ce deuxième type, les stress les plus importants, sont moins nombreux. Nous différons tous, mais selon nos situations de vie actuelles, certains de ces stress peuvent être assez encombrants et même préjudiciables. Bien que la prise de conscience de ces stress soit bénéfique pour commencer à apprendre à faire face à la situation, une réflexion plus approfondie sur leur cause profonde est nécessaire pour les comprendre à un niveau fondamental.

EXERCICE 2 : COMPRENDRE L'ESSENCE DU STRESS

Après avoir cultivé la compassion envers certaines des « petites choses » de votre liste, nous choisirons ensuite deux ou trois des éléments les plus stressants pour une introspection plus poussée. Il est fort possible que certains de ces éléments soient très personnels. Il est donc conseillé d'effectuer ces exercices dans un environnement privé et confortable pour une totale honnêteté dans vos réponses aux questions suivantes. Je trouve utile de noter chaque élément sur un bout de papier pour me laisser suffisamment d'espace pour explorer librement cet exercice. Entièrement et honnêtement, répondez à chacune des questions suivantes. Pour commencer, voici quelques exemples de « gros facteurs de stress » que j'ai vus au fil des ans :

- Surmené, trop occupé, précipité
- Surcharge technologique
- Difficultés relationnelles (patron/collègues ou domestique/famille)
- Inquiétude constante
- Comportements excessifs (trop manger, consommation d'alcool, dépendances)
- Insomnie ou trop de sommeil

1. À quelle heure de la journée votre esprit est-il le plus perturbé et en quoi est-il perturbé en particulier ?

2. Comment réagissez-vous et jouez-vous dans les perturbations créées dans votre esprit ?

Par exemple, réagissez-vous de manière impulsive ? Insistez-vous dessus un moment ? Mais gardez-vous le silence, les ignorez-vous et les laissez-vous s'enfoncer dans votre subconscient ? Ou avez-vous une autre réponse ? Veuillez être le plus précis possible.

3. Quelle est selon vous l'attitude sous-jacente associée à ces réactions au facteur de stress ?

Ce point est le plus important et le plus évité. Vous devrez peut-être ressentir physiquement la sensation de stress pour la comprendre et lui donner un nom. Je ne préconise pas d'augmenter votre stress ni de le rechercher activement, au lieu d'en apprendre davantage et de transformer ce sentiment.

4. Comment vous sentez-vous par rapport au facteur de stress ?

Par exemple, vous sentez-vous attristé, en colère, frustré ou anxieux ?

5. Quel est l'état psychologique correspondant alimentant ce sentiment ? Ceux-ci comprennent la peur, l'égoïsme, l'attachement, l'aversion ou une attente erronée.

Concentrez-vous sur l'opposé

Avec une déclaration du carburant psychologique pour vos réponses au stress, nous avançons vers une pratique qui peut aider à faire basculer le mauvais alignement de la situation stressante vers un équilibre plus paisible.

Pour chacun des facteurs de stress que vous avez choisis d'analyser, contemplez et expérimentez avec une vertu avec laquelle vous pensez qu'il serait possible de rétablir complètement l'équilibre dans ces situations. Par exemple, beaucoup d'élèves ont mentionné avoir du mal à parler en public, même dans de petites sessions de méditation en groupe.

La nervosité, l'anxiété et l'agitation étaient parmi les sentiments et les réponses les plus cités face au stress, avec la peur étant le blocage psychologique primaire. Le courage peut être une vertu puissante et opposée qui peut ensuite se répercuter sur d'autres aspects de votre vie. L'acceptation ou la sagesse ont également été utiles pour les autres : accepter votre autocritique (car votre public peut ne pas vous critiquer du tout !) et réaliser qu'aucun discours ni public ne seront jamais « parfaits ».

Vertu en main (et à l'esprit), l'exercice se termine en mettant l'accent sur ce concept et sur la manière dont vous pouvez l'appliquer de manière pratique à une situation stressante. Votre vertu (ou vos vertus) devient le point positif pour le centrage et la guérison, même au sein du facteur de stress précédent. Au fur et à mesure que la situation se présentera et que vous y répondrez, vous jugerez peut-être utile de consigner ces réponses et de voir comment elles évoluent. Certains peuvent trouver bénéfique de revenir à cet exercice, car à mesure que la conscience grandit, l'élément sous-jacent du facteur de stress ou la vertu nécessaire pour le contrebalancer peuvent également évoluer.

Prioriser et le temps de la pratique

De temps en temps, lorsque je me promène dans les bois ou que je suis assis sur une plage vide, je me surprends à rêver de construire une petite hutte et de vivre de la terre comme nos ancêtres l'ont fait pendant des milliers d'années. Le silence serait presque assourdissant. Un silence pour lequel nous, les peuples modernes, payons des centaines de dollars et parcourons des milliers de kilomètres pour nous rendre dans des centres de retraite éloignés, en pensant que nous ne pouvons nous trouver que dans ces lieux lointains. Bien sûr, j'oublie ce qui se passerait s'il y avait une urgence médicale ou comment je pourrais commencer à avoir envie de discussions intellectuelles après quelques mois. Pendant ces répits calmes, je me souviens de noter quelques idées sur la façon dont je peux graver de tels moments de simplicité dans la vie quotidienne.

Il est indéniable que le monde moderne évolue à un rythme alarmant et, pire encore, nous accélérons. Les ordinateurs sont plus rapides qu'il y a cinq ans et les réseaux de communication se développent maintenant dans presque tous les coins du pays, sans parler de la majeure partie du monde. Même si, il y a quelques années encore, la plupart des téléphones portables étaient disponibles, même les enfants disposent désormais d'une connexion Internet portable et à peu près tout le monde est connecté à tout le monde à tout moment de la journée. Alors que de nombreuses avancées technologiques ont permis d'énormes avancées dans les modes de vie, la qualité de la vie et la vitesse de transfert de l'information, chaque nouveau gadget encourage et tente seulement l'esprit d'accélérer à son tour. Rappelant la partie I, la méditation consiste à utiliser les freins et à ralentir l'esprit ; c'est une bataille difficile contre le monde moderne ! Dans cet esprit, demandez-vous combien de fois vous vous « débranchez » du monde et vous passez de dispositifs électroniques ?

Et je parle de *tout* appareil électronique : pas d'Internet, pas de télévision, pas de téléphone portable, ni d'ordinateur de poche. Votre lecteur de musique et même votre montre sont également des appareils électroniques (à moins que vous n'ayez une montre analogique !). Il est si facile d'être connecté à d'autres à des fins d'information et de loisirs qu'il est tentant de ne jamais débrancher la prise. Mais tout comme les appareils électroniques, si vous ne débranchez pas *vous* ne fermez pas. C'est le destin de l'esprit moderne. Les stimuli de l'environnement naturel deviennent un facteur moins important compte tenu de la quantité colossale de stimuli auxquels nous sommes exposés de la technologie qui est supposée rendre nos vies « plus simples » ; assez ironique !

En ce qui concerne les loisirs, à votre avis, combien de temps avez-vous déjà occupé avec la technologie ? Utilisez le non-jugement et l'objectivisme dans votre réponse, mais soyez honnête. Que diriez-vous de votre vie professionnelle ? Votre travail nécessite-t-il l'utilisation incessante de la technologie ou s'agit-il d'une vocation plus traditionnelle ? Ce qui est dommage avec le paradigme moderne, c'est que les partisans de la technologie plus simple, et donc moins exposés à de tels stimuli, sont considérés avec dégoût en faveur de la haute technologie et du rythme rapide. Si vous avez des enfants ou si vous vous occupez d'un enfant, considérez leur vie en relation avec la technologie et les activités auxquelles ils participent, celles que vous avez choisies et leurs inclinations.

Alors que la méditation vise à ralentir l'esprit en dépit de l'envie de la technologie de l'accélérer sans repos, voyez si vous pouvez vous lancer un défi de vous « débrancher » autant que possible pendant quelques heures un jour dans la semaine à venir (dans certains cas, nous devons avoir une connexion en raison du potentiel d'urgence, ce qui ne préconise donc pas une totale distance !). Même si vous ne pouvez sortir du réseau que quelques heures, faites attention à ce que vous ressentez pendant et après cette « escapade ».

Abandonnant le rôle de la technologie dans les loisirs, prenez le temps d'examiner d'autres activités auxquelles vous vous livrez lorsque vous ne poursuivez pas la technologie. Prenez-vous le temps de lire, et si oui, que lisez-vous ? Bien que la lecture puisse aider à calmer l'esprit, selon le contenu, certains livres peuvent en réalité être plus dérangeants que la télévision ou Internet. Ainsi, bien que la lecture marque une rupture avec notre réseau technologique, tous les livres ne sont pas créés égaux. La non-fiction, la philosophie et les textes spirituels tendent à créer le moins de vagues possible de pensée et peuvent constituer un motif supplémentaire de réflexion, voire même des points focaux pour la méditation.

Si vous avez des enfants à vous ou avez des liens étroits avec des enfants, soit par le biais de votre famille ou de vos amis, examinez comment vous interagissez, faites de l'exercice et jouez avec eux. Est-ce naturel de jouer et de faire du sport ou est-ce que la technologie est impliquée d'une manière ou d'une autre ? Essayez-vous de faire participer les enfants à des jeux mentaux, comme des puzzles ou des jeux de société demandant de la pensée et des capacités mentales ? Le jeu est-il une rue à double sens, où l'enfant et vous en retirez quelque chose ? L'esprit d'un enfant est beaucoup moins perturbé par la technologie et le stress (bien que, dans le rythme rapide où nous vivons, cela devient de moins en moins le cas) et non seulement il imite et absorbe nos attitudes et actions en leur présence, mais il a également beaucoup à nous apprendre sur la simplicité, l'expression créative et la joie de la découverte.

Pour la plupart d'entre nous, nos emplois ou nos études nous gardent à l'intérieur une grande partie de la journée. Lorsque la journée de travail est terminée et que nous passons à d'autres tâches ou temps de loisirs, combien de fois nous retrouvons-nous dans la nature ? Qu'il s'agisse de ramasser les mauvaises herbes dans un jardin ou de tondre la pelouse, de faire des randonnées en plein air ou des excursions de camping, entrer en contact avec la nature est peut-être le moyen le plus simple de ralentir l'esprit. La nature évolue à son rythme et, comme l'atteste toute personne qui a toujours aspiré à l'arrivée du printemps ou attendu la maturation d'un fruit préféré, ce n'est généralement pas très rapide ! Au milieu du rythme naturel et modéré, l'esprit commence également à ralentir. En outre, les avantages pour la santé procurés par le plein air en valent la peine : air frais, lumière du soleil pour la production de vitamine D et activité physique sous toutes ses formes. À moins que le temps ne le permette, il peut suffire de sortir dehors, même trente minutes par jour, pour rétablir les circuits mentaux au rythme de la nature.

Les humains sont des créatures sociales, de plus en plus notés par le succès des réseaux sociaux au cours des dernières années, et cette dernière section vous encourage à évaluer de manière critique vos relations avec les autres, à tous les niveaux. De la connaissance au membre de la famille, examinez les types de personnes avec lesquelles vous interagissez quotidiennement. Peut-être plus que toute autre réflexion, il est impératif que vous pratiquiez le non-jugement dans cette enquête. L'intention n'est pas de critiquer, de vous condamner ou de vous comparer à ceux de votre vie. Étant des créatures sociales, nous nous jouons des sentiments et des actions d'autrui. Ceux qui ont fait partie d'équipes de sport connaissent la sensation de sentir la victoire du triomphe de l'autre, même s'ils n'étaient pas dans le jeu eux-mêmes. De même, la plupart des humains ont encore un peu d'empathie et quand quelqu'un est au désespoir, nous éprouvons de la compassion pour lui. Prendre conscience de la manière dont nos interactions avec les autres nous ont affectés peut être révélateur. Cela nous indique des domaines dans lesquels nous devons peut-être être moins réactifs ou plus ouverts.

Exercice 3 : Examiner vos priorités

Compte tenu de tous les points abordés dans cette section, ce dernier exercice espère vous aider à mieux comprendre vos priorités telles qu'elles sont à présent. Les choses qui se classent au bas de la liste peuvent être lentement remplacées par des activités qui donnent un état d'esprit plus fructueux pour la méditation, en fonction de leur importance. Commencez par vous demander quelle est la chose la plus importante dans votre vie ?

Cette « chose » n'a même pas besoin d'être une chose matérielle. Bien que toutes les facettes de la vie soient importantes, la perspective avec laquelle vous avez des priorités influe grandement sur votre vision des choses. Laquelle de vos activités matérielles consomme le plus de temps et d'énergie ? Ces activités pourraient bien s'avérer nécessaires, car nous avons tous besoin de nourriture, d'un abri et de vêtements. Mais avons-nous besoin d'une cuisine gastronomique provenant de restaurants de grande classe, de deux à trois hypothèques et de vêtements de marque ?

1. Classez les éléments suivants de la vie moderne en ordre décroissant de rang par rapport à votre priorité actuelle.

- Abri
- Finances
- Nourriture
- Temps passé en famille
- Pratique spirituelle
- Temps personnel
- Loisirs/exercice
- Travail
- Autre catégorie personnelle

Bien que vous souhaitiez peut-être qu'une de ces priorités soit plus prioritaire, faites de votre mieux pour les énumérer honnêtement.

2. Faites (si vous n'en avez pas) ou évaluez (si vous le faites) votre liste de tâches quotidienne.

Trouvez-vous que vous êtes hyperactif, paresseux ou plutôt équilibré dans vos activités ? Si vous avez du mal à vous décider, voici un indice : la plupart des gens de la culture moderne doivent choisir de faire moins !

3. Une fois que la « liste des tâches » est terminée pour la journée (combien de fois cela se produit-il !), commencez à noter les activités que vous effectuez lors de vos heures restantes.

Avec qui interagissez-vous, quel type d'activité physique pratiquez-vous ? Avez-vous des passe-temps ou des intérêts particuliers ? Êtes-vous actif dans la communauté ?

Avec ce que vous devez faire et les priorités derrière la raison pour laquelle vous le faites maintenant un peu plus précise dans votre tête, la tâche (car ce sera une tâche) consiste à réfléchir à l'importance réelle de ces activités. Si vous êtes un des nombreux qui ne croient pas avoir le temps de méditer, le voyage vers la quiétude intérieure commence par l'abandon de certaines activités qui ne servent pas cet objectif. Au début, la méditation ne prend que dix à vingt minutes par jour. Une option peut donc être d'aller au lit trente minutes plus tôt. Vous pouvez donc vous réveiller un peu plus tôt et méditer avant de vous préparer pour la journée.

Pour les activités indispensables telles que travailler et s'occuper des enfants ou des membres de la famille, ce n'est pas parce que nous y sommes obligés que nous ne pouvons pas les voir comme des activités encourageantes. Chaque fois que vous travailliez, que ce soit à un travail, près de chez vous ou si vous faites du bénévolat, vous concentrer sur la tâche à accomplir, si minime soit-elle, peut avoir des effets dramatiques sur l'esprit. Au cours de la semaine à venir, faites de votre mieux pour rester entièrement concentré sur votre tâche. Vous constaterez peut-être que lorsque l'esprit se fixe sur un point unique, les distractions et les perturbations, bien qu'inévitables, ont beaucoup moins d'impact.

CHAPITRE CINQ

AU-DELÀ DE LA PENSÉE POSITIVE OU DE LA PENSÉE PURE

Si vous avez déjà lu certaines des plus grandes œuvres de méditation, vous savez que les enseignements de méditation sont souvent pleins de paradoxes. Le livre classique *Esprit Zen, Esprit neuf* de Suzuki Roshi désigne le méditant le plus avancé comme quelqu'un qui peut maintenir un « esprit de débutant ». Distinguer les pensées positives des pensées pures est l'une des situations dans lesquelles définir la méditation et l'esprit peut sembler inhabituel dans la mesure où les notions de positif et de pur sont très similaires. Une pensée positive définit une situation sous un bon jour ou avec une description édifiante. Une vision positive d'un jour de pluie pourrait être : « La pluie d'aujourd'hui arrose les fleurs. » La pensée pure d'un jour de pluie est différente : « Aujourd'hui, il pleut ». Remarquez comment la pensée pure « est » simplement. La pensée pure est très claire ; aucun adjectif n'est nécessaire, il s'agit de faits bruts. Dans la vie normale, il est normal de parler de manière positive et de parler de manière pure. Cependant, lors de la méditation, les voies pures sont plus utiles car la pensée pure du « c'est juste » se prête bien à un esprit complètement calme. Continuons (autre déclaration pure !).

L'histoire des tailleurs de pierre

Il était une fois une sécheresse qui a plongé un ancien royaume dans le chaos. Le sol étant asséché et fissuré, les agriculteurs ne pouvaient pas s'occuper des champs. Les problèmes ont commencé lorsque certains agriculteurs ont commencé à jouer et d'autres à voler. Heureusement, le roi avait assez de grain stocké pour nourrir son peuple et, fort heureusement, il était très sage. Le roi déclara que tous les agriculteurs sans emploi devaient commencer à travailler sur un projet de construction de temple. Sous le soleil brûlant, les agriculteurs ont commencé à travailler dans une carrière. L'historien du roi documenta cet exploit en interrogeant des paysans transformés en tailleurs de pierre. Les hommes écrasaient la pierre pour construire les fondations du temple en balançant de lourds maillets. L'historien demanda au premier agriculteur ce qu'il faisait :

Le premier agriculteur a dit : « Vous ne le voyez pas ? Je suis coincé sous ce soleil de plomb à cause de cette damnée sécheresse. Je suis forcé comme un esclave à écraser des pierres. Maudit soit ce royaume ! »

L'historien s'est approché d'un homme méticuleux qui travaillait lentement et a demandé : « Que faites-vous ? » Le deuxième agriculteur a répondu : « Oui, monsieur, pour gagner ma ration de nourriture, je travaille huit heures par jour à tailler la pierre. Nous avons des pauses et le déjeuner est prévu pour nous. Je peux soutenir ma famille de cette façon. Est-ce que je reçois un bonus si je partage mes points de vue avec vous ? »

Enfin, l'historien s'est adressé à un autre agriculteur et lui a demandé : « Que faites-vous ? » Cet homme a continué à tailler sa pierre jusqu'à ce qu'il atteigne un point d'arrêt naturel. Il posa le maillet, se dirigea vers l'historien et dit : « Cela ne se voit pas mon ami ? Je construis un temple. »

L'historien a conclu que chaque agriculteur taillait extérieurement la pierre, mais leurs états d'esprit internes variaient considérablement. Les plaintes du premier agriculteur concernant les conditions de travail étaient valables pour tous les agriculteurs de cette carrière : il faisait chaud, sec et l'air était chargé de poussière. Le deuxième agriculteur, plus centré sur lui-même, a également dit la vérité dans ses commentaires, qui visaient à faire le moins de travail possible pour son salaire.

Dans la Bhagavad Gita, un livre sacré décrivant les méthodes yogiques pour calmer l'esprit, trois qualités de la réalité sont liées à l'état d'esprit de l'homme. Ces deux premiers agriculteurs représentent respectivement les points de vue négatif et positif. Il est enseigné que le négatif et le positif ne sont que les deux faces d'une même pièce. Le positif couvre le négatif en transformant la réalité de mauvaise en bonne situation. Les agriculteurs ont convenu qu'ils se trouvaient dans une mauvaise situation : le premier agriculteur partageait le point de vue négatif, tandis que le deuxième agriculteur tirait le meilleur parti d'une mauvaise situation en examinant qu'il pourrait gagner à travailler dans la carrière.

En termes de méditation, cependant, les deux premiers hommes avaient des esprits très occupés, chargés de pensées résistantes à la réalité. L'homme négatif s'est retrouvé coincé dans la situation sans perspective et ses émotions se sont déchaînées. Le camarade « positif » plus contenu a utilisé une énorme quantité d'énergie créative pour trouver une issue à une situation qu'il n'aimait pas. Aucun de ces hommes ne peut être blâmé, c'était une situation désastreuse et ils se débrouillaient.

En analysant plus en profondeur les qualités de réalité de la Bhagavad Gita, il existe une troisième façon de voir la vie qui se traduit par « pure ». Le troisième homme était le seul individu qui effectuait son travail avec un esprit clair. Il ne combattait pas la chaleur et ne fantasmait pas sur un futur salaire. Il appréciait pleinement ce moment parce qu'il était capable de voir la vie selon les termes de la réalité. Il voyait la vision globale des choses.

Il a apprécié le fait que les fermiers construisaient tous un nouveau temple pour leur communauté. La perspective « pure » évoque un état d'esprit méditatif, embrasse complètement le bien et le mal de la vie sans aucune résistance. Ce troisième agriculteur illustre la tranquillité d'esprit recherchée par la plupart des êtres humains et à laquelle aspirent les méditants.

Vingt-cinq années de méditation quotidienne m'ont appris à être moins attaché aux hauts et aux bas de la vie. Des choses comme la météo et la bonne ou la mauvaise humeur de mes amis ne me dérangent plus comme autrefois. Cependant, dire que la souffrance dans la vie de mes proches et dans le monde en général ne me dérange pas parfois ne serait pas vrai. Je me préoccupe trop des autres et, comme le dirait quiconque sur le chemin spirituel : aimer, c'est ressentir et ressentir peut parfois être douloureux. C'est la façon dont je gère la profondeur de notre humanité qui détermine le niveau de ma méditation. Les exercices décrits dans la première partie de ce livre qui pourraient vous surprendre ou sembler simplistes sont des éléments importants que vous allez revoir tout au long de votre parcours dans les sphères internes de votre esprit.

Exercice 1 : Classification des facteurs de stress

Retournez à la liste des facteurs de stress de votre vie créée au chapitre 4, exercice 1. Placez vos méthodes habituelles d'adaptation à ces facteurs de stress dans l'une des trois catégories suivantes :

1. Négatif : se plaindre, s'attarder sur le pire des cas, inquiétude, dépression, déni.

2. Positif : voir le bon côté des choses malgré les difficultés, rêver d'un avenir meilleur.

3. Pur : accepter la vie pour ce qu'elle est et voir un sens plus profond dans les activités ordinaires.

Exemple : les devoirs en tant que jeune

1. Négatif : quand j'étais enfant, je préférais souvent jouer à l'extérieur et parfois j'oubliais que j'avais des devoirs. Mon oubli était une forme de déni. D'autres fois, je tergiversais et résistais aux devoirs pour regarder la télévision ou parler à des amis au téléphone. Ces exemples m'ont fait ressentir de l'inquiétude et ne pas vouloir aller à l'école le lundi matin.

2. Positif : quand je suis arrivé au lycée et que les notes allaient déterminer mon avenir, j'ai étudié parce que mon avenir en dépendait. De bonnes notes signifiaient un avenir prospère. Même si je n'aimais pas tout le travail, je me suis forcé.

3. Pur : dans certaines matières où l'enseignant appliquait la classe à la vie réelle, j'ai toujours obtenu un A. Un professeur de biologie nous a appris à faire du vinaigre et du vin et a montré comment et pourquoi les tremblements de terre se produisent. Il nous a montré comment nettoyer les coupures et pourquoi le peroxyde d'hydrogène tue les germes. Il était strict et inspirant tout à la fois. Nous avons compris la situation dans son ensemble et tous les enfants étaient ravis dans ses cours.

Veuillez écrire vos réactions face aux facteurs de stress. Lorsque de simples facteurs de stress ne sont pas résolus dans l'esprit et sont transformés de l'état négatif en état pur, les pensées tourbillonnent dans l'esprit du méditant. L'avantage supplémentaire est que votre niveau de stress global diminue et que votre plaisir de vivre, vos niveaux d'énergie et votre productivité augmentent !

Ce que vous aimez et ce que vous n'aimez pas

Les pensées négatives ont une qualité que je considère comme « collante ». Plus la pensée est intense, plus elle colle à l'esprit et se répète. Une situation ennuyeuse avec un membre de la famille reste gravée dans l'esprit et se répète encore et encore, alors qu'une mouche ennuyeuse a une intensité légère et qu'une fois qu'elle s'envole, nous l'oublions rapidement. L'un des objectifs de la méditation est de diminuer l'intensité des pensées erronées en apprenant à accepter la vie et à voir les choses de la manière « pure » mentionnée ci-dessus.

Les principales sources de ces pensées « collantes » sont les goûts et les dégoûts. Dans les cercles de méditation de nombreuses traditions, les passions sont considérées comme liées aux désirs humains. Le bouddhisme parle de désirs ; le yoga parle de désirs ; et les religions occidentales parlent d'appétit, de péché ou d'impureté en tant que siège d'un esprit perturbé. Quelle que soit votre expérience des racines de ce que vous aimez et de ce que vous n'aimez pas, dans la méditation, ces jugements de valeur créent des flots de pensées incontrôlables.

En utilisant notre triade de types de mentalités positives, négatives et pures, les « goûts » représentent les positifs et les « dégoûts » représentent les négatifs. Pour définir les goûts, ce sont des choses qui sont considérées comme bonnes, agréables et désirées. Les goûts représentent des traits de personnalité, car toutes les personnes n'aiment pas les mêmes choses : une personne aime le chocolat, une autre aime la vanille. Les dégoûts sont négatifs pour une personne, des choses non désirées qui sont repoussées. Négatif et positif sont décrits comme des opposés polaires comme le nord et le sud, les deux sont toujours des directions.

En termes de pureté, les goûts et les dégoûts apparaissent comme des illusions auto-créées et égoïstes que l'esprit utilise pour éviter une connexion totale à la réalité. Un jour de pluie est humide ; une journée ensoleillée est plus chaude. Ce type de nourriture offre ces valeurs nutritionnelles et a un certain goût. La « pureté » peut sembler dépourvue de passion, vide ou carrément ennuyeuse à la surface, mais le pur esprit reste ouvert, vivant et toujours plein d'expériences. Le pur esprit peut manger de la bonne nourriture et s'arrêter quand il est repu et l'esprit pur peut accepter la douleur sans la souffrance. Les événements destructeurs sont observés dans une perspective large, stable et apaisante. L'exercice suivant commencera par minimiser les goûts, les dégoûts et la réalité.

Exercice 2 : Dessiner vos goûts et vos dégoûts

Sur une page, tracez les contours d'un corps humain (représentant votre vie) en laissant un espace suffisant à l'intérieur et à l'extérieur du corps. Placez un cercle autour de votre corps et écrivez dans ce cercle tout ce que vous aimez dans la vie. Entrez dans les détails ! Énumérez vos aliments préférés, vos amis, vos passe-temps, vos livres, vos souvenirs, vos qualités personnelles, les qualités personnelles des autres, votre vie spirituelle, vos accomplissements et tout ce que vous aimez. Laissez ce cercle être rempli avec vos goûts.

En dehors de ce cercle, écrivez toutes vos aversions, en étant aussi détaillé que dans la première liste. Si vous n'aimez pas les mauvaises herbes dans votre pelouse, écrivez-le. Si vous vous disputez avec un membre de votre famille et que vous êtes en de mauvais termes, ajoutez-le. Continuez à écrire tout ce que vous n'aimez pas. Surtout, soyez honnête avec vous-même.

Passons maintenant à la compréhension de l'exercice : sachez que tout ce que vous voyez sur cette page représente les pensées que vous avez régulièrement. *Ces pensées sont vous.* Vous êtes à la fois ce qui est à l'intérieur et à l'extérieur du cercle - tout cela vous représente. Cela signifie que si vous n'aimiez pas un collègue, les qualités que vous n'aimiez pas sont affichées dans l'aura de votre esprit.

Ces pensées apparaîtront lorsque vous tenterez de méditer, ainsi que toute autre situation de la même manière, chargée négativement, interprétée par votre esprit.

Normalement, l'esprit pense que ne pas aimer est égal à la séparation avec une chose, une personne ou une situation non désirée. Cependant, ne pas aimer, pour un méditant, s'apparente davantage à de la Super Glue, la pensée colle à l'esprit et se répète encore et encore. Conservez ce document et nous continuerons à comprendre ces goûts et dégoûts. L'objectif des exercices suivants est de décoller, de dégraisser et de nettoyer l'esprit des goûts et dégoûts.

EXERCICE 3 : LISTE DES GOÛTS ET DES DÉGOÛTS

Énumérez vos préférences et vos aversions prédominantes dans des catégories similaires aux exemples ci-dessous. Bien sûr, n'hésitez pas à ajouter des exemples personnels qui peuvent ne pas être énumérés.

1. Aliments : J'aime cette nourriture savoureuse, mais je n'aime pas que la même nourriture savoureuse fasse grossir.

2. Conjoint : J'aime le sens de l'humour de mon épouse, mais je trouve son obsession pour la propreté troublante.

3. Famille : J'adore nos réunions, je trouve que les opinions de telle ou telle personne sont troublantes.

4. Travail : J'aime communiquer avec les clients mais je n'aime pas les réunions du personnel. J'aime un collègue, alors que je n'aime pas un autre.

5. Passe-temps : J'aime observer les oiseaux, mais je n'aime pas comment l'étalement urbain réduit l'habitat des oiseaux.

6. Moi-même : J'aime que je sois discipliné, mais je n'aime pas que je sois impatient.

Passez en revue la liste ci-dessus et réécrivez les entrées en termes de pensées pures.

1. Aliments : La teneur en sucre de cet aliment savoureux amène le corps à stocker les graisses.

2. Le sens de l'humour de mon épouse provient des tensions de son enfance. Elle n'avait aucun contrôle en tant qu'enfant, donc elle trouve un foyer propre rassurant et propice à la guérison.

3. Les réunions sont remplies d'amour et toutes les familles ont des membres avec des opinions.

4. Travailler dans les coulisses pour servir les clients est plus difficile que de prendre soin de ceux-ci.

5. L'étalement urbain se poursuit depuis la révolution industrielle. Mon amour pour l'observation des oiseaux est un moyen de renouer avec la nature au beau milieu du progrès humain.

6. Je suis discipliné et impatient et, comme tout le monde, j'apprends l'acceptation.

Commencez à voir votre vie avec une ouverture d'esprit et observez comment les goûts et les aversions interfèrent avec votre bonheur quotidien. Travaillez à voir les choses avec l'esprit pur et notez à quel point votre esprit reste calme pendant la journée et calme pendant la méditation. Ce que vous pouvez retenir de votre pratique de la méditation, c'est que, comme dans une cascade, les pensées continuent de basculer dans l'esprit même si vous méditez. L'esprit pur est capable d'accepter ces pensées mais de ne pas les penser. C'est une compétence que vous avez peut-être développée dans certains domaines de votre vie où votre concentration est très bien entraînée. La méditation élève cette compétence au niveau de concentration avec un point de concentration très subtil.

Eustress — Le « pur » ou bon stress

Bien que cela ait été mentionné dans ce chapitre et dans les chapitres précédents, il convient de mentionner encore une fois : le stress n'est pas nécessairement toujours négatif, il est tout simplement ! Le stress est un stimulus environnemental et dans le bon contexte peut être une expérience positive. Envisagez de faire de l'exercice : les entraînements cardiovasculaires rigoureux ou l'entraînement contre résistance n'imposent-ils pas une certaine fatigue sur le corps ? Oui, mais les avantages d'un exercice régulier l'emportent largement sur le fait de ne pas le faire. Avec la conscience cultivée dans la réflexion sur ces choses ci-dessus qui nous « stressent », nous pouvons maintenant diriger cette même attention ouverte et non critique sur le bon type de stress : eustress (*eu* est un préfixe grec qui signifie bien).

EXERCICE 4 : RÉPERTORIER LES « EUSTRESS » POSITIFS

Cela peut être utile de revenir à l'exercice de méditation personnel présenté au chapitre 1. Des pépites utiles d'informations sur des activités « eustressives » de votre passé peuvent s'y trouver. Si certains de ces éléments ont traversé le temps dans votre style de vie actuel, c'est fantastique. Sinon, vous trouverez peut-être rafraîchissant de retoucher à ces amours du passé. Avec le passé en contexte, attirez l'attention sur le présent et sur les moments où vous êtes content, détendu et même paisible pendant la journée. Des exemples de ce qui précède dans le guide pourraient être un petit-déjeuner tranquille, une promenade solitaire ou un exercice quotidien qui vous rapproche de l'immobilité. L'accent est davantage mis sur le ressenti de l'activité et non sur l'objet de l'activité. Associer la paix à des objets matériels est fondamentalement défectueux, nous en discuterons dans les chapitres suivants.

Une autre activité « eustressive » consiste à être utile et à faire preuve de gentillesse envers les autres. Ecknath Easwaran, auteur spirituel prolifique, parle de « donner la priorité aux autres » (dans son programme de méditation) en tant qu'exercice fantastique pour s'éloigner de la manière d'être centrée sur soi-même, source de stress, vers une façon de vivre plus joyeuse en servant les autres. Les mouvements modernes « d'actes de bonté au hasard » et de « payer d'avance » sont des idées puissantes qui honorent les actes de bienfaisance. Pendant que vous établissez votre liste de moments paisibles tout au long de votre journée, essayez de trouver des endroits où vous pourriez insérer un acte de gentillesse au hasard et imaginez comment cela pourrait rendre votre esprit plus serein.

Exercice 5 : Exercice de réflexion quotidien

Utilisez ces exercices quotidiennement si vous vous sentez attiré par eux. N'oubliez pas qu'il existe des centaines d'exercices et choisissez uniquement l'exercice qui semble vous offrir le plus de perspicacité.

Au cours de la semaine, observez comment vos goûts et vos dégoûts affectent votre esprit. Remarquez votre réaction lorsque vous détectez l'émergence d'un goût ou d'une aversion. Pendant vos dix minutes de temps de réflexion quotidien, continuez de traiter les goûts et les dégoûts. Comprenez les racines de ces pensées. Ensuite, essayez de développer un mode de visualisation de la vie pur.

Pendant deux minutes, passez en revue la journée précédente en examinant les événements successivement du matin au soir. Remarquez tout événement chargé d'émotion et réfléchissez à cet événement pour le garder dans votre esprit. Un bon indice quant aux événements chargés d'émotion : il est plus que probable que ce soient ceux sur lesquels vous réfléchissez plus que quelques instants.

Pendant les deux prochaines minutes, voyez le lendemain d'une perspective « pure ». Si vous allez travailler, pensez aux moments où vous pouvez éviter une confrontation goût/dégoût et planifiez comment vous allez rester pur à la place. Pensez à votre trajet et acceptez le trafic. Faites cela quotidiennement à titre préventif.

Résumé

Au cours d'une étude résidentielle intensive de six mois à l'Institut de yoga de Bombay, en Inde, en 1989, j'ai résisté à une phrase qui a été répétée pendant deux mois dans des conférences. La phrase était la suivante : « La vie est neutre. C'est le mental qui rend les choses stressantes. » Le contexte de cet enseignement n'était pas une déclaration générale selon laquelle le stress n'existait pas. C'est que la plupart des tâches ou des situations banales que nous interprétons comme stressantes sont intrinsèquement neutres. Les choses comme le trafic sont neutres : le trafic est le trafic. La plupart d'entre nous sont dans le trafic dans le but d'atteindre notre destination, et peu de gens envisagent de s'asseoir dans le trafic ! Cependant, il est vrai que ma réaction au trafic détermine le type de vie émotionnelle que je mène. Et mes choix émotionnels déterminent mon niveau de stress.

À l'époque, en Inde, alors que la circulation était très dense, le principal défi de cette déclaration était une femme autoritaire qui avait décidé qu'elle allait devenir ma « mère » de remplacement. J'avais alors vingt-cinq ans et j'étais capable de déterminer la quantité de nourriture à manger et la manière de gérer diverses affaires de la vie. Mais au milieu de l'ashram du yoga serein, elle me harcelait à chaque repas du déjeuner pour manger plus de nourriture. Je pensais qu'il était impossible que cette femme soit neutre, elle était plutôt du genre névrosée !

Après des mois d'études, j'ai décidé de tester un jour cette théorie de la « pensée pure » et je l'ai simplement ignorée. J'ai attendu au déjeuner et quand elle s'est approchée en essayant de me forcer à prendre une deuxième portion, je me suis dit : « Pile à l'heure. » En réponse, j'ai accepté quelques légumes de sa part sans réaction chargée. Dès que j'ai fait cela, j'ai remarqué qu'elle est allée voir l'homme suivant et qu'en fait, elle harcelait tous les hommes du réfectoire.

À l'intérieur, j'ai souri et me suis rendu compte que si je ne réagissais pas, elle ne dérangerait vraiment pas. Plus tard, j'ai appris que ses enfants étaient tous grands et que son mari était décédé récemment. Elle n'avait personne à soigner et souffrait de chagrin. Sa présence dans le réfectoire était plus importante pour elle que je ne l'avais comprise auparavant. Les facteurs de stress sont grandement affectés par les réactions individuelles. En comprenant le fonctionnement de votre esprit, vous pouvez modifier l'effet des situations stressantes.

Garder l'esprit moins stressé favorise grandement la pratique de la méditation, apporte la tranquillité d'esprit et est bénéfique pour la santé.

CHAPITRE SIX

RESPIRATION PROFONDE

Des exercices de respiration ont été mis en œuvre dans le domaine du yoga pendant des milliers d'années pour aider à calmer l'esprit. *Alors qu'ils étaient dans des états profonds de méditation, les yogis ont compris que leur rythme respiratoire diminuait.*

Comme le yogi souhaitait réintégrer l'état mental profond, l'une des premières étapes consistait à ralentir la respiration. Par conséquent, lorsqu'il enseigne la méditation aux étudiants, le yogi commence par montrer aux étudiants comment respirer profondément.

Une fois, lors d'une méditation de groupe, je me suis assis à côté d'un homme plus âgé (il était probablement aussi vieux que moi maintenant, mais c'était il y a vingt ans !). Il était assis sur un banc d'église, légèrement penché. Bien qu'il ne soit pas très gros, dans sa position affalée, son estomac s'était dilaté et empêchait son diaphragme de bouger. Par conséquent, sa respiration était très rapide et superficielle, ce qui signifie que seule la cavité respiratoire supérieure bougeait (respiration de la clavicule). De plus, il respirait très rapidement (environ une à deux secondes pour chaque inspiration/expiration), et dans l'ensemble, sa respiration était forcée et audible.

La respiration et l'esprit

La tradition orale yogique dit : « L'esprit reflète la respiration ». La difficulté, lorsque l'on respire si rapidement, c'est que le système nerveux, ainsi que tous les autres systèmes du corps, est en grande partie régulé par les schémas respiratoires. Respirez rapidement, comme si vous étiez stressé, et votre corps digérera ses aliments différemment que si vous respiriez lentement et profondément. Le système nerveux augmente lorsque la respiration est superficielle. Vous pouvez y jouer vous-même : respirez quelques respirations rapides et superficielles et voyez si vous pouvez vous empêcher d'avoir une réaction émotionnelle liée à la peur ou à l'anxiété !

En tant que jeune étudiant diplômé au moment d'observer cet homme, j'étais perplexe. Il était gentil et pensif, mais son souffle ne correspondait pas à son esprit. Je n'avais aucun moyen de partager cette information, mais je me souviens encore de l'événement : cela montre l'importance de respirer profondément. Je n'ai pas pu l'aider, les conseils de respiration non sollicités ne sont tout simplement pas une pratique culturelle acceptée. Cependant, vous pouvez utiliser cet exemple pour apprendre et récolter tous les avantages de la respiration profonde.

La morale de cette courte histoire est que les pensées dans notre esprit, qui sont si difficiles à arrêter ou à ralentir, sont régulées par des schémas respiratoires. Bien que ce livre passe en revue les centaines d'avantages prouvés de la respiration profonde pour la santé, l'apaisement de l'esprit est grandement amélioré par certaines respirations profondes. Je ne peux pas prouver scientifiquement cette affirmation sans une vaste étude, mais il est vraisemblable que la plupart des avantages physiologiques résultant de la méditation sont liés au fait que la respiration ralentit pendant la méditation.

Les nouveaux étudiants en respiration profonde ont souvent l'impression de méditer pendant les premières semaines lors de l'exécution d'exercices de respiration profonde plus lents. Au cours de ce chapitre, vous êtes obligé de ralentir vos pensées et de découvrir une autre préparation essentielle à la méditation, sans laquelle vous auriez du mal à vous calmer.

Quelques raisons clés pour lesquelles la respiration profonde est si efficace pour la méditation

La respiration par le diaphragme (ou ventre) est primordiale dans votre respiration quotidienne car la majorité des globules rouges du poumon sont concentrés dans les régions les plus basses des poumons. Cela augmente l'absorption d'oxygène, ce qui entraîne une augmentation de la vitalité et une altération de l'esprit. La méditation exige de la vigilance malgré le fait que cela semble facile. Deuxièmement, lorsque le diaphragme déplace le ventre, le sang circule dans tout le corps et le cœur se détend. Essayez : tirez sur le diaphragme pendant que vous expirez et développez la respiration dans la région abdominale pendant quelques respirations et ressentez les effets circulatoires.

Bien que cela puisse prendre du temps, la respiration dans la région latérale des poumons en élargissant la cage thoracique sur les côtés est tout aussi importante dans une respiration complète. Pour être parfaitement clair, cette deuxième facette d'une respiration profonde est l'expansion latérale des poumons. Les muscles intercostaux, s'ils ne sont pas utilisés régulièrement, deviennent raides comme tout autre muscle. En ouvrant les poumons latéralement, vous ralentissez encore plus le processus de respiration. Ce qui a pu être une rapide inspiration de deux secondes est immédiatement ralentie par les mouvements du diaphragme et des intercostaux. Ce ralentissement permet aux petits sacs à air en forme de ballon, les alvéoles, de se dilater complètement et favorise ainsi une plus grande absorption de l'oxygène. Sur le plan émotionnel, la respiration lente indique au système nerveux que vous vous trouvez dans un environnement stable et sûr. La respiration est primordiale pour la santé de l'esprit et du corps.

À mesure que l'air se déplace du bas des poumons vers le haut, la dernière zone à développer est la clavicule ou la partie supérieure de la poitrine. Bien que la plupart des gens respirent dans cette région supérieure, c'est généralement juste à l'avant du haut de la poitrine où votre main repose confortablement sur la plaque thoracique. Cependant, si vous élargissez lentement la partie supérieure de la poitrine et continuez jusqu'à ce que vous sentiez l'air pénétrer dans le haut des poumons, vous remarquerez que quelqu'un remplit rarement cette partie supérieure. Cela peut sembler rafraîchissant et il faudra au moins deux secondes pour élargir complètement cette dernière région des poumons.

Rappelez-vous que les sacs alvéolaires ressemblent à des ballons et qu'il faut leur laisser le temps de se gonfler complètement, comme un vrai ballon.

Expirer offre également une foule d'avantages. Tout d'abord, une expiration correcte permet d'éliminer plus complètement le dioxyde de carbone ou « l'air mort » des poumons et, ainsi augmente le potentiel d'inhalation profonde. Tout d'abord, pressez la partie supérieure de la poitrine, puis tirez sur la cage thoracique et resserrez enfin votre estomac vers la colonne vertébrale. Maintenant, vous êtes énergisé naturellement !

Après une période de pratique régulière de cinq minutes deux fois par jour et d'observations respiratoires périodiques au cours de la journée, votre cycle respiratoire deviendra automatiquement plus profond.

Respiration, esprit et santé mentale - Votre santé mentale !

« Action spirituelle », ou inspiration, signifie à la fois l'acte d'introduire de l'air dans les poumons et d'y amener l'influence divine. L'acte de respirer est à la fois physique, biologique et tactile. L'acte même de respirer est notre action la plus vitale : sans souffle, aucune créature ne serait en vie. La respiration connecte toutes les créatures vivantes avec l'environnement. Une façon de résumer la souffrance humaine est l'isolement du plus grand univers. Pendant ce temps, respirer est une preuve absolue que les êtres humains ne dépendent pas uniquement de la nature pour vivre, mais que nous sommes intimement liés à la nature à chaque respiration. Donc, savourer, honorer et vénérer la respiration revient à respecter l'aspect spirituel de tous les êtres.

Le mot « inspiration » est l'une des principes clés de la méditation. Dans les moments de réflexion silencieuse, l'être humain est capable de sortir de la masse de la pensée anthropocentrique pour entrer dans une conscience plus large qui engendre la réalisation spirituelle, la joie et le sens.

Exercice 1 : Auto-évaluation de la respiration

Il est important de savoir où vous vous trouvez lorsque vous apprenez pour la première fois une activité qui s'apparente à une respiration profonde. Si vous méditez depuis longtemps et comprenez votre rythme respiratoire, apprenez de cet exercice comme si vous débutiez en observant la respiration pour la première fois. La respiration change avec notre niveau de stress et notre état d'esprit, et c'est littéralement une bouée de sauvetage pour la vie toute entière. Une respiration profonde adéquate est essentiellement le choix de santé le plus important que nous puissions faire activement, car sans respiration pendant seulement quatre minutes, le corps humain cesse de soutenir les fonctions essentielles à la vie. Paradoxalement, malgré tout ce qu'elles enseignent, les écoles n'enseignent pas la respiration profonde appropriée aux jeunes étudiants. Pour apprendre les effets d'une mauvaise respiration sur votre corps et votre esprit, asseyez-vous dans une posture affaissée que vous savez être une habitude personnelle. Si vous ne savez pas ce qu'est une position affalée, imaginez que vous êtes assis devant un clavier d'ordinateur avec les épaules et le haut du corps arrondis et courbés vers l'avant. Même si vous savez que cette posture est incorrecte, restez en place et considérez les questions comme suit. Cet exercice peut être utilisé en toute sécurité avec des enfants ou des amis, car vous n'apprenez que de l'observation. En fait, tous les exercices de respiration ci-dessous sont intentionnellement simples et disponibles pour tous les niveaux de condition physique.

- Quelle partie de vos poumons bouge lorsque vous êtes dans une position affaissée ? Les zones à considérer sont le diaphragme (ventre), la cage thoracique et la partie supérieure de la poitrine (clavicule).

• Quelles parties des poumons sont limitées dans cette posture ? Considérez les mêmes zones que ci-dessus.

• Combien de secondes inspirez-vous ? Combien de secondes expirez-vous ? Y a-t-il une pause après l'inhalation, l'expiration ou les deux ?

• Si vous avez remarqué une pause à un moment donné, combien de temps a-t-elle duré ? Quelle est la qualité de la respiration ? Quelques exemples sont : agitée, par étapes, comme un ascenseur, commence rapidement et ralentit, commence lentement et augmente. Décrivez de manière créative votre modèle de respiration unique, l'objectif est l'observation après tout !

• Comment vous sentez-vous émotionnellement dans ce souffle ?

• Pour aider à la compréhension émotionnelle, utilisez vos bras et vos mains pour exagérer la sensation associée à ce mode de respiration et observez les expressions faciales qui les accompagnent.

• Conservez vos notes à partir de ces observations pendant que nous parcourons une série d'exercices qui aideront à améliorer la qualité de votre respiration.

La posture est première

Inutile de dire que lors de ma première expérience de méditation au Japon, j'avais l'impression que mes jambes étaient tombées de mon corps. Jamais mes jambes ne s'étaient endormies aussi longtemps et je ne m'étais jamais assis auparavant sur un *zafu* (un coussin de méditation), encore moins en sachant que ce coussin s'appelait un zafu ! Avant même d'envisager la méditation, nous devons nous assurer que vous savez comment vous asseoir et pourquoi. Pour réussir à respirer, la colonne vertébrale doit être dressée et les bras et les jambes confortables. Peu importe qui vous êtes, la respiration commence par le positionnement physique du corps. Il est très important de garder à l'esprit que si vous ressentez une douleur physique en étant assis pendant la méditation, il vous est demandé de repositionner votre corps. Malgré l'image courante d'un moine assis immobile comme une pierre pendant des heures dans la méditation, un tel positionnement rigide non seulement empêche la conscience du corps, mais peut également être préjudiciable aux mécanismes d'amortissement de vos os et de vos muscles. Ne vous inquiétez pas si d'autres personnes se trouvent dans la même pièce que vous, le bruit créé par vos déplacements n'interfère que peu ou pas avec eux. Un genou blessé, en revanche, constitue une interférence certaine dans votre pratique actuelle et future.

Laissez ce point être réitéré : **si vous ressentez une douleur physique en étant assis en méditation, il vous est demandé de repositionner votre corps.**

Principes fondamentaux

1. S'allonger n'est pas propice à la méditation : malgré ce que les gens peuvent dire, s'allonger (la position couchée) est un moyen de se détendre. Dans cette position, presque toutes les personnes, même les méditants les plus expérimentés, dorment en moins de huit à douze minutes.

2. Gardez la colonne vertébrale droite et le noyau droit, car cela permet un flux sanguin maximal vers le cerveau, vous permettant ainsi de rester alerte et attentif dans votre pratique. En outre, une colonne vertébrale dressée permet une respiration correcte ; même une légère inclinaison en avant peut comprimer les poumons et le diaphragme, réduisant ainsi la capacité respiratoire.

3. Il a été démontré qu'avoir un léger sourire sur le visage peut aider à faciliter la relaxation de tout le corps. Un tel « demi-sourire » aide également à détendre les épaules et à calmer l'esprit.

4. Trouvez une position qui met vos jambes aussi à l'aise que possible. N'oubliez pas que la douleur doit être évitée, il est permis de s'asseoir sur une chaise si nécessaire.

5. Faites attention à votre coccyx. Une mauvaise assise compresse la zone située à la base de la colonne vertébrale.

6. Gardez votre bassin légèrement incliné vers l'avant (mais pas le torse) pour pouvoir utiliser le squelette pour soutenir le haut du corps. Quand quelqu'un est assis avec le bas du dos arrondi à cause d'un bassin incliné vers l'arrière, le bas du dos va commencer à être bientôt douloureux. Il est préférable de s'asseoir sur une chaise si tel est le cas.

7. Bien qu'être assis avec les jambes croisées d'une certaine manière offre l'idée de la quiétude et de l'acceptation de sa situation, les jambes peuvent être placées dans n'importe quelle position confortable, vraiment. Avoir les jambes ouvertes à l'extérieur dans une position papillon ou tournées à l'intérieur dans une position agenouillée (avec une couverture ou un traversin comme support) est également acceptable.

8. Si vous pratiquez la méditation assise, veillez à modifier la posture pour ne pas fatiguer votre corps en restant assis dans une seule position tout le temps.

9. Si vous optez pour un coussin, asseyez-vous près du bord avant et laissez vos jambes croisées reposer sur le sol devant vous. Assurez-vous de ne jamais vous asseoir bien en arrière sur le coussin, car cela entraînerait une pression exercée par le bord avant sur le dessous de la cuisse, ce qui couperait la circulation et causerait beaucoup de douleur à la jambe.

10. Faites attention au positionnement et à l'intégrité de vos genoux dans n'importe quelle position assise. Soyez conscient de la position et des forces de compression qui agissent sur le bas du dos. N'oubliez pas que vous êtes toujours autorisé à méditer sur une chaise pour un meilleur soutien et un meilleur confort.

Poses acceptables pour la méditation

Les principes clés ci-dessus conduisent à certaines des postures les plus courantes bien adaptées à la méditation. Veuillez noter qu'il se s'agit pas d'une liste exclusive, et d'autre part, qu'il est plus important d'écouter son propre corps que de suivre les conseils directs d'une personne concernant une posture de méditation confortable.

Le confort est à prédominance subjective, tant que les muscles et les articulations ne sont pas compromis, utilisez donc l'intuition de votre corps pour trouver ce qui vous convient le mieux. Lorsque le corps peut se calmer, l'esprit suivra. Trouver *votre* pose de méditation (ou vos poses) est la première étape.

Pose facile : asseyez-vous en tailleur sur le sol. Utilisez un oreiller ou une couverture pour maintenir le bassin incliné vers l'avant si nécessaire. Faites attention à la position des jambes afin qu'elles ne mettent pas la pression sur vos chevilles ou vos genoux. Sachez que même si cette pose est nommée « facile », vous constaterez peut-être qu'elle est assez difficile au début !

Posture du Lotus : à partir de la pose facile, vous déplacez ensuite vos pieds sur vos genoux. Bien que cette position soit historiquement « la » posture de méditation, sachez qu'elle nécessite beaucoup de souplesse ainsi qu'une construction articulaire particulière au niveau des hanches. Si votre articulation de la hanche ne peut pas tourner complètement anatomiquement vers l'extérieur, cette position peut être inaccessible. Pour ceux qui peuvent physiquement entrer dans la posture, cela peut causer une grande pression sur les genoux. Assurez-vous de ne pas rester dans cette position plus de quelques minutes et changez le tibia qui fait face à l'avant.

Posture du Demi-Lotus : De la pose facile, au lieu d'amener les deux pieds sur les genoux, un seul pied est élevé. Cela a tendance à être plus facile qu'une position de lotus complet, car moins de flexibilité et une rotation externe extrême de la hanche sont nécessaires. Cependant, comme pour la position du lotus complet, il est conseillé de ne pas rester dans cette posture trop longtemps et d'alterner quel pied est placé sur les genoux.

La posture inflexible : En position agenouillée, pliez les jambes et asseyez-vous sur les talons des pieds, en maintenant les genoux et les pieds unis. Cette position nécessite un pli intense des jambes, qui peut être gêné par des quadriceps ou des chevilles bloqués. Cette position peut également exercer une contrainte excessive sur l'articulation du genou. Vous pouvez donc utiliser un banc de méditation, un traversin ou une couverture pour vous aider à soutenir les cuisses. Traditionnellement, la partie supérieure des pieds repose sur le sol, mais ceci peut être difficile pour les chevilles. Les orteils peuvent être fléchis pour que la plante du pied repose sur le sol. Cela peut être éprouvant pour les orteils, mais fournit également une certaine élévation pour soulager les genoux. Avec un support, cette position peut généralement être maintenue pendant une période prolongée, mais sans elle, il n'est pas recommandé de la garder trop longtemps.

Pose du papillon : assis sur le sol, rapprochez la plante des pieds et laissez les genoux se séparer. Comme dans la posture du lotus ci-dessus, la facilité d'entrer dans cette posture dépend de la structure de l'articulation de la hanche et de la souplesse de l'aine. Les genoux ne peuvent jamais atteindre le sol, même chez les personnes les plus souples, si l'articulation de la hanche ne permet pas une rotation externe complète. L'utilisation de couvertures ou de blocs pliés sous chaque genou peut aider à atténuer toute rétention dans les jambes. Contrairement aux autres positions assises, il est très facile d'arrondir le bas du dos assis de cette manière. La mise en place d'une couverture sous les fesses peut aider à faciliter l'inclinaison du bassin vers l'avant, évitant ainsi la compression dans le bas du dos.

Assis sur une chaise : comme on ne saurait trop insister sur ce fait, être assis sur le sol peut ne pas vous convenir, alors vous êtes toujours autorisé à utiliser une chaise à la place. Lorsque vous choisissez une chaise, assurez-vous qu'elle a une assise de niveau, un dos droit et aucun accoudoir. Il est préférable de vous placer de manière à ce que votre dos ne s'appuie pas sur le dos de la chaise.

De plus, il est très important que l'avant du siège ne s'enfonce pas dans les cuisses, car cela pourrait couper la circulation sanguine au bas des jambes. Une fois placé sur le siège du fauteuil, rapprochez vos jambes et placez vos pieds à plat sur le sol pour maintenir un bassin neutre.

Pose de prière debout : croyez-le ou non, vous pouvez méditer debout ! Il y a des défis inhérents à cette posture, notamment le fait de tomber. Assurez-vous donc que la zone autour de vous est sûre et dégagée de tout objet. Debout confortablement, rapprochez les pieds ou, si votre équilibre est faible, il est acceptable de les placer à quelques centimètres l'un de l'autre. Portez vos mains contre votre cœur avec les paumes des mains jointes, en laissant les coudes se détendre. Vous ne serrez pas trop les mains l'une contre l'autre (cela soulèverait les coudes), mais les laissez reposer sur votre poitrine pour que les coudes soient lourds de gravité. Gardez votre posture aussi droite que possible et commencez lentement à fermer les yeux à mesure que vous avancez pour apaiser l'esprit.

Exercices de respiration simples pour la méditation

Dans cette section, vous apprendrez une série d'exercices de respiration, dont seuls les derniers seront utilisés comme préparation à une observance même formelle de la méditation. Les trois premiers exercices sont introduits pour commencer à ouvrir les poumons et à prendre conscience de votre potentiel de respiration. Ces exercices peuvent être pratiqués par n'importe qui dans n'importe quel état de santé, à l'exception bien sûr de toute blessure pouvant gêner le mouvement des poumons. Veuillez noter que le but de ces exercices est simplement de développer une inspiration et une expiration lentes. La durée de la respiration variera. Cependant, chaque zone des poumons fonctionnera avec pratique et attention.

Les exercices à suivre, bien que listés séquentiellement, ne sont pas des exercices à « maîtriser » avant de passer au suivant. Cela ne veut pas dire que je ne recommande pas de les suivre dans l'ordre indiqué, de passer aux exercices à suivre uniquement lorsque vous êtes à l'aise avec l'activité respiratoire en cours. Rappelez-vous le concept « d'esprit de débutant » : chacun de ces exercices est aussi puissant pour le pratiquant régulier que pour le novice en ce qui concerne la prise de conscience qui peut être appliquée et continuellement cultivée.

Exercice 2 : Respiration du diaphragme (partie 1 de 3)

Respirer avec le gros muscle du diaphragme au centre de votre corps est la première étape de la respiration profonde en trois parties du yoga. Il est impératif d'apprendre à connaître et à contrôler ce muscle essentiel, car il est impossible de tirer le meilleur parti de votre respiration sans l'utiliser. Ce type de respiration est également recommandé pour le contrôle émotionnel, en particulier la colère, car il vous donne le temps et l'espace nécessaires pour vous calmer, augmentant ainsi la conscience interne et l'intégration émotionnelle.

1. Allongez-vous confortablement sur le dos (position couchée) et tirez les genoux vers le haut, plaçant les pieds près de vos fesses.

2. Placez votre main droite sur votre abdomen et voyez si vous pouvez respirer uniquement en déplaçant le diaphragme de haut en bas (votre main droite devrait monter et descendre avec le souffle).

3. Placez votre main gauche sur la partie supérieure de la poitrine et voyez si vous pouvez empêcher la main gauche de monter et de descendre pendant que vous continuez de respirer. Fait intéressant : observez un bébé de temps en temps et vous verrez qu'il respire de cette façon naturellement ! Ce n'est qu'avec l'âge que nous « oublions » ce schéma de respiration complètement normal.

4. Gardez la respiration à un rythme soutenu, en commençant par un comptage de trois secondes pour chaque inspiration et chaque expiration. Vous pouvez augmenter ce nombre à un maximum de dix secondes.

5. Effectuez dix tours (un cycle d'inspiration et d'expiration est considéré comme un tour).

Exercice 3 : Respiration intercostale (partie 2 de 3)

Respirer latéralement dans la cage thoracique est peut-être la partie de la respiration la plus difficile à apprendre car il est assez difficile d'isoler cette région. En outre, les muscles intercostaux situés entre les côtes sont généralement tellement inutilisés qu'ils ont tendance à se « verrouiller » et à empêcher davantage le contrôle conscient. En utilisant l'exercice suivant, cependant, la liberté de mouvement peut être obtenue. Pour commencer à cultiver la conscience de cette région, nous commençons par un simple exercice préparatoire.

1. Asseyez-vous confortablement sur le sol ou sur une chaise et penchez-vous légèrement vers l'avant avec le torse.

2. Arquez soigneusement le milieu de votre dos pour engager les muscles intercostaux pour le soutien et l'ouverture des poumons. Lorsque vous respirez, veillez à ne pas respirer dans les poumons supérieurs, car cela limite en fait les mouvements latéraux.

Au fur et à mesure que vous apprenez à remarquer ces muscles, vous pouvez procéder à l'exercice formel.

1. Asseyez-vous ou tenez-vous droit avec vos pieds écartés à la largeur des épaules.

2. Placez vos mains sur la partie inférieure de la cage thoracique, juste en dessous de la poitrine.

3. Lorsque vous inspirez complètement et que vous vous développez latéralement, essayez d'utiliser uniquement vos muscles intercostaux. Les mains devraient légèrement et lentement s'éloigner les unes des autres.

4. Expirez quand l'inspiration complète, relâchant les muscles intercostaux et en laissant les mains sur vos côtes revenir vers la ligne médiane.

5. L'accent est mis sur le fait de **ne pas** utiliser le diaphragme ou les muscles de la partie supérieure de la poitrine, mais de se concentrer uniquement sur la zone de la cage thoracique inférieure.

6. Si vous rencontrez des problèmes avec cet isolement, essayez cette alternative :

a. Asseyez-vous confortablement comme lors de l'exercice préparatoire, et cette fois penchez légèrement le torse vers l'avant.

b. Placez les mains sur les côtes inférieures comme nous l'avons fait précédemment et tirez le menton confortablement dans la poitrine.

c. Dans cette forme, le torse plié limite le diaphragme tandis que le menton à la poitrine aide à retenir la partie supérieure de la poitrine.

7. Au fur et à mesure que vous vous sensibilisez et que vous êtes à l'aise, commencez par compter trois secondes, en maintenant un rythme de respiration égal, puis augmentez progressivement jusqu'à cinq à dix secondes.

8. Dix cycles (un cycle correspond à un cycle d'inspiration et d'expiration) sont recommandés.

Exercice 4 : Respiration claviculaire (partie 3 de 3)

De nos jours, la plupart des gens sont tout à fait capables de respirer dans la partie supérieure de la poitrine. En fait, pour beaucoup, c'est la seule région des poumons qu'ils utilisent. Lorsque vous effectuez cet exercice d'isolement de la partie supérieure de la poitrine, notez que c'est toujours l'un des aspects d'une respiration profonde. Cependant, cette région peut avoir un niveau de contrôle beaucoup plus important lorsqu'elle est utilisée lentement et délibérément, contrairement à la respiration automatique, rapide et superficielle que la plupart d'entre nous éprouvons tout au long de la journée. Cet exercice vise à isoler l'ensemble des muscles qui contrôlent le haut des poumons à des fins de pratique uniquement et **non** pour favoriser l'habitude de ne respirer que dans le haut du thorax.

1. Placez une main sur le haut de votre poitrine entre vos clavicules. Inspirez en ne déplaçant que les muscles de la clavicule de cette région et en maintenant les intercostaux et le diaphragme les plus immobiles possible.

2. Concentrez-vous sur la zone située sous les aisselles tout en conservant un nombre égal de respirations.

3. Pour approfondir l'ampleur de cette respiration, inspirez lentement et, lorsque vous vous sentez rassasié, continuez encore pendant deux secondes, en laissant aux alvéoles des poumons le temps de se dilater. Vous devriez être capable de sentir le haut des poumons (près de la base de la gorge et du cou) se remplir complètement.

4. Relâchez la respiration et expirez, expirez quelques secondes de plus que vous ne le pensez possible pour que la clavicule soit concave et vidée. Il peut être utile de tousser doucement pour expulser l'air.

5. À mesure que vous vous développez dans la pratique, il ne devrait y avoir aucune pause entre inhaler et expirer, même avec ces respirations plus profondes.

6. Commencez par compter deux secondes, puis augmentez progressivement jusqu'à cinq à dix secondes.

7. Faites dix tours en maintenant un nombre égal d'inspiration et d'expiration.

Exercice 5 : Respiration en trois parties

Pour cet exercice, nous utilisons simplement chacune des trois parties du processus de respiration décrites ci-dessus de manière coordonnée et fluide, en utilisant tous les muscles des poumons pour une respiration profonde et rythmée. Inspirez d'abord dans la base des poumons (diaphragme), puis remplissez la zone des muscles intercostaux sur les côtés en terminant par la zone de la clavicule supérieure. Sans pause, expirez d'abord de la zone de la clavicule, puis rentrez les muscles intercostaux et terminez en tirant le nombril vers la colonne vertébrale pendant que le diaphragme expulse la totalité du souffle.

Une fois que la respiration rythmique est atteinte, commencez à vous concentrer sur une transition en douceur de l'inspiration à l'expiration et vice-versa. Pour commencer, même si cela peut parfois sembler effrayant, évitez la tendance à commencer chaque échange rapidement.

Habituellement, une personne inspire trop rapidement pendant les premières secondes, car elle souhaite aspirer de l'air ; de même, quand on commence à expirer, on a tendance à expulser l'air par la force au début. Essayez de respirer au mieux de vos capacités de manière lisse et uniforme. Avec le temps et avec la pratique, vous pouvez compter pour vous aider à égaliser la durée de l'inspiration et de l'expiration. Cette respiration équilibrée et fluide est conçue pour être le modèle de respiration pour la méditation. Une respiration lente et régulière maintient les pensées lentes et régulières.

Exercice 6 : Respiration égale

Une fois établi dans la respiration yogique en trois parties, l'étape suivante consiste à allonger la respiration et à contrôler la transition en douceur lorsque la respiration passe d'inspiration à expiration et inversement. Un outil utile pour faciliter cela consiste à compter la longueur de la respiration.

1. Régulièrement, chronométrez votre rythme respiratoire lorsque vous inspirez et expirez par le nez. Remplissez chacune des trois zones des poumons pendant un nombre égal de secondes, en la maintenant identique pour l'inhalation et l'expiration.

a. Par exemple : une personne peut commencer à travailler par tranches de deux secondes, deux secondes dans le diaphragme, deux secondes dans les muscles intercostaux et deux secondes dans la clavicule. L'expiration aurait le même motif.

2. Au fil du temps, vous pouvez commencer à respirer en cinq secondes pour chaque zone des poumons. Cela donne une inspiration de quinze secondes et une expiration de quinze secondes. Après six mois de pratique, c'est le niveau recommandé pour chaque personne.

a. Veuillez noter que les personnes ayant des antécédents sportifs ou musicaux peuvent remarquer des cycles de respiration pouvant aller jusqu'à trente secondes. C'est un effet secondaire naturel de ces autres talents, mais l'essentiel est d'atteindre éventuellement quinze secondes.

Une respiration lente et régulière présente de nombreux avantages pour la santé, mais elle a également des effets apaisants sur l'esprit. Cet exercice peut être pratiqué toute la vie. Pour rendre les choses encore meilleures, les poumons éliminent de plus grandes quantités de dioxyde de carbone. Cela améliore l'efficacité du fonctionnement diaphragmatique et de la ventilation, permettant une inspiration plus profonde et plus nourrissante.

Rappelez-vous, la respiration douce est gracieuse. Les poumons se déplacent de manière fluide pendant qu'ils s'ouvrent lentement. Lorsque les poumons se dilatent, l'atmosphère favorise la pénétration d'air. Si les poumons bougent de manière saccadée ou tendue, l'air entre de manière abrupte et non à pleine capacité. Faites attention au flux d'air dans les poumons dans un premier temps. Ensuite, notez la transition de l'air après l'inhalation et l'expiration. Certains peuvent retenir leur souffle après avoir inspiré, tandis que d'autres peuvent laisser tomber la poitrine et forcer l'air à sortir des poumons. Après avoir expiré, les tendances brusques sont une inhalation soudaine et une pause suivie d'un souffle insuffisant, deux facteurs qui diminuent considérablement l'efficacité de la respiration.

Respirer dans la vie quotidienne (exercice bonus !)

Une fois que vous avez appris la respiration profonde par la méditation, c'est un outil utile lorsque vous vous sentez stressé. Faites une pause pour vous centrer, puis commencez à remplir toutes les zones de vos poumons en respirant profondément. Simultanément, réfléchissez à une nouvelle perspective lorsque que vous respirez et découvrez une manière saine de gérer la situation stressante.

Vous pouvez même pratiquer la respiration en bougeant. En tant qu'exercice, entraînez-vous à marcher très lentement tout en vous concentrant sur votre rythme respiratoire. De nombreuses traditions de méditation pratiquent la marche méditative entre des séances de méditation plus longues. Il suffit de faire des pas très lents en ayant vraiment conscience de votre souffle et de chaque micromouvement que vous effectuez lors de votre promenade. Restez très conscient de vos actions et de votre souffle, ainsi que des pensées qui surviennent. Comme vous pouvez l'imaginer, vous pouvez appliquer cette approche consciente de la vie à n'importe quelle activité de votre quotidien : cuisine, marche, exercice, tâches répétitives… la liste est vraiment interminable.

Votre souffle est avec vous depuis le moment où vous existez jusqu'à votre dernière seconde. Cet exercice très simple vous permet de l'utiliser à votre avantage et pour votre croissance.

Résumé (et humour méditatif)

S'il vous plaît, continuez à respirer !

CHAPITRE SEPT

RELAXATION

S'asseoir sur une balançoire au soleil avec un verre de limonade évoque la détente. Sentir les fleurs dans le jardin ou nommer les nuages qui passent un dimanche après-midi représente la simplicité de la détente. Les eaux calmes d'un étang invitent à la quiétude, et le lever et le coucher du soleil inspirent les gens de toutes les cultures. Dans leur état naturel, les moments de tous les jours peuvent être relaxants. Bien qu'agréable à considérer, malheureusement avec l'état actuel du monde stressant, l'idée de simplement se détendre entraîne une myriade de complexités.

Comme vous pouvez maintenant vous y attendre de ce programme, atteindre l'objectif n'est pas aussi simple que de faire cette activité. Vous êtes maintenant dans un voyage pour comprendre votre stress, comment et pourquoi vous pensez, redécouvrir comment vous respirez et maintenant apprendre à vous détendre.

J'ai quelques étapes à vous faire passer avant de vous présenter une foule d'exercices de relaxation. Au-delà des techniques, vous devez d'abord trouver le temps de vous détendre. Si vous n'avez pas de temps libre dans votre emploi du temps, il sera sûrement difficile de vous asseoir sur le porche et de contempler votre nombril. Trouver une période de routine pour la relaxation correspond finalement au temps de méditation que vous avez choisi. Choisir un lieu de détente, aussi simple que cela puisse paraître, est un aspect important de l'engagement psychologique. Ensuite, votre corps physique vérifie la présence de zones de tension en étirant votre colonne vertébrale dans chacune de ses cinq directions. Enfin, le concept de « lâcher prise » et de pardon complète les conditions préalables à la relaxation. Une fois que vous avez maîtrisé ces étapes, vous serez prêt à expérimenter avec une foule d'exercices de relaxation afin de trouver ce qui finit par résonner et fonctionne pour vous.

Planifier le temps pour ne rien faire

Le Dalaï-Lama a dit un jour que « notre rien [du bouddhisme tibétain] est quelque chose ». Atteindre un état de tranquillité (votre droit de naissance) est un exploit dans le monde moderne si prisé. Aucune quantité de trucs et astuces ne vous aidera à résoudre ce problème. Je ne peux pas vous raconter des histoires inspirantes sur la façon de gagner du temps pour rien. Nos vies sont une quête de réussite et d'accomplissement, n'est-ce pas ? Ne rien faire semble peu invitant, ennuyeux et même apathique. Cependant, le bonheur, la joie et la félicité résident dans des moments où vous êtes complètement satisfait de l'endroit où vous vous trouvez, il n'y a rien d'autre que vous préféreriez faire. Imaginez un temps et un espace où le seul but de la vie était de prendre conscience de la vie.

Vous devez faire le choix ici et maintenant de désactiver toutes les raisons pour lesquelles vous devez être ici ou là, pour faire ceci ou cela, pour lire ceci ou cela, ou pour aider M. et Mme Untel. **Choisissez vingt minutes pour votre solitude et reprenez votre vie en main tout de suite.**

Ce retour en arrière peut remettre en question tout ce qui vous a été enseigné. Vous êtes une personne productive, une personne gentille, une personne qui travaille dur... Mais ce que beaucoup d'entre vous n'ont pas appris, c'est que vous avez besoin d'une période de solitude chaque jour pour rester sain d'esprit, rester détendu, faciliter la méditation et pour vous recharger tout simplement. Éteignez le téléviseur, éteignez l'ordinateur, faites une activité de moins cette semaine, peu importe ce que vous devez faire. Prenez du temps.

Oui, nous devons tous faire notre travail et prendre soin de nos proches. Cependant, nous devons également prendre le temps d'entretenir notre esprit. La science continue à soutenir le pouvoir de calmer l'esprit pour la santé mentale humaine ainsi que pour la créativité et la productivité. Faites de ce temps mort un rendez-vous aussi nécessaire que s'il s'agissait de la personne la plus importante que vous connaissez ou même de votre puissance supérieure. Rendez ce rendez-vous non négociable. Si vous manquez votre temps calme un jour, ne vous inquiétez pas, prenez-le le lendemain ou rattrapez-vous avant de dormir.

Exercice 1 : Reprendre le temps !

Reprendre votre temps est l'exercice le plus court de ce programme et le plus important :

Veuillez écrire l'heure ici :   du matin ou   du soir

La place pour votre méditation

Mon premier cours de méditation s'est déroulé dans un temple bouddhiste zen à Kyoto, au Japon. En tant qu'étudiant étranger à l'université, mon professeur et camarade de classe a négligé de m'informer que la soirée de méditation comprenait une brève conférence en japonais suivie de deux séances de quarante-cinq minutes. J'ai commencé à apprendre à méditer comme un nageur novice jeté en eau profonde, l'instructeur disant : « Maintenant, nagez ! » Dans ce cas, le maître Zen a dit : « Maintenant, méditez ! »

Le sixième chapitre de la Bhagavad Gita, intitulé « Le chemin de la méditation », est l'une des premières descriptions de la pratique de la méditation écrite il y a près de deux mille ans. En d'autres termes, la méditation a été pratiquée pendant des milliers d'années et certainement avant la parole écrite ; avant une étude scientifique sur la chimie du cerveau. La méditation est incluse dans toutes les religions du monde.

Ceux qui mangent trop ou mangent trop peu, qui dorment trop ou ne dorment pas assez ne réussiront pas à méditer. Mais ceux qui sont tempérés en mangeant et en dormant, en travaillant et en se divertissant, verront la fin de leur chagrin par

la méditation. Par un effort constant, ils apprennent à soustraire leur esprit à leurs envies égoïstes et à l'absorber dans le Soi. Ainsi, ils atteignent l'état d'union.

— *Bhagavad Gita,* Easwaran, chapitre 6, versets 16-18

Cette citation pour l'homme moderne pourrait être réécrite : « Ceux qui se fient trop à leur ordinateur, leur téléphone ou leur télévision ou ceux qui négligent leurs responsabilités ne réussiront pas dans la méditation. Cependant, ceux qui ont une utilisation équilibrée de la technologie, ceux qui dorment et ont le temps de s'exercer trouveront la paix intérieure. »

Le lieu de pratique peut être n'importe quel endroit tranquille de votre maison. Faites de cet endroit un lieu spécial pendant votre période de méditation en y laissant un accessoire pour transformer un espace de vie normal en votre centre de retraite personnel. La chambre ou le salon peut se transformer dans votre esprit par un accessoire comme une bougie, un coussin de méditation ou un livre inspirant placé dans une position stratégique.

Idéalement, un temps constant pour la méditation crée un élan comme le corps et l'esprit se déplacent habituellement dans un espace calme au fil du temps. Les heures les plus courantes sont tôt le matin, avant de dormir ou avant le dîner. Naturellement, la vie de chaque personne varie, mais la clé est d'être aussi cohérent que possible.

La durée de la pratique dépend de la personne et de ce qui fonctionne le mieux. Normalement, vingt minutes sont considérées comme le temps minimum pour méditer, ce qui permet à l'esprit d'atteindre un niveau de calme. Cependant, cinq minutes par jour ont plus de valeur que soixante minutes un jour par semaine.

Exercice 2 : Préparer le terrain

Pour continuer à vous engager dans une routine de pratique, faites votre choix d'accessoires de méditation, de temps et de lieu, et écrivez-les dans l'espace prévu ci-dessous.

1. Choisissez votre lieu de méditation et vos accessoires.

2. Choisissez votre heure : matin/soir.

3. Décidez de la durée de la pratique : minutes.

Préparer le corps à la relaxation : détendez la colonne vertébrale, étirez-vous dans les cinq directions

Dans une définition technique, la méditation concerne l'apaisement de l'esprit. L'Occident définit l'esprit comme l'intellect se rapportant au cerveau. Cependant, le yoga définit le concept d'esprit par le terme *citta*, qui est souvent traduit par complexe esprit-corps. L'approche holistique de la vision d'un être humain signifie que le corps fait partie de l'esprit, tout comme le système nerveux s'étend du cerveau à chaque muscle, organe et glande du corps. En remarquant l'état du corps physique, vous pouvez simplifier le processus de méditation. Quand il y a de la tension dans le corps, l'esprit sera légèrement dérangé. En s'étirant doucement dans les cinq directions dans lesquelles la colonne vertébrale peut bouger, le corps entame le processus de relaxation.

EXERCICE 3 : ÉTIRER LA COLONNE VERTÉBRALE DANS CINQ DIRECTIONS (EN MOINS DE CINQ MINUTES)

Assis sur une chaise, déplacez le corps dans ces directions. Observez à chaque mouvement les sensations de votre corps. Arrêtez-vous si vous ressentez un inconfort.

1. Vers le haut

Tendez vos bras au-dessus de votre tête et étirez-vous vers le haut. Tenez pendant dix secondes avant de baisser les bras, puis répétez trois fois.

2. Latéralement

Placez la main droite sur la chaise à côté de votre cuisse. Penchez-vous vers la droite et maintenez la position de façon confortable pendant dix secondes. Revenez lentement au centre, puis répétez trois fois à droite et à gauche.

3. Vers l'avant

D'abord, faites rouler la tête vers l'avant et détendez le cou et les épaules. Ensuite, penchez-vous en avant pour permettre à la colonne vertébrale de s'exercer vers l'avant. Restez ici pendant trois à cinq respirations avant de remonter lentement.

4. Vers l'arrière

Placez les deux mains sur la base de la chaise tout en creusant doucement le dos. Prenez garde à ne pas vous appuyer sur la chaise mais cambrez simplement votre dos en vous penchant légèrement vers l'avant, avant de vous pencher en arrière. Maintenez la position pendant cinq à dix secondes et ramenez lentement la colonne vertébrale en position neutre.

5. Torsion

Posez la main droite sur la cuisse gauche et effectuez une légère torsion. Maintenez la position pendant dix secondes, puis détendez-vous doucement, en répétant trois fois des deux côtés.

L'esprit de détente : « lâcher prise » et pardon

En enseignant à ma première classe, j'ai expliqué tous les détails de la relaxation. À la fin du cours, j'étais épuisé. Le professeur ne peut pas se détendre pour l'étudiant : seule la personne qui se relaxe peut maîtriser la relaxation. Ceci, comme toutes les étapes de ce livre, représente un ensemble d'instructions pratiques à découvrir. La découverte est un aspect important d'être étudiant. Au fur et à mesure que vous avancez dans la compréhension, vous vous sentez excité car la découverte vous appartient et vous l'avez méritée. Vous avez fait l'expérience de la tâche d'une manière qui vous est propre.

Les concepts de « lâcher-prise » et de « pardon » ne peuvent être décrits de manière adéquate dans le langage. Vous devez réfléchir à ce sujet et vous rendre compte que le processus consistant à réellement apprendre à se détendre est une quête permanente. Ironiquement, peu importe où vous commencez votre voyage dans la détente, la moindre amélioration donne le sentiment d'être témoin d'un nouveau point de vue pour la première fois. En d'autres termes, le voyage est vraiment remarquable lorsque vous découvrez et décollez des couches de stress pour retrouver une harmonie interne.

Le terme « lâcher-prise » se rapporte aux petites choses dans ce contexte. « Lâchez-vous » ou relâchez votre fardeau quotidien et pour le moment, faites une pause mentale. Arrêtez de vous inquiéter pour de petits problèmes, sortez de votre vie et profitez de la vision globale des choses. Cela diffère du déni de problèmes ; c'est un exercice qui permet de changer de perspective sur votre vie en tant que moyen d'adaptation.

Par exemple, prenons John, un personnage fictif, qui est resté assis aujourd'hui dans un embouteillage de trente minutes à la suite de la chute d'un arbre sur l'autoroute. Son patron lui jeta un regard mauvais quand il arriva en retard pour la réunion et il se rendit compte que son déjeuner était sur la table de la cuisine à la maison. À la fin de la journée, une foule de petites choses avaient mal tourné, mais John avait la présence d'esprit pour faire une pause et prendre un peu de temps pour se détendre. Au cours de ce processus, il se souvint de tous les événements de cette journée désorganisée. À chaque fois, il les laissa partir avec créativité. À chaque expiration, il lâche l'une des difficultés quotidiennes. Au bout de quelques minutes, il ne pensait plus à rien, alors il est tombé dans un état de calme pendant cinq minutes. Physiquement, il se sentait rafraîchi par l'exercice et il était clair mentalement.

Pendant que vous expérimentez les exercices ci-dessous, accordez-vous la souplesse nécessaire pour concevoir votre propre méthode de lâcher-prise. Une personne qui faisait partie de mes cours de méditation il y a quelques années avait une façon de visualiser une bulle avec une couleur d'arc-en-ciel entourant tout ce qu'elle avait besoin de libérer et, d'une manière pétillante, les problèmes se sont dissipés. Un autre homme avait pour méthode de se répéter un court mantra, « Merci pour cette vie », chaque fois qu'il pensait à un élément stressant de la journée et cela fonctionnait pour lui. Choisissez n'importe quelle stratégie qui fonctionne pour **vous**, faites-en votre style personnel aussi longtemps que vous pourrez « relâcher » la tension.

Le pardon concerne des problèmes beaucoup plus vastes. Si l'instructeur ne peut pas « lâcher prise » pour l'étudiant, sachez qu'enseigner à un autre comment pardonner est de loin un sujet plus vaste. Le pardon peut avoir un rapport avec soi-même et avec les autres. Peu importe la longueur de votre liste de pardon, il s'agit d'un processus à long terme. Par conséquent, il est courant qu'en se relaxant, l'esprit s'attarde sur tout ce qui n'a pas encore été véritablement pardonné. Puisque le pardon est un sujet très compliqué et parfois douloureux qui ne peut pas être pris à la légère ni dissipé par un exercice de relaxation créatif, voyez si vous pouvez, pour le moment, accepter le fait que vous, comme la plupart des autres êtres humains, avez des domaines dans votre vie qui ont besoin de pardon. Ce n'est pas un déni, mais une permission de vous permettre de vous détendre au milieu d'une vie imparfaite. Je n'ai pas encore rencontré quelqu'un qui a eu une vie absolument parfaite. Les seuls individus qui semblent avoir une vie parfaite sont ceux qui ont accepté la vie telle qu'elle est. Ils acceptent la forme de leur nez, les proportions de leur corps et se rendent compte qu'il peut falloir du temps pour pardonner complètement les moments blessants.

Ce que je veux dire ici, c'est qu'il est possible pour vous d'être simultanément conscient des difficultés de la vie *et* de choisir d'accepter ces zones difficiles de la vie. Dans cette perspective, vous pouvez vous détendre même dans les embouteillages ou dans un monde marqué par la guerre, la faim et les préjugés. Commencez par vous accepter là où vous êtes en ce moment, c'est un grand pas en avant de pardon de vous-même et une énorme clé pour la relaxation et la méditation ultérieure.

Exercices de relaxation simples

Vous pouvez trouver des centaines d'exercices de relaxation via des enseignants, des livres et Internet. Les exercices de relaxation sont tous efficaces pour le type de personne adapté à ce type de relaxation. Le sous-titre de ce livre qui recommande de trouver la méditation qui vous convient s'applique également à la recherche du type de relaxation qui convient à vos besoins. Vous trouverez ci-dessous plusieurs exercices, qui sont tous bons, mais ils ne sauraient en aucun cas remplacer une autre pratique que vous avez pu expérimenter dans votre vie. Veuillez choisir ci-dessous un ou deux exercices qui vous conviennent et ne vous attendez certainement pas à les pratiquer tous. La relaxation est le but recherché, mais pas d'essayer tous les exercices existants. S'inquiéter de la façon dont vous décidez de vous détendre est contre-productif ! Et contrairement au chapitre précédent sur les exercices de respiration, il n'y a pas de progression logique ou implicite pour les efforts de relaxation. Je ne saurais trop insister sur le fait qu'il est plus important de trouver votre préférence pour la relaxation que d'essayer tout ce que les autres recommandent.

Exercice 4 : Scan du corps pour la relaxation

Vous pouvez vous en servir comme expérience de base pour voir comment le corps se sent et quel niveau de relaxation est présent.

1. Pour commencer, trouvez une position confortable pour vous : assis avec la tête appuyée, légèrement incliné ou complètement allongé.

2. Restez dans cette position en vous entraînant pendant dix minutes, sinon vous aurez souvent sommeil. Notez que si vous somnolez, c'est naturel que votre corps ait besoin de plus de sommeil et que vous souhaitiez peut-être augmenter votre temps de sommeil !

3. Commencez à « balayer » lentement votre corps de la tête à la plante des pieds tout en observant une respiration lente. Ce scan peut être décrit comme une pleine conscience de la partie du corps que vous avez atteinte. Ce faisant, le sentiment et les sensations dans ces zones augmentent. En fonction du niveau d'aisance dans chaque partie de votre corps, cette analyse vous indiquera quels muscles ou articulations sont à l'aise et où la tension peut être dissimulée.

4. Continuez à être témoin de votre corps et appelez « votre corps » plutôt par « le corps ». Par exemple, au lieu de dire « mes épaules sont tendues », dites « les épaules sont tendues ». Lorsque les poumons expirent et libèrent de l'air, le cou se libère, puis le dos se relâche, et ainsi de suite. Ce langage crée une perspective plus détachée qui aide grandement à la relaxation.

5. Une fois que vous avez atteint la plante des pieds, faites une pause de quelques instants pour vous intégrer. Si vous ne vous sentez pas somnolent, vous pouvez répéter l'analyse deux fois de plus. Voyez si vous pouvez permettre aux parties tendues de se détendre un peu plus lors de chaque scan ultérieur.

Exercice 5 : Relaxation sur l'intention

Connectez une intention personnelle aux réponses de votre esprit au corps. Vous pouvez utiliser cela comme un outil puissant pour relâcher les tensions dans le corps. Veuillez noter que ceci diffère de la méditation formelle parce que l'esprit rejoue activement l'intention pendant que vous la focalisez à travers le corps.

1. Allongez-vous simplement dans une position confortable et commencez à répéter votre intention de vie personnelle.

2. Permettez à toutes les pensées qui peuvent émerger dans votre esprit de se fondre dans votre intention et d'être acceptées par cette intention spirituelle. Permettez à tous les sentiments exprimés d'être acceptés et nourris par l'intention. Laissez toute tension être guérie par l'intention. Vous pouvez même utiliser ces instructions comme un mantra mental silencieux pour faciliter le processus.

3. Commencez à ressentir un équilibre en vous-même à tous les niveaux. Laissez vos sens visualiser, vos émotions ressentir ou votre esprit réfléchir à l'intention de manière passive. Cet exercice est une occasion parfaite pour comprendre votre nature fondamentale.

4. Si vous avez des problèmes avec une intention qui résonne avec vous, les affirmations peuvent être un substitut temporaire. Certaines affirmations acceptables incluent, sans toutefois s'y limiter, les points

suivants pour la relaxation : compassion, paix, joie, action de grâces, calme, foi, confiance, courage, pardon…

EXERCICE 6 : RELAXATION ASSISE SIMPLE

Les postures de relaxation traditionnelles sont dans une position allongée semblable à celle utilisée pour dormir. La plupart des gens associent la position couchée à la relaxation, au repos ou au sommeil. De même, il existe une croyance tacite que s'asseoir ou se tenir droit équivaut à agir, car nous avons tendance à travailler soit en position assise ou debout ; l'esprit est généralement actif lorsque nous sommes debout.

Du fait de l'association de l'action et de la posture droite, certains pensent que la méditation est plus facile en position couchée. Cependant, après huit à douze minutes, la plupart des gens s'endorment ou perdent leur vigilance. Si vous avez expérimenté les exercices ci-dessus, vous l'auriez peut-être remarqué par vous-même ! Pour associer la vigilance à la conscience passive, essayez de vous asseoir tout en faisant un simple exercice de relaxation.

1. Inclinez-vous contre un mur pour que votre tête soit soutenue par le mur.

2. Commencez à esquisser un sourire sur votre visage, puis commencez à sourire d'une oreille à l'autre. Sentez le sourire voyager à travers le corps.

3. Laissez progressivement le sourire se fondre dans le visage en laissant un sourire paisible. Ensuite, déplacez mentalement le sourire sur le front et libérez les pensées qui restent.

4. Laissez le sourire pénétrer dans le crâne, puis commencez à le laisser tomber dans le cou et les épaules.

5. Déplacez le sourire dans le cœur et créez une acceptation pacifique des émotions, ne soyez pas tenté de dissimuler des émotions, ressentez simplement les émotions avec une conscience paisible.

6. Sentez le sourire dans la région de l'estomac, en relâchant le diaphragme. Terminez l'exercice en laissant le sourire glisser sur les jambes tout en laissant la sensation se poursuivre. Il est préférable de terminer l'exercice en huit à dix minutes.

Exercice 7 : Détente sur un passage

Récitez ce passage (ou utilisez-en un autre) : « tout change » *(Anitya Bhavana).* Vous pouvez répéter le passage plusieurs fois et le lire lentement avec des pauses. Réfléchissez sur le sens des pensées en tant que moyen de relaxation. Le texte complet de Anitya Bhavana est présenté ci-dessous. Au fur et à mesure que vous réfléchissez aux courts passages, n'hésitez pas à vous « tester » avec des passages plus longs. La complexité du passage n'est pas l'emphase : votre esprit a une profonde signification spirituelle à laquelle réfléchir.

Ce qui était le matin n'est pas à midi ; ce qui était à midi n'est pas de nuit, car toutes choses sont transitoires (anitya). Notre corps, qui est la cause de toutes sortes d'efforts humains, est aussi transitoire que les nuages en dispersion. Tous nos objets de plaisir changent. La richesse est aussi transitoire qu'une vague, la jeunesse comme une particule de coton emportée dans un tourbillon et les opportunités comme des rêves fugaces. Pourquoi devrais-je être attaché à quoi que ce soit quand rien n'est permanent et que tout change ?

Exercice 8 : *Marmasthanani* à 16 points

Cet exercice est une ancienne pratique de yoga qui est tout aussi efficace dans le monde moderne. *Marman* fait référence à « l'articulation » ou à l'un des nombreux points particulièrement vitaux du corps, en particulier les points centrés autour d'amas de terminaisons nerveuses où la sensibilité est aiguë. Vous trouverez ci-dessous l'exercice complet en seize points, mais vous pouvez également suivre une liste abrégée si vous avez du mal à vous rappeler toute la liste.

Cette pratique est mieux réalisée couchée et en se concentrant sur chaque zone pendant environ trente secondes, ce qui donne une pratique qui prend huit à douze minutes. N'oubliez pas de ne pas dépasser 12 minutes, sinon vous vous endormirez. Comme beaucoup d'entre nous sont légèrement privés de sommeil (si ce n'est que nous sommes insomniaques), vous somnolerez souvent car votre corps a besoin de repos. Rappelez-vous toujours que c'est parfaitement acceptable ! Prenez le temps de vous reposer et considérez cela comme un signe qu'il vous faudra peut-être vous coucher plus tôt ou réduire le nombre d'activités prévues dans votre emploi du temps. Vous trouverez ci-dessous les points avec quelques instructions simples pour guider l'exercice :

1. Le bout des orteils, pour que les pieds et les jambes soient mis à la terre.

2. Les chevilles, pour que la liberté progresse.

3. Les genoux, pour la pression de tenir le corps en place.

4. Le bout des doigts, pour les bras et les poignets.

5. Le coccyx, pour la région de l'anus et le bas du dos.

6. L'abdomen inférieur, pour une respiration profonde.

7. Le nombril, pour la zone de reproduction.

8. L'estomac, pour une digestion paisible et les organes viscéraux internes.

9. Le cœur, pour assouplir les muscles de la poitrine.

10. La gorge, pour cibler le cou et les épaules avec la douceur de la gorge.

11. Les lèvres, pour relâcher la tension de la mâchoire.

12. Le bout du nez, pour ouvrir la zone des sinus et libérer l'irritation.

13. Les yeux, pour se déplacer vers l'intérieur et détendre les tempes.

14. Le troisième œil, pour valoriser le fait d'être passif et réceptif.

15. Le front, pour laisser passer l'inquiétude et libérer les pensées excessives.

16. Le haut de la tête, pour relier tout le corps.

Exercice 9 : Relaxation en musique

Cet exercice est relativement simple : dans une position confortable, écoutez simplement un morceau de musique apaisant et laissez la relaxation se produire naturellement. La musique instrumentale sans voix est généralement recommandée car la reconnaissance des sons vocaux déclenche l'esprit. Pour certains individus, le chant ou la vocalisation d'une langue étrangère peut avoir le même effet. La musique que vous choisissez est en grande partie une question de préférence, alors écoutez vos propres réponses à un choix musical particulier pour voir si c'est vraiment un bon facilitateur de relaxation. Veuillez noter que si vous êtes enclin à la musique, cela peut être un exercice difficile car l'esprit peut naturellement vouloir analyser la musique. Si c'est le cas, ne vous inquiétez pas ; cultivez simplement la conscience et voyez si l'esprit ralentit tout seul.

1. Pendant que vous êtes assis avec la musique, laissez toutes les pensées passer sans jugement.

2. Permettez et observez l'esprit alors qu'il devient immobile, cela prendra du temps.

3. Permettez-vous d'être juste dans le moment avec la musique.

4. Contrairement à certains autres exercices, n'insistez même pas sur votre respiration.

5. Permettez-vous de relâcher pendant quelques instants votre dépendance vis-à-vis de vos sens, même votre audition, et laissez-vous plonger profondément dans la musique enveloppante.

6. Au fur et à mesure que la musique continue, retirez-vous intérieurement de vos sens qui vous dirigent vers l'extérieur.

7. Lorsque la musique se termine, faites une pause en silence. Le silence après un son est tout aussi important, sinon plus, que le son qui l'empêchait. Profitez de ces moments.

EXERCICE 10 : RELAXATION GUIDÉE AXÉE SUR L'EXPIRATION

Contrairement aux relaxations couchées ou assises ci-dessus, cet exercice vous oblige à vous allonger sur le ventre dans une pose de crocodile (les instructions sur la manière d'entrer dans la posture suivront). Dans cette position, le ventre est complètement soutenu et s'enfonce dans la terre. Cette « pression » permet une légère résistance à l'inhalation, entraînant une plus grande prise de conscience du processus. Peut-être plus important encore, cela facilite une expiration beaucoup plus profonde.

Allongez-vous au sol sur votre ventre avec le dessus de vos pieds sur la terre et rapprochez vos gros orteils, les chevilles se séparant. Pour certains, cela peut être inconfortable, alors n'hésitez pas à essayer de rapprocher les talons et de laisser les orteils tourner. Avancez les bras et formez un petit oreiller pour soutenir votre tête de manière confortable : le front sur les mains, le menton sur les mains ou la joue sur les mains, tout en veillant à alterner les joues pour ne pas vous faire mal à un côté du cou. Si vous vous sentez mal à l'aise sur le ventre, la meilleure solution consiste à vous allonger sur le côté (par exemple, certaines personnes très minces peuvent ressentir un malaise du fait que leurs hanches pourraient creuser la terre, tandis que d'autres pourraient ressentir une douleur excessive dans la poitrine, le bas du dos ou les deux).

1. À partir de cette position, concentrez-vous sur une expiration lente et délibérée.

2. Laissez les couches de tension de votre corps se relâcher à chaque expiration complète. Bien entendu, l'accent est mis sur le « complète », de sorte que les inhalations suivantes sont encore plus profondes et revitalisantes.

3. Remarquez comment le poids du corps favorise la sensation de soupir lorsque vous expirez. Utilisez cet effet de soupir pour lâcher prise de toute tension ou résistance.

4. Continuez à respirer dans le ventre ainsi que dans les muscles intercostaux de la poitrine.

5. Imaginez et commencez à ressentir une vague d'énergie émanant de votre cœur lorsque votre respiration se déplace dans tout votre corps.

Exercice 11 : Relaxation sur une couleur

Pour ceux qui ont une disposition très visuelle ou une imagination vive, l'utilisation de la couleur peut être un puissant outil de relaxation.

1. Commencez par une pose de relaxation confortable que vous avez expérimentée.

2. Visualisez une couleur qui vous apaise. Commencez à relier la couleur choisie à un aspect particulier de la nature qui résonne avec vous.

3. Soyez créatif avec la couleur et ce qu'elle fait. Laissez-la vous combler, vous entourer ou pénétrer profondément dans votre cœur…

4. Asseyez-vous avec la couleur et l'énergie que la couleur fournit jusqu'à dix minutes.

Exercice 12 : Relaxation du lâcher-prise !

Parfois, lorsque nous nous asseyons pour nous détendre, quels que soient nos efforts et notre méditation, les pensées de notre esprit ne cessent de grandir et de nous empêcher de nous détendre. Le fait de se soumettre à une puissance supérieure peut aider à encourager l'esprit à abandonner ses pensées instables. Un de mes moyens préférés est d'imaginer que vous flottez sur une rivière. Vous flottez en toute sécurité et vous pouvez sentir le doux courant de l'eau dans la lente dérive et les méandres. Lorsque vous dérivez, un panier flotte lentement à côté de vous et vous permet de placer tous les soucis, préoccupations ou problèmes qui pèsent sur votre esprit. Notez que vous ferez une pause de ces problèmes en les plaçant mentalement dans le panier.

Continuez à respirer et à flotter lorsque vous sentez que des pensées et des tensions se libèrent à chaque expiration. Lorsque de nouveaux problèmes surgissent, continuez de placer ceux-ci dans ce panier, car peu importe le nombre d'idées reçues, le panier n'est jamais rempli à plus de la moitié. Permettez-vous de relâcher temporairement les blessures, les regrets et les ressentiments du passé. Lorsque vous placez ces problèmes l'un après l'autre dans le panier, remarquez ce que vous ressentez tout en restant passivement conscient.

Continuez à respirer et à flotter pendant que vous ressentez progressivement un état de relaxation plus profond. À la fin de la relaxation, votre perception changera légèrement, vous aidant à comprendre les problèmes du panier dans une nouvelle perspective. Vous n'avez ni nié ces problèmes, ni ne vous y êtes attardés ; vous avez permis à un sentiment d'acceptation de la vie d'apaiser le corps avec relaxation.

EXERCICE 13 : RELAXATION AVEC UN ESPRIT OUVERT

Cet exercice de relaxation traditionnel est simplement de s'allonger jusqu'au repos du corps et de l'esprit. Il n'y a pas d'instructions ou de techniques autres que l'observation de soi et le questionnement. Nous avons tendance à pratiquer cette relaxation dans la Posture du cadavre, couché sur le dos (supination) alors que nous pratiquons symboliquement à abandonner tout le corps et l'esprit au néant de la relaxation complète.

1. Contemplez qui vous êtes *réellement* au-delà de votre corps et de votre esprit.

2. Examinez qui réalise *vraiment* la relaxation :

- Est-ce l'ego ?
- Est-ce moi, l'auteur ?
- Est-ce la sagesse de la tradition de méditation ?
- Est-ce que ce sont des sons ambiants dans l'environnement qui vous entoure ?
- Est-ce le souffle ?
- Le mystère de tout cela est-il la clé ?

3. Continuez à vous abandonner alors que les pensées réapparaissent.

CHAPITRE HUIT

NUTRITION

Le Bouddha a prêché la voie du milieu, ce qui signifie vivre une vie équilibrée sans extrêmes. De même, « ne mangez pas trop et ne mangez pas trop peu » est une citation trouvée dans la section Méditation de la Bhagavad Gita. Le bon sens prévaut que manger trop, au-delà du potentiel de gain de poids, amène une personne à s'endormir parce que son corps doit traiter une grande quantité de nourriture et, comme vous pouvez l'imaginer, une personne endormie a du mal à méditer ! De même, une personne qui ne mange pas assez de nourriture peut être très soignée et même avoir un esprit clair, mais une faiblesse éventuelle rendra l'esprit incapable de maintenir sa concentration. Trouver un équilibre avec la nutrition est une étape importante pour le bien-être général mais également pour la méditation.

Corps équilibré, esprit équilibré

En poursuivant sur le thème de ce livre, qui consiste à découvrir votre type de méditation et à comprendre comment adapter une pratique personnelle à votre style de vie, l'objectif de ce chapitre est de mieux comprendre comment vos choix en matière de nutrition affectent votre esprit. Notez que l'intention n'est PAS de spécifier une prescription diététique sur ce qu'il faut manger. Le but ici est de proposer des recommandations pour que vous puissiez examiner comment différents types de nourriture affectent votre esprit.

Le corps de chaque personne réagit différemment aux aliments. En fonction de votre activité quotidienne et de votre stade de vie actuel, vos besoins nutritionnels varieront.

Pour établir une base de référence pour ce chapitre, veuillez remplir un journal alimentaire pour voir comment votre alimentation affecte votre esprit. Dans le tableau ci-dessous, remarquez comment l'effet d'un repas sur l'esprit est remis en question. Ce type de prise de conscience s'étend au-delà de l'approche calorique normale de la nutrition.

Exercice 1 : Journal alimentaire

Tenez un journal de votre alimentation pendant trois jours. Tout au long de la journée, notez tous les aliments et les boissons que vous mangez et buvez, l'heure à laquelle vous avez mangé, les émotions associées à la consommation et, si possible, la sensation après avoir mangé. Utilisez le modèle comme indiqué dans le tableau ci-dessous pour commencer à comprendre votre relation avec les aliments de manière plus approfondie. Le but de cette partie du journal est de révéler des schémas inconscients. En restant conscient de vos choix alimentaires, vous pouvez apporter plus d'équilibre dans votre esprit. Essayez de rester concentré sur une sensibilisation accrue au lieu de vous considérer comme un « bon » ou un « mauvais » mangeur. Apprenez simplement de l'expérience de la façon dont les aliments affectent votre esprit et votre corps. Les habitudes alimentaires prennent du temps et de la persévérance pour changer.

Souvent, lorsque les élèves remplissent le journal alimentaire, le journal lui-même devient l'enseignant. En adoptant une perspective de « témoin » concernant vos choix alimentaires, vous pourrez voir de manière objective quelles sont les bonnes croyances sur l'alimentation et quelles sont les croyances que vous croyez qui vous sont le plus préjudiciables. Veuillez noter que si vous avez un problème de santé grave, vous devriez toujours consulter un professionnel de la santé avant de modifier votre alimentation, comme vous le feriez pour tout autre changement de mode de vie. Ce livre ne préconise rien au-delà du sens commun pour augmenter la qualité de son alimentation. Il n'y a pas d'ordonnance pour une formule de régime ou un type d'aliment unique.

Exemple de journal alimentaire :

Heure	Nourriture	Énergie	Émotions	Intelligence	Spirituel
7h du matin	Eau citronnée	Dur de se réveiller	Fragiles, grosse journée devant soi	Embrumé	Inquiet
8h du matin	Pain grillé	Plus lumineux	Prêt à entamer la journée	Plus clair après la méditation	Ouvert
etc.					

Nourrir toute la personne

Une deuxième perspective, qui consiste à considérer la méditation comme un style de vie complet, applique cette philosophie à votre nutrition. En d'autres termes, la nutrition peut être considérée comme davantage que de simples protéines, glucides, minéraux, vitamines et eau.

Dans la culture occidentale, toute une industrie est axée sur les régimes amaigrissants ou la perte de poids. Les gens souhaitent être minces pour diverses raisons, telles que leur image personnelle, une meilleure énergie ou leur longévité. Chacun de ces objectifs peut ou non conduire à l'épanouissement spirituel selon la manière dont une personne utilise son état de santé amélioré. Comprendre que la nutrition consiste à nourrir l'être humain tout entier se trouve dans la *Taittiriya Upanishad.* En fait, c'est l'un des premiers endroits dans toute l'histoire écrite (datant d'environ 500 ans avant notre ère) qui parle de la nourriture et du bien-être de façon cosmique :

Quels que soient les êtres qui vivent sur cette terre, véritablement, ils naissent de la nourriture, ils restent en vie par la nourriture seule et de la même façon, ils y retournent à la fin. La nourriture est, en vérité, le premier parmi tout ce qui est créé, on dit donc que c'est le médicament pour tous. Celui qui médite sur la nourriture comme Brahman, obtient sûrement toute la nourriture.

—*Taittiriya Upanishad,* 2:1

Dans ce texte, les versets deux à six décrivent l'essence d'une bonne santé en termes de cinq gaines (*koshas*) entourant la conscience pure. Ce paradigme passe du corps physique brut aux concepts subtils d'énergie et de bonheur, de manière télescopique. À travers cette progression, vous passez de la réalité physique externe à la pure expérience spirituelle de la conscience divine. En d'autres termes, vous mangez pour nourrir votre esprit. Les cinq gaines démontrent qu'une contrepartie plus subtile guide chaque niveau de conscience. Dans ce cadre conceptuel, chaque élément est en relation avec l'autre et nous sommes guidés pour atteindre les plus hautes aspirations de la réalité divine via la nutrition de l'être humain tout entier. En associant la nutrition à tous les domaines de votre vie, tout ce que vous consommez, des pommes aux émotions, est considéré comme un aliment complet.

Corps : Prenez note des effets de divers aliments sur l'esprit. Certains aliments faciles à digérer et qui fournissent une nutrition abondante affectent l'esprit de manière positive. Les aliments relativement toxiques pour le corps doivent être évités autant que possible pour apaiser l'esprit. Diminuez les aliments transformés, notamment les graisses transformées, les sucres raffinés, la caféine, les boissons gazeuses et l'alcool. Augmentez les aliments entiers qui sont en accord avec votre constitution.

Énergie : Améliorer activement votre énergie nourrit le corps en facilitant la digestion, l'assimilation et l'excrétion des aliments. Les exercices de respiration sont très utiles, tout comme les formes d'exercices. Les exercices d'aérobic et la vie en plein air sont très bénéfiques pour la santé générale du corps et de l'esprit. Remarquez si vous vous sentez plus empli de vitalité et alerte avec de l'énergie pour la méditation.

Esprit/Émotion : Remarquez votre apport émotionnel. Tout d'abord, remarquez comment vous réagissez aux situations en fonction de votre manque de compréhension. Rappelez-vous que vous contrôlez vos réactions émotionnelles et que votre nourriture émotionnelle peut être régulée par vos réactions, qu'elles soient pures ou perturbées. Essayez de minimiser les situations à répétition qui causent un esprit dérangé. Assurez-vous de prendre le temps de vivre des émotions positives avec du rire, de l'amusement et du temps libre. Effectuer un exercice de relaxation chaque jour peut aider à rééquilibrer les émotions et à fournir une nourriture saine et affective. Une bonne leçon pour les émotions est que tout a sa propre nature. Par exemple, la nature d'une voiture est que les pneus s'usent au bout de quelques années. Pourquoi devrions-nous être émus quand nous avons un pneu crevé ? En cas de troubles émotionnels persistants dans une situation interpersonnelle grave, il est généralement recommandé de consulter un conseiller ou un autre type de soutien.

Intellect : L'intellect trouve de nouvelles idées stimulantes. Les êtres humains qui sont dans un état d'apprentissage constant restent jeunes, vifs et ouverts d'esprit. Cependant, l'intellect n'a pas besoin d'une stimulation excessive via l'information. L'intellect fonctionne sur la clarté et la simplicité. Veillez à surveiller votre stimulation électronique via les téléphones, les ordinateurs, l'utilisation d'Internet, la télévision et d'autres supports. La surstimulation de l'intellect obstrue la clarté méditative.

Esprit : Les aliments spirituels varient considérablement, prenez donc le temps de les honorer et découvrez comment vous vous sentez nourri spirituellement. Les lieux communs pour la nourriture spirituelle sont en compagnie spirituelle, par exemple lorsqu'un groupe de personnes se réunit intentionnellement pour discuter de sujets liés à la spiritualité. Le temps passé dans la nature ainsi que le temps consacré aux activités religieuses organisées peuvent offrir une nourriture spirituelle. La prière personnelle peut parfois nourrir l'esprit ainsi que le chant, la lecture spirituelle et la réflexion. La vie simple a une qualité spirituelle inhérente, tandis que le fait de sur-planifier tend à sacrifier du temps pour la spiritualité.

Exercice 2 : Nourrir toute la personne

Ci-dessous sont énumérés les cinq catégories de la personne entière. Notez votre consommation dans ces zones ainsi que les étapes que vous souhaitez augmenter.

1. Alimentation : Comme dans l'exercice 1, remarquez comment les aliments affectent votre niveau d'énergie, votre humeur, votre intellect et votre esprit. En tirant des enseignements de vos expériences, vous pourrez déterminer des moyens d'améliorer votre alimentation.

2. Énergie : En règle générale, l'exercice physique (lorsqu'il n'est pas trop sollicité) augmente les niveaux d'énergie. Essayez de faire des activités de plein air lorsque cela est possible. Les exercices de respiration profonde et les postures de yoga sont particulièrement utiles pour l'énergie. Faites le choix de faire de l'exercice quotidiennement.

3. Émotion : Cela inclut l'apport de sentiments positifs ainsi que vos réactions à une situation. Premièrement, demandez-vous si les activités ordinaires constituent un réservoir d'énergie positif. Listez les types d'activités qui stimulent vos émotions, comme rester en contact avec des amis, jouer avec les enfants, profiter du lever et du coucher du soleil, etc. Si vous avez des problèmes avec votre liste, commencez par des choses simples comme un bon repas ou la gentillesse de vos amis et de votre famille.

Deuxièmement, notez toutes les situations dans lesquelles vous réagissez de manière excessive. Examinez vos raisons et voyez si vous pouvez équilibrer vos émotions par une réflexion personnelle. En cas de situations difficiles ou extrêmement stressantes, il est généralement préférable de rechercher des conseils utiles auprès d'un professionnel formé à ces questions. Enfin, réduisez tout apport émotionnel négatif de sources telles que les médias et la dynamique chargée négativement.

4. Intellect : Remarquez comment de nouvelles leçons ou idées imprègnent votre intellect, vous rappelant de saluer la vie avec ouverture.

Avec un intellect plus clair, les émotions de l'esprit sont stabilisées grâce à une pensée claire. Voyez comment des exercices de méditation ou d'apaisement de l'esprit purifient l'intellect et cèdent la place à un esprit clair.

5. Esprit : Remarquez si vous avez déjà une pratique courante telle que marcher dans la nature, assister à des offices religieux, lire des prières ou un livre spirituel qui vous inspire (entre autres exemples). Ce type d'inspiration vous permet de vivre avec la vitalité au milieu d'un monde chaotique, en distinguant spirituel et intellectuel.

L'eau, source de vie

Un apport hydrique adéquat est un autre aspect fondamental de la nutrition que de nombreuses personnes comprennent encore mal. De nombreux régimes alimentaires santé recommandent de consommer six à huit verres d'eau par jour. Le fait de remarquer une couleur jaune pâle dans l'urine peut être un autre indicateur que vous ne buvez pas la bonne quantité. Si vous ne buvez pas assez, l'urine aura une teinte jaune foncé ou orange, et si vous buvez trop, elle sera transparente. Cependant, à l'instar de la sagesse partagée dans ce texte à plusieurs endroits, la quantité d'eau requise par personne pour favoriser un fonctionnement sain dépend de nombreux facteurs. Le premier est le lieu géographique dans lequel vous vivez, ainsi que la saison. Deuxièmement, le type de régime que vous mangez. Par exemple, la personne qui consomme beaucoup de fruits et de légumes a besoin de moins d'eau en raison de la teneur en eau des aliments. La troisième est la quantité d'activité que vous effectuez pendant votre journée.

Enfin, certaines boissons ont un effet paradoxal d'absorption de l'eau ou de déshydratation. Le café, les thés contenant de la caféine, les colas, les boissons sucrées, les jus de fruits et les boissons alcoolisées, bien qu'ils contiennent de l'eau, ont des effets diurétiques sur le corps. Cela signifie que le corps sécrète plus d'eau lors de son assimilation que ce qui est reçu. Le lait nécessite de l'eau pour la digestion et est considéré davantage comme un aliment que comme une boisson.

Les boissons hydratantes sont de l'eau plate, des tisanes, des eaux minérales ou des boissons mélangeant 1 volume de jus de fruits pour 8 volumes d'eau. Les tisanes sont très diverses et offrent des centaines de saveurs (si vous envisagez des combinaisons d'herbes) qui sont toutes très bonnes pour votre santé.

Veuillez noter qu'une prise de conscience de votre consommation de liquide est très importante. Si vous buvez trop d'eau, votre corps peut purger et finalement diluer les ions essentiels et les minéraux. Si vous ne consommez pas assez d'eau, votre corps s'assèche, pour ainsi dire. Comme pour toutes choses, faites de votre mieux pour trouver un équilibre et consultez votre nutritionniste ou votre médecin si vous avez des problèmes physiques.

Le lien de digestion corps-esprit

Une bonne digestion est la clé d'une santé rayonnante. Le système digestif est un miroir très sensible de l'esprit. La digestion est régie par la zone limbique du cerveau, largement sous notre contrôle subconscient. Les émotions et les processus mentaux agissent directement sur la région limbique du cerveau et, via le système nerveux, ils affectent l'estomac et les organes digestifs. Ainsi, le système digestif est uniquement sous l'influence du système nerveux autonome. La branche parasympathique (le mode du système nerveux autonome qui prédomine à l'état relâché) active les sucs digestifs, accélère le péristaltisme (contractions rythmiques de la muqueuse de notre système digestif) et ouvre les sphincters. Inversement, la branche sympathique, ou réponse au stress, inhibe la digestion.

L'esprit est comme une mer, le corps est la terre et leur sphère d'interaction est le rivage. Lorsque l'esprit est paisible et détendu, la mer est calme. Lorsque l'esprit est troublé, la mer devient turbulente et des vagues frappent le rivage, emportant de vastes étendues de terres. C'est le processus psychosomatique qui entraîne l'indigestion, la constipation, les ulcères, la diarrhée et d'autres maladies majeures et mineures.

— *Inconnu*

Avant de manger :

- Venez à table détendu et conscient.
- Pratiquez la respiration profonde pour devenir plus détendu si nécessaire. La respiration doit être lente et rythmée en mangeant.
- Prenez un moment de silence en remerciement pour l'origine de la nourriture ou dites quelques mots de grâce.

Au cours du repas :

• Lorsque vous commencez un repas, restez conscient de votre corps, de votre souffle et de votre esprit.

Imaginez que vous mangiez avec votre divinité préférée, votre professeur ou simplement avec votre moi supérieur.

• Essayez de vous asseoir les jambes croisées dans la posture facile ou, si vous êtes assis sur une chaise, évitez de croiser les jambes pour laisser l'énergie circuler librement dans l'abdomen.

• Restez pleinement conscient du processus de mastication et de déglutition. Chaque goût, température et texture doivent être pleinement expérimentés.

• Savourez chaque bouchée lentement.

• Évitez de regarder la télévision ou d'avoir une conversation longue et énergique.

• Mâchez votre nourriture entre dix et quarante fois avant de l'avaler, ce qui permet aux sucs digestifs dans la bouche d'interagir pleinement avec chaque bouchée tout en savourant sa saveur.

• Expérimentez le repas en pleine conscience : plaisir de manger, confort d'avoir suffisamment (mais pas trop) et la légèreté énergisante qui vient lorsque l'estomac est rassasié mais pas trop plein.

• Relâchez la peur (gain de poids ou perte de poids, trop manger, être parfait ou imparfait).

Après le repas :

• Restez conscient que la nourriture est passée dans votre estomac et que le processus de digestion est en cours.

• Détectez les effets du repas sur votre énergie globale et votre perception du bien-être.

En ce qui concerne les régimes et les choix alimentaires, il est important de garder une attitude détendue et de faire des changements lentement. Des changements rapides d'un régime à base de viande en végétarisme peuvent avoir des résultats pires qu'un changement lent vers un régime alimentaire naturel qui permet au corps de s'adapter. Une rigidité stricte avec un régime alimentaire peut causer des tensions. Suivre la règle des 90 % peut être très utile : mangez pur à 90 % et tant que vous ne mangez pas à l'excès, les 10 % restants peuvent être ce que vous aimez. L'esprit n'est pas empoisonné par un régime imparfait, il est empoisonné par des croyances rigides.

La relation entre la nourriture et l'esprit

La discussion des pensées pures juxtaposées avec des pensées positives et négatives au chapitre 5 a utilisé un paradigme qui peut être corrélé à l'effet de la nourriture sur l'esprit. Lorsque vous faites des choix alimentaires différents, remarquez l'effet de ces choix sur votre niveau d'énergie ainsi que sur votre esprit. Chaque fois que vous vous sentez particulièrement bien ou mal à un moment de la journée, demandez-vous : « Qu'est-ce que j'ai mangé ? » et commencez à trouver des liens entre vos choix alimentaires et votre état d'esprit. Remarquez comment des choix purs engendrent une énergie équilibrée et des choix plus sains. De même, remarquez comment de mauvais choix génèrent une énergie médiocre et des choix plus malsains. Les choix s'auto-perpétuent, comme les boucles de rétroaction dans les systèmes électriques et biologiques. Laissez votre nouvelle conscience informer vos besoins alimentaires.

Encore une fois, je ne vous donne aucune recommandation absolue au-delà de la stratégie de base du sens commun de la conscience de soi et de la nutrition par les aliments complets. Les aliments vides d'avantages pour la santé ne sont pas recommandés. Les aliments trop transformés comme le sucre raffiné (y compris le sucre de canne, le fructose, le sirop de maïs, etc.), la farine blanche, les boissons sans alcool, la caféine excessive, l'alcool, les graisses transformées et toute la malbouffe vont rendre l'esprit moins alerte au fil du temps. Notre principale observation du sens commun est de remarquer l'esprit surtout après avoir mangé un aliment qui rentre dans la catégorie de la malbouffe.

CHAPITRE NEUF

MAÎTRISE SENSORIELLE

Un jour, tout en méditant sur mon souffle, j'entendis une mouette hurler au loin. Le cri était un son ordinaire qui me rappelait le cottage de plage de mes grands-parents. Je pouvais voir les panneaux muraux gris du chalet derrière la brume de l'océan. Je me suis souvenu des dîners de famille sur la table en verre et des chaises en bois branlantes. Le sel de l'océan me rafraîchissait la peau, tout comme je passais de précieux moments avec mon grand-père à marcher sur la plage de sable. Littéralement, chaque année de ma vie, il y a des photos de moi dans cette maison, de quelques mois à ce jour-là... Vous vous demandez peut-être pourquoi, au milieu d'un livre de méditation, je parle de la maison de mes grands-parents, non ?

J'essaie de prouver le fait que, pendant toute une séance de méditation de trente minutes, j'ai nagé dans les bons souvenirs de cette maison. J'ai même laissé de côté les allées sur le trottoir, l'histoire de l'ouragan, le surf et le fait de rester avec mes cousins pendant des semaines. Lorsque j'ai finalement ouvert les yeux, je me suis rendu compte qu'il y avait des motos bruyantes partout et quelques manguiers avec un papayier mélangés entre une série de bâtiments illustrés par des images de yoga. Oui, je méditais en Inde, distrait par le cri d'une mouette et oubliant complètement l'exercice de méditation sur mon souffle !

Distraction sensorielle en méditant

Dans l'exemple que je viens de citer, la rêverie a été déclenchée par un son, mais tous mes autres sens ont alors participé. J'ai senti l'air, visualisé les planches murales grises, me suis souvenu des repas savoureux et senti la texture du sable sous mes pieds. Tout cela était une histoire vraie racontée dans ma mémoire.

Tout n'a pas été perdu lors de cette distraction. Si j'avais châtié mon esprit de distraction et pensé que je venais de gâcher une précieuse séance de méditation en Inde, j'aurais fortement marqué mon esprit de façon négative. Cependant, le sentiment de la rêverie était très paisible et plein d'appréciation. Cela me signalait que j'avais le mal du pays : c'était le premier été de ma vie où il n'y aurait pas de visite à la plage avec mes grands-parents et mes cousins. Même si j'avais vingt-cinq ans à l'époque, c'est ainsi que ma psyché a exprimé mes sentiments. J'ai utilisé cela comme un signal pour tenter d'écrire quelques cartes postales pour honorer ces sentiments de mal du pays.

Cette histoire a quelques autres aspects positifs. Je ne vous ai pas encore dit le nombre de sons que j'ai laissés passer par ma conscience ce jour-là. Par exemple, pendant toutes mes méditations en Inde, il y avait des corbeaux bruyants qui criaient sans arrêt, accompagnés de pousse-pousse, de taxis bruyants à motocyclette, sans parler des bruits occasionnels de gens qui parlaient ou des avions qui survolaient la ville. Ces sons étaient une pratique pour l'exercice visant à comprendre le sens de l'ouïe dont nous parlerons plus tard.

Les distractions se produisent pour de nombreuses raisons, beaucoup trop nombreuses pour que nous puissions les énumérer ici, veuillez donc noter vos distractions personnelles à mesure que nous passons à travers les cinq sens. Découvrez comment fonctionne votre esprit, comment vous vous reliez aux sens et quels sens semblent déclencher les pensées les plus errantes. Une des principales distractions est sans aucun doute liée à des problèmes urgents dans l'esprit. L'esprit utilisera les sens comme excuse pour rêver de vos préoccupations actuelles. Une deuxième raison majeure pour les distractions sensorielles est le contraire de la première, l'esprit utilisera le phénomène sensoriel comme une raison pour éviter de méditer. Cet évitement est un mécanisme de défense. Tandis que calmer votre esprit peut sembler ravissant, le voyage dans la quiétude vous oblige à vous déplacer dans, à comprendre et à libérer l'inconfort. Et alors que de nombreux jours l'esprit peut se calmer rapidement, il y aura des phases de votre vie où le processus de calme est très difficile. Je parle de la façon de faire face à ces moments plus difficiles parce que ce sont les moments où vous avez le plus besoin de méditation.

Les avantages de la maîtrise sensorielle

Pensez à un son agaçant et remarquez comment vous vous sentez lorsque ce son agaçant vous attaque. Vous céderiez à la demande de l'enfant lorsqu'il découvrirait comment vous avoir avec ce cri aigu ou son « s'il te plaît » le plus mignon du monde. Ou pensez à la façon dont vous ne pouvez pas sembler résister à la consommation de tous les biscuits lorsque vous sentez l'arôme de la boulangerie, accompagné de quelques regrets plus tard. Quel que soit le sens que vous pensez vous contrôler, il ne vous contrôle pas du tout. En fait, votre esprit est simplement programmé de telle manière que vous pensez que vous devez vous comporter d'une certaine manière lorsque ce déclencheur s'active.

Imaginez comprendre pourquoi vous êtes programmé comme vous êtes, puis désengager ce programme. Ainsi, la personne qui vous grognerait dessus au travail ne vous dérangerait plus. Les enfants qui hurlent sont des enfants qui crient tout simplement et vous ne vous sentiriez pas comme si vous deveniez dingue (puis coupable d'être devenu dingue et d'avoir des ennuis avec votre conjoint pour avoir à nouveau promis des friandises...). Imaginez que vous puissiez manger un seul biscuit et ne pas vous battre par la suite. Imaginez que vous puissiez méditer et rester tranquille avec chaque son. Cela vous semble impossible ? Je vous assure que cela peut être fait. Cela demande un peu de pratique, mais ce petit ensemble d'enseignements connus issu de l'enseignement préliminaire de la voie yogique sur la méditation (*Pratyahara* est le nom officiel de cet ensemble de pratiques) vous offre un moyen de vous libérer de l'esclavage sensoriel.

La nuance de calmer les sens

Les exercices sur les sens ont des aspects à la fois internes et externes. Les exercices décrits ci-dessous concernent le travail physique ou la phase externe du sens. Les aspects internes des sens sont l'œil de l'esprit ou l'interprétation par celui-ci de l'entrée sensorielle.

Il est très difficile d'expliquer dans un livre les instructions pour comprendre et corriger le fonctionnement interne de l'esprit, car votre expérience est unique. Semblable à mon histoire ci-dessus à propos de la maison de plage, ma raison intérieure d'être distrait par la mouette était le mal du pays. Décrypter les raisons particulières du mal du pays est aussi compliqué que mon psychisme. Qu'est-ce qui m'a amené à étudier à l'étranger quand le yoga et la méditation étaient considérés comme une curiosité par ma famille et mes pairs ? Pourquoi est-ce que je me souciais tellement de ma famille que j'avais le mal du pays ? Il n'existe pas de réponse unique à ces questions et votre parcours sera tout aussi unique. Arrêter l'exploration en pensant avoir le mal du pays ne ferait que mettre un frein à la compréhension de la couche supérieure de l'histoire, au détriment des couches inférieures.

La seule généralisation que je puisse faire n'est pas très générale : votre voyage sera aussi unique que votre ADN. Je peux vous donner un ensemble de lignes directrices pour vous aider à vous comprendre (ces enseignements se trouvent également dans *The Pure Heart of Yoga*, p. 155).

Étapes pour minimiser ou éliminer la distraction sensorielle

1. Nommez la perturbation sensorielle.

2. Notez les détails liés à cette entrée en termes d'intensité, de qualité et de fréquence.

3. Notez votre sentiment ou votre réaction émotionnelle face à ce dérangement.

4. Comprenez les racines du sentiment ou de l'émotion. Pourquoi réagissez-vous de manière perturbée à ce stimulus ?

5. Acceptez la possibilité que le stimulus puisse être interprété différemment.

6. Créez une réponse positive ou basée sur la réalité au stimulus.

7. Libérez l'association négative et rétablissez une nouvelle relation avec ce stimulus.

Ces étapes préfigurent le processus qui sera appliqué à chacun des cinq sens avec des exercices et des exemples. Notez que certains sens vous causent plus de perturbations que d'autres sens. Typiquement, les sons dérangent beaucoup pour la méditation et la vue arrive juste derrière. Les trois distractions sensorielles mineures sont le goût, le toucher et l'odorat. Cependant, des exercices pour chacun de ces sens sont inclus ci-dessous.

Audition

Commencez par énumérer les sons qui vous dérangent généralement. Tenez-vous à cette liste pendant que vous étudiez votre perception. La première étape consiste à supprimer les associations négatives avec le son et à reconnaître qu'il ne s'agit que d'un son, d'un phénomène neutre. La même tondeuse à gazon qui dérange une personne peut faire sourire une autre personne. Les sons ne sont qu'une partie de la nature ; ils ne sont ni bons ni mauvais. Certains sons sont plus forts que d'autres, et certains sont persistants, mais aucun ne nous donne l'instruction de nous fâcher. Lorsque nous programmons correctement notre perception, le son d'un jeune enfant qui gémit sans cesse n'est pas différent du son du vent qui siffle à travers les arbres. Notre système de valeurs détermine la signification du son. Personne ne saute en l'air quand un avion passe au dessus de nos têtes, mais cela peut être aussi bruyant que la tondeuse à gazon bruyante du voisin.

Exercice 1 : Se concentrer sur un son

Trouvez un son persistant. En été, le pépiement d'un oiseau particulier ou le chœur de grillons la nuit peuvent suffire, selon l'heure de la journée. Un autre son commun pourrait être le bourdonnement d'une machine ou des voitures qui passent. N'importe quel son fera l'affaire, tant qu'il est persistant. S'il n'y a pas de son continu, utilisez un morceau de musique instrumentale et isolez un instrument de la musique. Concentrez votre attention sur le son puis remarquez comment d'autres sons tirent votre attention de l'esprit et perturbent votre concentration. Une fois que vous avez commencé à maîtriser cet exercice, vous pouvez également le faire pendant la relaxation. Concentrez-vous pendant cinq à dix minutes sur cet exercice.

Étape 1 : La première étape de cet exercice consiste à se concentrer simplement sur le son et à maintenir une concentration constante (pas de rêve éveillé). La deuxième étape consiste à reconnaître quand et comment l'esprit réfléchit à d'autres sons errants. Si un camion passe, combien de pensées l'esprit a-t-il émises avant de revenir au son d'origine ? Soyez patient et non critique avec cette deuxième étape, car elle peut nécessiter un peu de temps à maîtriser.

Étape 2 : La prochaine étape pour comprendre davantage vos réactions à la distraction serait de remarquer pourquoi certains sons captent l'attention de votre esprit et d'autres pas. Soyez un observateur dans ce processus. Faites attention à vos sentiments même si ceux-ci n'ont pas de sens pour le moment. Pourquoi un son errant suscite-t-il une réaction émotionnelle et un autre pas ? Restez avec ce sentiment et voyez ce que cela signifie pour vous. Chaque fois qu'un nouveau niveau de compréhension de soi se développe, un nouveau niveau de maîtrise des sens se produit.

Étape 3 : Avec la pratique, des moments de concentration ininterrompue peuvent se produire pendant une à trois minutes ou plus à la fois. À ce stade expérimenté, vous pouvez commencer à travailler sur les sons que vous trouvez gênants au quotidien. Appliquez ce même processus à l'aboiement du chien du voisin ou aux bruits de la circulation aux heures de pointe et découvrez que vous pouvez ignorer consciemment les sons.

Étape 4 : La quatrième et dernière étape de l'exercice d'écoute a lieu lorsque vous pouvez écouter un son et ne pas réagir à d'autres sons qui étaient gênants. Lorsque vous entendez un son et que le téléphone sonne, votre esprit remarquera simplement que le téléphone sonne et laisse le son vibrer dans le tympan sans réaction. Le son est perçu mais aucune pensée n'est attachée au son. L'attention reste fixée sur tâche à accomplir.

Exercice 2 : Relaxation en musique

Écoutez simplement un morceau de musique apaisant et laissez la relaxation se produire naturellement. Bien que cet exercice ait été souligné lors du chapitre sur la relaxation (chapitre 7), cette pratique sera également très apaisante pour les sens. Notez que ceci diffère de l'exercice ci-dessus, car vous écouterez passivement la musique et vous concentrerez sur le corps. Dans l'exercice ci-dessus, le corps est relâché et seul l'esprit est pris en compte.

1. Permettez à toutes les pensées de passer sans jugement.

2. Permettez et observez l'esprit alors qu'il devient immobile, cela prendra du temps.

3. Permettez-vous d'être.

4. Ne mettez pas l'accent sur votre souffle.

5. Permettez-vous de libérer la dépendance que vous avez sur vos sens pendant quelques instants.

6. Laissez les pensées passer sans jugement, laissez simplement l'esprit « être » et évitez de penser au souffle que vous prenez.

7. Retirez-vous simplement de vos sens qui vous dirigent vers l'extérieur.

Vue

Il est utile de permettre aux yeux de percevoir une situation en partant du principe qu'il y a toujours, oui toujours, plus à une situation que les sens ne peuvent le percevoir. Lorsque nous comprenons que les sens ne sont pas infaillibles, nous réagissons lentement pour recueillir plus d'informations sur une situation. La méditation aide à réaliser que même l'esprit ne comprend pas complètement la réalité. Le même type de distraction qui se produit via les sons et l'ouïe peut se produire par la vue. Pendant la méditation, il est courant que les yeux continuent à regarder de long en large. Beaucoup d'entre nous pensent en utilisant des images et par conséquent, les yeux bougent rapidement même avec les paupières fermées. Peut-être une image sur le mur est penchée et il devient gênant de la voir et de ne pas pouvoir la corriger. Une variété de pensées et de troubles se produisent à partir d'une entrée visuelle auxiliaire. L'esprit distrait passe de l'inconfort de l'image déformée à des souvenirs, des pensées impulsives, puis à d'autres préoccupations ou soucis. Voir les exercices ci-dessous pour approfondir la discussion avec la pratique.

Exercice 3 : Vue et espace

L'exercice spatial met l'accent sur un regard conscient sur rien ; oui, regarder dans le vide. Lorsque vous pourrez accomplir cet exercice, vous apprendrez à vous éloigner physiquement des informations sensorielles visuelles. Peu d'entre nous ont appris à ne pas penser à tout ce que nos yeux voient. Certains artistes ont appris cette technique, mais peu de gens lambda ont jamais été instruits. Cet exercice donne un certain contrôle externe aux yeux et améliore réellement la vue grâce aux effets de relaxation.

Asseyez-vous dans une posture confortable, le dos droit et les épaules détendues. Le symbole de l'exercice consiste à joindre le bout du pouce et l'index pour former deux formes circulaires dans chaque main. Les trois autres doigts sont maintenus bien droits. Rapprochez les mains de sorte que les doigts droits et gauches se touchent. Tournez les mains pour voir les deux cercles créés par l'union du pouce et de l'index. Comme le nom de cet exercice le suggère, il s'agit de regarder l'espace. L'œil humain perçoit les objets. Certaines instructions sont donc nécessaires pour expliquer comment voir l'espace, le vide et accomplir l'abstraction.

Dans une pose confortable avec les mains jointes, la première étape consiste à voir le point central de chacun des cercles simultanément. Comme les yeux ne peuvent pas se concentrer sur deux points à la fois, concentrez-vous uniquement sur l'espace entre les doigts. Au début, les yeux vont d'une main à l'autre et n'atteignent pas le type de vision appelé regard. Une fois cela accompli, travaillez avec la conscience et détournez l'attention consciente de l'objet extérieur à l'espace vers un objet interne à l'espace.

1. Tout en gardant les yeux sur les mains, ramenez votre attention consciente des mains vers les yeux, les tempes et la zone autour de vos yeux. Remarquez ce que ressentent les yeux physiques.

2. Détendez les muscles autour de vos yeux ; cela crée une utilisation plus passive. Les yeux reçoivent des informations, il n'est donc pas nécessaire de forcer ou de regarder activement. Entraînez-vous à regarder passivement.

3. Ensuite, détendez-vous plus profondément en déplaçant la conscience derrière les yeux dans votre cerveau.

4. Trouvez un endroit calme dans la zone du cœur. Dérivez graduellement de la tête dans la région du cœur et percevez l'espace à cet endroit. Les yeux restent fixés sur les mains, mais la conscience est à l'intérieur.

5. Ne tendez pas les yeux dans cet exercice. Cessez l'exercice ou pratiquez une méthode plus douce pour regarder l'espace afin que les yeux soient détendus au lieu d'être actifs.

6. Une fois cela accompli, imaginez l'espace entre toutes les choses perçues normalement.

7. Après quelques minutes, fermez les yeux et continuez à plonger dans votre esprit en vous concentrant sur l'espace. Le résultat est de trouver la place derrière les cinq sens, pas seulement la vue.

8. Pour conclure, traitez votre vision avec douceur. Petit à petit, regardez autour de vous mais considérez que cette étape finale fait toujours partie de l'exercice. Veillez à ne pas vous surprendre. Avec le temps, vous pourrez allumer et éteindre vos yeux et apprendre à regarder et à reconnaître que vous n'avez pas besoin de tout voir ni de tout savoir.

Exercice 4 : Regarder une bougie

Regarder des bougies est un art ancien qui sert à calmer l'esprit. Pour commencer, asseyez-vous à une vingtaine de centimètres d'une bougie allumée, la flamme placée au niveau des yeux. Si, pour une raison quelconque, l'observation des bougies est prohibitive, vous pouvez utiliser un paysage ou le ciel bleu. Soyez dans une pièce sans courants d'air forts pour vous assurer que la flamme brûle tout droit. Évitez la fatigue oculaire et consultez un optométriste si vous souffrez de troubles oculaires préexistants. Regardez la flamme et remarquez votre première interprétation. Continuez à regarder la flamme et examinez-la sous les angles suivants :

- Notez votre première perception de la flamme et nommez-la.
- Détendez les yeux et les tempes et remarquez la flamme.
- Observez une respiration profonde tout en regardant la flamme.
- Sentez votre cœur en regardant la flamme.
- Ignorez tout dans votre champ de vision sauf la flamme.

Pour la plupart des observateurs de bougies, la flamme est vue sous différents angles. La flamme semblera petite à certains moments, puis plus grande à d'autres moments. L'essence de la flamme se fait sentir à d'autres moments. Ajoutez vos propres observations à la variété de réponses et remarquez que vos yeux perçoivent un champ de réalité limité.

Si la nature limitée du sens de la vue peut être intériorisée, celui qui voit ne cesse jamais de voir. Les flammes, ainsi que d'autres objets, sont considérées comme un aspect complexe de la nature. Souvent, de vastes hypothèses individuelles sont faites à partir de la seule vue. Imaginez ce que la vie pourrait être si vous voyiez les choses se connecter au plus grand tout. L'exercice d'observation pourrait également être appliqué aux expressions faciales d'un être humain afin de reconnaître la vérité en ne jugeant pas un livre à sa couverture. Si aucun être humain ne se comprend vraiment, comment un observateur peut-il espérer avoir une vision globale à partir de la seule vue ?

Après avoir travaillé avec cet exercice au fil du temps, celui qui regarde comprend mieux qu'un regard détendu et doux perçoit plus qu'un regard tendu. Les yeux qui balayent ou qui louchent et sont tendus contractent le système nerveux. Un regard doux réduit considérablement la tension nerveuse et améliore la concentration. Dans une pratique de pose de yoga, maintenir un regard doux avec les yeux ouverts ou fermés est toujours recommandé. Lorsque les distractions sensorielles sont supprimées, les distractions de pensée sont également minimisées.

Pendant la méditation, la capacité de regarder peut être appliquée à tout stimulus visuel qui distrait l'esprit. Si vous êtes en train de méditer et que vous commencez à voir des choses ou des couleurs, vous pouvez simplement permettre à un regard interne de cesser de regarder. Cela ramène l'esprit au sujet de la méditation. Semblable au sens de l'ouïe, il peut exister un problème plus profond qui distrait les yeux même en étant fermé pendant la méditation. Chaque personne doit comprendre les racines des schémas de pensée qui animent les sens.

Perception du goût, du toucher et des odeurs

Les sens du goût, du toucher et de l'odorat sont des distractions mineures pendant la pratique de la méditation assise. Bien que les arômes associent l'esprit à de forts souvenirs, ces situations sont moins fréquentes en méditation. De même, les mains et la peau sont généralement passives pendant la pratique de la méditation. Si vous avez des raisons particulières d'explorer ces deux sens, suivez le même processus pour comprendre le sens de vos réponses et vous pourrez vous libérer d'eux.

Le goût est en grande partie atténué en plaçant l'extrémité de la langue doucement sur le palais supérieur (clef) derrière les deux dents antérieures. Le positionnement de la langue (*mudra*) scelle ou ferme le sens du goût tout en scellant symboliquement l'action de la parole. Le goût joue un rôle plus important en termes de régime lors de l'observation d'un mode de vie sain.

Exercice 5 : Cultiver la conscience du goût

1. Remarquez ce que vous vous attachez aux saveurs de certains aliments de la même manière que vous l'avez noté avec la vue et l'ouïe.

2. Examinez comment l'esprit interprète le goût des aliments que vous mangez. Êtes-vous en train de goûter ou simplement de l'absorber ?

3. Profitez-vous simplement de la saveur, mais ne la goûtez-vous que pour éviter ce que vous ressentez ?

4. Êtes-vous en train de mal interpréter le goût d'un aliment sans valeur nutritionnelle en tant que produit sain ?

Maîtriser les cinq sens

Une fois que vous avez commencé à acquérir une conscience sensorielle, vous pouvez apprendre à dériver vers un endroit situé au-delà des cinq sens. La méditation peut être divisée en niveaux. Comme l'esprit est une chose intangible, c'est très difficile, mais maîtriser le niveau de distraction sensorielle est un niveau que peu de méditants apprennent. Les exercices ci-dessus, bien que simples, directs et relativement faciles à gérer, sont profonds car ils sont rarement discutés, et encore moins maîtrisés. Le niveau de quiétude dans votre esprit lorsque l'entrée sensorielle est suspendue consciemment offre une énorme tranquillité d'esprit.

Exercice 6 : La pose de l'utérus

Une technique simple pour trouver ce lieu de calme intérieur est la pose de l'utérus. L'image du bébé dans l'utérus qui ne peut utiliser ses cinq sens est l'archétype de cette pratique. Une autre image utile est la tortue retirant ses cinq membres symboliquement lorsque chacun des cinq sens est retiré. Dans cet exercice, les cinq sens sont symboliquement fermés. En fermant consciemment les cinq sens et en ignorant les sensations subtiles, le méditant est laissé seul avec seulement des pensées internes car il n'existe pratiquement aucun stimulus sensoriel pour générer des pensées.

En position assise au sol ou en position confortable, commencez par placer l'index sur les cils (sans exercer de pression sur le globe oculaire), le majeur sur l'arête du nez, l'annulaire au-dessus des lèvres, les plus petits doigts sous les lèvres et les pouces doucement sur les oreilles. Ensuite, maintenez les bras parallèles au sol ou abaissez les coudes. Il est important de relâcher les mains pour que les bras restent détendus. De plus, il est recommandé de caler les coudes sur les genoux si vous êtes appuyé contre un support dorsal. Ne permettez aucune raideur dans les épaules ou le cou. Concentrez le mental en un point situé sous les aisselles, sur le cœur ou sur la respiration. Pratiquez de trois à quinze minutes, et pendant que vous faites l'exercice, observez l'esprit glisser vers un lieu de tranquillité intérieure, comme dans l'utérus. Sortez lentement de la pratique et remarquez comment les sens influencent les mouvements de l'esprit.

Développer le confort avec le silence

Êtes-vous à l'aise avec le silence ? Depuis notre enfance, nos vies ont été guidées par les leçons de la survie dans le monde. Avoir des sens actifs et un esprit actif fait partie intégrante du fait d'être bien ajusté.

S'asseoir seul et manger en silence n'est pas une pratique culturellement acceptable. En fait, le silence est considéré comme une punition dans l'enfance et, dans de nombreux cercles, le silence est considéré comme déconnecté des autres et même de la vie elle-même. À un niveau plus profond, l'esprit humain sert en réfléchissant. Soudainement, les exercices de méditation entraînent l'esprit à ne pas penser, ce qui pourrait amener l'esprit à se considérer comme inutile. Que fait un esprit non pensant ? Si ces questions ne sont pas considérées à fond, l'esprit résiste à franchir les étapes suivantes dans son silence. Afin de déterminer les moyens de vaincre l'esprit actif, voyez les étapes suivantes :

Résumé des étapes pour calmer l'esprit :

1. L'esprit est la qualité unique de l'humanité.

L'esprit est un exploit incroyable de la nature ; non seulement nous pouvons communiquer verbalement, mais nous pouvons aussi penser, nous souvenir du passé, contempler l'avenir et résoudre des problèmes.

2. Le mental est un outil utile.

Le mental n'est rien d'autre qu'un outil, et comme un outil, il doit être utilisé. Nous ne laissons pas la tondeuse à gazon nous conduire, n'est-ce pas ?

3. L'esprit a besoin de repos quand il est éveillé.

Pour améliorer ou même maintenir son efficacité optimale, l'esprit a besoin d'un renouveau.

4. Vous n'êtes pas seulement les pensées de votre esprit.

Tout comme vous n'êtes pas seulement votre corps physique, vous êtes bien plus que les pensées de votre esprit.

5. Pratiquez la méditation pour réaliser la sagesse.

L'esprit se calme avec la méditation et la sagesse ne reconnaît la sagesse que dans le calme.

Résumé

Lorsque vous commencez à comprendre comment votre esprit interprète les informations de vos cinq sens, vous remarquerez que, quels que soient vos efforts, vous ne pouvez tout simplement pas accepter un stimulus spécifique. L'esprit, pour une raison valable, attache un lien psychologique fort à ce stimulus. Dans ces cas, vous devez faire une réflexion personnelle pour comprendre le fondement des réactions de votre esprit. Mon exemple de plage ci-dessus montre à quel point mon mal du pays était très aigu et que mon esprit utilisait un son de fond comme excuse pour rêver de ma maison. La seule façon de gagner l'harmonie dans ma méditation ultérieure serait de comprendre, d'accepter et d'honorer les sentiments de mal du pays.

Très probablement, vous sentirez que mon exemple était très agréable et même facile. Vous pouvez avoir l'impression qu'un collègue ennuyeux ou un enfant difficile peut être beaucoup plus difficile à maîtriser. Vous avez probablement raison. Toute situation personnelle nous paraîtra toujours très difficile. En effet, cela peut paraître impossible de résoudre le problème qui crie au téléphone dans le bureau d'à côté.

Il y a des situations dans lesquelles il peut être nécessaire de modifier le comportement ; dans ce cas, l'entreprise peut être amenée à discipliner l'employé bruyant. Cependant, le sentiment dans votre esprit peut être examiné et ajusté dans chaque cas de stimulation sensorielle que vous rencontrez. Ce n'est là qu'un des moyens par lesquels la méditation transforme votre vie : il y a une variété d'étapes avant que l'esprit ne se calme complètement.

PARTIE III

SIX TYPES DE MÉDITATION

Si vous avez eu hâte de commencer à méditer, votre temps est venu. Maintenant que vous avez défini un ensemble d'objectifs clairement définis dans la partie I, vous êtes prêt à commencer ou à peaufiner un voyage qui durera toute votre vie et qui consistera à comprendre votre esprit, votre moi le plus profond et, ce faisant, à atteindre votre plein potentiel. La partie II de ce livre vous a donné des outils à utiliser quotidiennement avant la pratique de la méditation pour vous préparer à la concentration. La troisième partie vous présente les six principaux types de pratiques de méditation, ainsi que des résumés théoriques, des exercices de méditation et des réflexions. Soyez à l'aise avec ce processus : cent pour cent des étudiants de nos cours ont facilement déterminé leur type de méditation. Vous êtes beaucoup plus sage lorsqu'il s'agit de comprendre votre propre esprit.

Introduction aux méditations sur-mesure

Avant que chaque type de méditation puisse être considéré pour ses propres qualités et avantages, quelques mots sur le concept de méditation sont justifiés. Juste comme avec n'importe quelle autre poursuite de croissance personnelle, d'une alimentation saine à l'exercice, la méditation nécessite une pratique quotidienne. Les approches de style de vie fondamentales de la partie II pour développer un environnement propice à la méditation ne sont que le début. Avec le temps et la pratique, la méditation devient un laboratoire où vous pouvez faire des découvertes sur votre esprit, votre personnalité et votre psyché plus profonde. Plus vous pratiquez à la maison, plus vous passez de temps au laboratoire et plus vous découvrirez de nouvelles choses. Le plus grand défi pour les nouveaux méditants est peut-être de trouver du temps à consacrer à une pratique cohérente.

Comme ce livre est uniquement conçu comme un moyen de trouver le style de méditation correspondant à votre personnalité unique, ce que vous faites en fin de compte une fois que vous le découvrez, c'est à vous de le choisir. Si trouver du temps pour pratiquer régulièrement est un obstacle majeur pour les débutants, le défi pour les méditants de longue date est de rester fidèle à la pratique. Il est bien connu des professeurs de méditation que l'appartenance à un groupe est une source d'inspiration puissante pour que la pratique à la maison soit vivifiante. C'est également vital pour le maintien à long terme de la pratique. Alors que nous commençons à nous plonger dans les types de méditation, nous vous renvoyons aux ressources de la partie V qui peuvent vous aider à trouver des groupes de méditation locaux ou, à tout le moins, vous sensibiliser aux communautés plus larges grâce à des organisations plus larges sur le Web.

Précautions lors de la méditation

La méditation n'apaisera pas nécessairement l'esprit et n'apportera pas la paix intérieure dès le départ. Le timing est unique pour tout le monde et souvent imprévisible, mais la pratique de la méditation puise dans le psychisme de chacun à un niveau profond. Lorsque l'esprit commence à se calmer, des problèmes plus profonds sont exposés, de même que le fond d'un lac devient plus clair lorsque les ondulations à la surface diminuent. Ce qui se trouve sous la surface est généralement amplifié en méditation, les sentiments positifs de joie et de paix sont beaucoup plus forts, mais des sentiments difficiles de tristesse ou d'autres douleurs peuvent apparaître apparemment de nulle part et embusquer le méditant qui recherche la paix. Alors que nous devons parcourir les vicissitudes de la vie à notre manière, attendez-vous à ce qu'il y ait des réponses émotionnelles à la méditation.

Une autre prudence liée aux émotions consiste à projeter celles qui se produisent de manière inattendue. La projection d'émotions signifie que quelqu'un applique ou blâme son état d'esprit intérieur sur un sujet sans rapport, généralement une autre personne. Si vous ressentez de fortes réactions émotionnelles chez des amis proches ou des membres de votre famille (ou d'autres membres de votre groupe si vous commencez à vous exercer avec l'un d'eux), nous vous conseillons de demander conseil à un instructeur de méditation.

Le dernier signe de surcharge émotionnelle que nous allons aborder est la tendance à éviter d'abandonner sa pratique à mesure que des problèmes intenses se posent. Si les créatures qui nagent au fond du lac sont terrifiantes à regarder, il y a une peur naturelle à ne pas vouloir les rappeler. Cependant, le seul moyen de surmonter cette peur et de surmonter ces problèmes profonds est de les ramener à la surface, de les mettre en lumière et de commencer à comprendre leurs racines. Si vous vous trouvez en train de vous éloigner de votre pratique en raison d'une ou de plusieurs idées troublantes, il est conseillé de consulter à nouveau un instructeur de méditation. La réponse la plus appropriée peut être aussi simple que consigner l'émotion pour commencer lentement à la traiter et à la comprendre. Veillez à ne pas penser que la méditation est la cause de ces états émotionnels ; la méditation est simplement le véhicule qui vous guide dans ce que vous avez déjà en tête.

Une façon de se protéger contre ces tensions potentielles dans l'émotion est de faire de son mieux pour rester équilibré. C'est bien de continuer à rire et à pleurer ; l'équilibre vient en apprenant des émotions qui proviennent des profondeurs de l'esprit. Tenir un journal et discuter de ce qui remonte à la surface avec des amis de confiance peut être un exercice de guérison. Sachez qu'il peut arriver que des problèmes profonds et non résolus surviennent, nécessitant le recours à l'aide d'un conseiller professionnel pour vous aider à mettre un terme à ces émotions et vous permettre de progresser. Tout bien considéré, la méditation est sans aucun doute une pratique pour les plus courageux !

Comment s'asseoir : logistique

Le terme méditation peut évoquer des images de moines silencieux, assis au calme sur leurs coussins. Comme je peux en attester lors de ma première expérience de méditation au Japon, m'asseoir sur ce coussin donnait l'impression que mes jambes étaient tombées de mon corps, elles n'avaient jamais été endormies aussi longtemps ! S'asseoir en méditation ne signifie pas simplement s'asseoir, il est important de comprendre comment s'asseoir et pourquoi. Le meilleur conseil que nous puissions vous donner est de vous rappeler que si vous ressentez la moindre douleur physique lorsque vous êtes assis en méditation, vous êtes totalement autorisé à repositionner votre corps.

En ce qui concerne la logistique de la méditation, quelques principes clés doivent être abordés. Le plus important est peut-être qu'alors que s'allonger peut certainement sembler être le moyen le plus facile d'immobiliser le corps, la position couchée ne convient pas à la méditation. Elle est sans égal en matière de relaxation, mais dans cette position, le sommeil se produira chez presque tout le monde dans un délai de huit à douze minutes. Alors que même une brève séance de méditation devrait durer au moins quinze minutes, cette posture n'est tout simplement pas adéquate. Pour lutter contre la somnolence, il est préférable de maintenir la colonne vertébrale bien droite, ce qui permet de positionner le cœur bien droit, afin de permettre à la circulation sanguine maximale dans le cerveau de vous tenir éveillé. Il faudra peut-être un peu de temps pour vaincre toute résistance des muscles du torse et du cœur pour vous maintenir avec une colonne vertébrale parfaitement droite, car notre mode de vie moderne consiste en grande partie à nous pencher en avant devant un bureau ou au volant d'un véhicule.

Un avantage supplémentaire de la position verticale est qu'elle permet une respiration naturelle et correcte. Il est étonnant que même se pencher légèrement en avant puisse ainsi comprimer les poumons et réduire la capacité respiratoire. À partir de cette colonne vertébrale droite, il est recommandé d'apporter un léger sourire ou un demi-sourire au visage, ce qui peut aider à détendre le corps, à calmer les épaules et le cou et même à apaiser l'esprit. Avec le haut du corps ainsi mis à l'aise, vous pouvez alors commencer à diriger votre attention sur la moitié inférieure.

Contrairement à ma première expérience de méditation, la clé est de garder les jambes aussi confortables que possible, et s'asseoir sur une chaise est parfaitement acceptable si être au sol est douloureux. Contrairement à certains enseignements et à certains styles, la douleur doit être évitée dans la méditation, car elle détourne votre attention de la véritable intention. En termes de douleur, ce ne sont pas seulement les jambes qui peuvent devenir inconfortables en méditation assise ; le coccyx (la base de la colonne vertébrale) peut en fait se comprimer vers l'intérieur si vous n'êtes pas bien assis, ce qui engendre un inconfort. Garder le bassin légèrement incliné vers l'avant aide à atténuer la douleur potentielle dans le bas du dos pendant la méditation. Une inclinaison vers l'avant du bassin incite le squelette à soutenir le haut du corps. En laissant la pointe du bassin en arrière, on arrondit le bas du dos et oblige ces muscles à soutenir le torse, ce qui entraîne rapidement des maux de dos. Si vous ne pouvez pas empêcher le dos de s'arrondir si vous êtes assis sur un coussin, alors vous asseoir sur une chaise est une posture parfaitement acceptable pour la méditation.

Alors que la méditation « traditionnelle » se fait avec les jambes croisées en position assise, l'idée ultime est de rester immobile et d'accepter votre situation unique. Avoir les jambes pliées dans une position de papillon ou ouvertes dans un large « V » sont également des positions de pratique acceptables. Il est fortement recommandé de modifier votre posture de temps en temps afin que votre corps ne soit pas contraint de rester assis dans une position tout le temps. Enfin, si vous êtes à l'aise sur un coussin, il est préférable de vous asseoir le plus près possible du bord avant afin que les jambes puissent reposer entièrement sur le sol devant vous. Si vous vous asseyez bien en arrière sur le coussin, le bord avant risque d'appuyer sur le dessous des cuisses et de réduire la circulation sanguine jusqu'aux jambes, ce qui provoque une douleur. Rappelez-vous simplement que les genoux et le bas du dos sont les deux zones qui peuvent être fatiguées lors d'une méditation assise prolongée.

Soyez conscient de ce qu'ils ressentent et sachez qu'il est acceptable de pratiquer sur une chaise confortable !

Pour conclure cette introduction aux techniques de méditation formelles à suivre dans les prochains chapitres, nous vous renvoyons au chapitre 6 pour une courte liste non exhaustive de postures appropriées pour la pratique de la méditation. N'hésitez pas à les expérimenter dans chacun des différents types de méditation. Peut-être qu'une combinaison particulière résonnera fortement avec vous.

Il est temps d'entrer dans le laboratoire de méditation

Comme je l'ai mentionné dans l'introduction, même avec vingt ans d'expérience en tant que professeur de méditation, il est difficile de prédire le style de méditation d'une personne. Les psychologues ne disposent pas d'un formulaire d'évaluation pour prescrire le style ultime de méditation, j'ai déjà essayé de concevoir mon propre formulaire en vain. La seule solution est l'ancienne méthode d'essais et d'erreurs. Veuillez donner à ce livre (une version de notre cours de méditation qui a du succès) du temps et des efforts. Vous découvrirez qu'un ou deux types de méditation vous mèneront à une quiétude plus profonde que d'autres types.

Dans ce cas, le conseil est de suivre le chemin de la moindre résistance et d'utiliser le style de méditation qui offre une concentration maximale à votre esprit.

Résumés d'expériences de méditation

À la fin de chacun des chapitres de la troisième partie (sur les différentes méthodes de méditation), vous trouverez une série de questions récapitulatives que vous pourrez examiner après avoir jonglé avec les divers exercices du livre. Rappelez-vous que ces conclusions ne vous permettent que de commencer à réfléchir à vos affinités personnelles concernant le ou les types de méditation qui conviennent le mieux pour calmer votre esprit. Utilisez votre propre échelle pour comparer et contraster. Bien que je sois incapable de prédire les résultats pour les étudiants et incapable de faire un test psychologique (cela aurait été beaucoup plus facile que d'écrire un livre entier !), j'ai constaté que des centaines d'élèves ont compris leur type facilement par eux-mêmes.

Bonne méditation !

CHAPITRE DIX

TYPE 1 : RESPIRATION

Des déclarations absolues ne peuvent être faites que sur très peu de choses et la respiration en fait partie. De façon absolue, vous mourrez si vous passez quatre minutes sans respirer. De façon absolue, toutes les traditions religieuses de la planète font référence au souffle. Chaque art martial, art de guérir naturel et tradition du yoga valorisent la respiration. Chaque forme de médecine sur la planète observe la respiration. La respiration fait partie intégrante de l'aspect le plus fondamental de la vie de quiconque. Comme il s'agit plus d'un manuel que d'un livre historique, je vous encourage à faire cette recherche ; chaque groupe de méditation discute également de la respiration. Malgré tout, cependant, seule une partie de la population trouvera ce type d'exercices de méditation plus somatiques à leur goût. Voyons voir s'il vous convient !

Conscience de la respiration

De tous les systèmes du corps, la respiration est le seul qui soit contrôlé à la fois inconsciemment et consciemment. La respiration et l'esprit sont intimement liés, et les anciens yogis enseignaient que la respiration est un pont entre le royaume de l'esprit et celui du corps physique. La méditation sur le souffle prend ce lien fondamental pour faciliter un esprit et un corps plus stables. Rappelez-vous le chapitre de la partie II consacré à la respiration profonde : comment vous sentez-vous lorsque votre respiration est courte et superficielle par opposition à lente et profonde ? Lorsque nous sommes anxieux ou bouleversés, l'esprit prend le contrôle du mode de respiration à notre détriment. Comme nous en avons discuté, l'alternative est également vraie : si nous permettons à notre respiration de devenir courte et rapide, notre état d'esprit deviendra agité.

Exercice 1 : Prise de conscience non structurée sur le souffle

Le premier exercice de méditation sur la respiration consiste simplement à vous laisser respirer et à observer comment votre esprit suit et réagit à votre respiration. Le but de cet exercice n'est pas de contrôler le souffle ni ce que l'esprit fait, mais simplement de voir ce qui se passe dans votre esprit avec un souffle naturel. Lorsque cette conscience commence à se développer, vous pouvez essayer de contrôler la respiration à différents degrés, en la rendant plus rapide ou plus lente, plus profonde ou moins profonde, et en observant simplement la réaction de l'esprit. Tout au long de ces exercices, observez également vos sentiments.

- Sentez-vous une énergie entrer et sortir avec la respiration, circulant au rythme naturel ?

- Visualisez-vous la lumière ou les couleurs de votre corps avec l'afflux de chaque inspiration fraîche ? Ou peut-être que l'inhalation inspire des sentiments de vide, comme si vous deveniez le souffle incorporel.

- Une prière familière vous vient à l'esprit ou vous retrouvez-vous dans une conversation profonde avec un être divin ou une manifestation cosmique ?

Ce que vous ressentez dans cet exercice simple est un indice majeur dans la méditation pour votre type unique. Remarquez comment vous vous sentez après deux minutes, puis après dix minutes et si vous restez assis plus longtemps, après vingt minutes. L'esprit peut prendre un certain temps pour s'installer dans l'exercice.

Cette pratique apparemment simple est en fait essentielle pour préparer votre esprit à une méditation plus profonde plus tard. Comme Swami Rama l'explique dans son livre *Science of Breath*, la tendance de l'esprit est de s'identifier à des choses dans le domaine matériel. Si l'esprit est dispersé, il ne pourra jamais se concentrer et commencer à regarder à l'intérieur. La réassociation de la concentration de l'esprit, dit le Swami, est initiée par une respiration douce et régulière. Avec ce souffle, il y a peu de cause de distraction mentale. Lorsque le souffle est irrégulier et agité, ou qu'il arrive par saccades, il n'est pas surprenant que l'esprit soit facilement perturbé, car les mouvements sonores et physiques détournent l'esprit de l'état intérieur.

Exercice 2 : Se concentrer sur la gorge

L'un de ces exercices de sensibilisation à la respiration se concentre sur la trachée ou le haut des bronches dans la gorge. Il est enseigné de mettre l'accent sur cette région du corps pour permettre de retrouver son calme. C'est une pratique traditionnelle et sa simplicité est assez profonde. Les *Yoga Sutras* nous enseignent d'observer le souffle entrant et sortant de la gorge (III.31). Trouvez une position assise confortable, fermez les yeux, placez les mains jointes près du nombril et commencez à vous concentrer sur la respiration provenant de cette région. En observant simplement le souffle entrer et sortir, l'esprit reste immobile et reste concentré. Il est important de résister à la tentation de suivre l'air dans les poumons, vous ne devenez pas l'air dans cet exercice. Comme vous vous en doutez, l'esprit doit être actif pour tracer la voie du flux d'air et un esprit actif peut être distrait de cette manière. Cette pratique espère imiter un esprit immobile qui, comme un oiseau, se perche et observe simplement de son point de vue.

Une chose importante à considérer est que la déglutition est aussi une distraction. Dans cette pratique (et la plupart des autres), il est fortement encouragé de placer délicatement le bout de la langue en haut de la bouche. Bien que la salive continue à s'accumuler, sa production ralentira considérablement.

Tandis que vous continuez à vous concentrer sur la partie supérieure de la gorge, permettez à la concentration d'être passive et stable. À partir de ce point unique, il peut être utile de reconnaître et de contempler comment la vie tourne sur une impulsion sans fin. Bien que l'esprit conscient ait ses propres perspectives, le cœur continue de battre et l'esprit n'est donc finalement pas responsable de la vie, mais simplement intimement lié à celle-ci. Lorsqu'il est excessivement actif, l'esprit perturbe ce processus naturel en tentant de diriger et de contrôler les résultats de la vie. La vie va suivre son cours sans à-coups et à sa manière. Lorsque l'esprit comprend cela, son rôle dans la vie est souligné au lieu d'essayer de contrôler l'incontrôlable.

Se concentrer sur le souffle commence lentement à immobiliser l'esprit, et à mesure que l'esprit s'immobilise, des niveaux encore plus profonds du subconscient peuvent être explorés. Ainsi, la prise de conscience du souffle est vraiment la porte d'entrée vers des pratiques de méditation plus subtiles. La respiration permet à l'esprit de concentrer son énergie sur un seul point discret et, un peu comme un laser est un faisceau de lumière concentré, l'intensité de la focalisation de l'esprit est accrue plus il devient pointu. Tandis que de nombreux exercices de méditation utilisent la respiration comme accessoire auxiliaire, le fait de ne pratiquer que la conscience de la respiration permet des expériences beaucoup plus profondes au fur et à mesure que vous avancez dans votre parcours de méditation.

Une chose que les méditants débutants et réguliers remarquent assez rapidement au cours de ces exercices de conscience du souffle est qu'il n'est pas facile de garder l'esprit concentré sur le souffle ! Même pour un esprit formé à la méditation, le fait de constater que le souffle n'est pas durable, l'esprit commence invariablement à dériver. Heureusement, les *Yoga Sutras* offrent une garantie : contempler le sens du souffle de manière spirituelle, car sans une telle intention spirituelle l'esprit devient agité très rapidement (II.49). Comme dans l'exemple ci-dessus, où la vie se déroule sans le contrôle conscient de l'esprit, voyez si vous pouvez coupler votre expérience individuelle de respiration à un sens plus profond. Respirer peut certes égaler la vie et l'existence, mais aussi la gratitude, l'amour ou la compassion. Prenez le temps d'examiner votre intention personnelle de méditation, car elle est probablement idéale pour utiliser le sens plus profond de la respiration.

Chakras et flux énergétique

Dans la philosophie du yoga classique, l'existence humaine est subdivisée en cinq corps ou gaines appelés *koshas*. Comme les cercles concentriques, ces gaines contiennent et affectent les autres. La gaine la plus externe est le corps physique, lié à la nourriture. La gaine du *prana* est en contact étroit avec nos êtres physiques. Ce terme utilisé dans le yoga désigne la respiration, la force vitale et l'énergie vitale. La respiration et l'énergie sont étroitement liées, comme en témoigne l'exercice vigoureux et l'essoufflement ; l'endurance a tendance à diminuer alors que nous luttons pour respirer profondément. Alternativement, lorsque le souffle vient en profondeur et en douceur, des sensations d'énergie circulante peuvent être ressenties lorsque les systèmes du corps fonctionnent plus efficacement.

Les anciens yogis ont caractérisé ce système énergétique en sept centres psycho-spirituels appelés *chakras*. Situé le long du trajet de la colonne vertébrale, de la base du coccyx au sommet de la tête, chaque chakra possède ses propres aspects de la nature, de la personnalité, des éléments et des domaines anatomiques. Avant d'introduire le système de chakra et le rôle de la respiration, réfléchissez d'abord à ce que l'on ressent quand on a « de l'énergie » dans le corps. Un bon exemple est la manière dont les interactions amoureuses peuvent créer une sensation de chaleur dans la région du cœur. L'expérience de l'amour, une chose très spirituelle, a une réponse somatique et cette réponse est localisée dans une région particulière du corps. Tout comme des tensions peuvent s'installer dans le corps, des expériences positives peuvent faire vibrer les centres de chakra de manière saine. D'autres exemples d'expériences psychosomatiques courantes sont la sensation de « papillons dans l'estomac » avant de faire un grand discours ou une performance et une sensation au centre du front lors d'une réflexion ou d'une contemplation profonde.

Exercice 3 : Comprendre les sentiments énergétiques

Pensez à un moment où vous vous souviendrez très bien d'avoir ressenti de l'énergie dans le corps. Posez-vous la série de questions suivantes pour commencer à comprendre le sentiment d'énergie qui bouge et qui travaille dans votre corps.

• Quelle est la propriété de l'énergie que vous ressentez ? Est-elle tiède, froide, chaude, humide ou sèche ?

• Y a-t-il une couleur ou des couleurs associées au sentiment d'énergie ? Était-il intense et concentré dans une zone particulière ou plus diffuse en luminosité et en emplacement ?

• Y avait-il une émotion forte qui se manifestait à l'époque ? Cette émotion a-t-elle eu des effets sur une partie du corps ?

• Est-ce qu'un son, une chanson en particulier ou une autre mélodie vous est venue à l'esprit pendant le sentiment d'énergie ? Avez-vous un aperçu de votre relation avec cette expression audible ?

• Pourriez-vous détecter le mouvement de l'énergie dans une direction particulière, telle qu'un tourbillonnement, une vibration ou une circulation ?

Explorer vos expériences énergétiques avec ces types de questions peut vous aider à commencer à comprendre la réalité des chakras de votre corps physique et à augmenter votre perception et votre conscience.

Exercice 4 : Les chakras, les « roues » de l'énergie

L'énergie et le souffle se mêlent dans le corps alors que l'énergie se connecte et canalise le souffle dans les pointes du chakra. La respiration et les chakras eux-mêmes sont des expressions de l'énergie de la force de vie (*prana*) dans le système corps-esprit. Pour certains, aligner le souffle sur une zone spécifique du corps peut être une puissante pratique de méditation. Le concept derrière le processus est assez simple : le souffle agit pour charger la zone des chakras. Alors que le souffle charge énergiquement le chakra comme une batterie, l'esprit reste concentré sur les concepts incarnés par ce chakra, associant ainsi un sens significatif à la méditation. Le tableau 1 ci-dessous présente les noms et certains des éléments incarnés par les chakras, avec des couleurs indiquant une représentation commune de chacun, tandis que la figure 1 illustre leur emplacement physique communément accepté dans le corps.

Si les chakras et le corps énergétique vous intéressent particulièrement, veuillez vous reporter à notre section de référence pour plus d'informations sur les matériaux pour développer vos connaissances et votre compréhension.

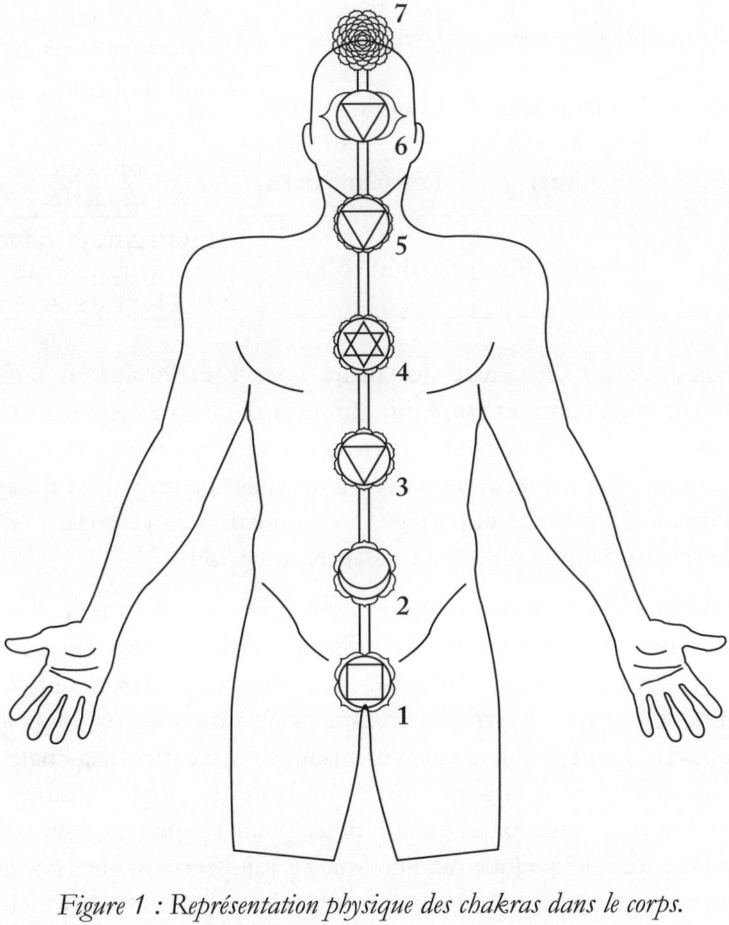

Figure 1 : Représentation physique des chakras dans le corps. Les chiffres correspondent à ceux du tableau 1.

Tableau 1 : Éléments communs incarnés par les chakras

Numéro	Nom en Sanskrit	Nom usuel	Éléments
1	Muladhara	Chakra racine	Famille, ancrage, et durabilité
2	Svadisthana	Chakra sacré	Émotion, énergie créative et spontanéité
3	Manipura	Chakra plexus solaire	Digestion, volonté et estime de soi
4	Anahata	Chakra coeur	Amour, compassion et donner et recevoir
5	Vishuddha	Chakra gorge	Communication, entre le cœur et l'esprit
6	Ajna	Troisième œil	Vision, sagesse et clarté
7	Sahasrara	Chakra coronal	Spiritualité, croyances et connectivité universelle

Si méditer sur un centre de chakra vous touche, il vous suffit de concentrer votre esprit et votre intention sur ce chakra. Cependant, vous devez faire attention à ne pas transformer la méditation en un exercice en mouvement dans lequel vous passez d'un chakra à un autre ! Observez simplement une zone et appliquez la signification de ce chakra comme vous le sentez comme un aspect de votre intention.

Ensuite, vous pouvez connecter la respiration au chakra. En vous concentrant sur le chakra, vous utiliserez efficacement l'esprit pour charger ce centre d'énergie. Imaginez que vous respirez de l'énergie dans le chakra et que vous le voyez se remplir à mesure que vos poumons se développent. Dans certains cas, vous pouvez ressentir de la chaleur ou des picotements dans la zone correspondante du corps. Amusez-vous et laissez votre propre personnalité déterminer l'expérience sensorielle, sans la façonner de quelque manière que ce soit. Certains sens communs sont les visions ou voir la lumière colorée, les sensations de toucher, la sensation de chaleur, la détection d'un son doux, ou encore « entendre » le sens du chakra répété à maintes reprises.

Exercice 5 : Rayonnez ! - Méditation sur le souffle et le sourire

Un vieil adage dit que « le rire est le meilleur des remèdes » et de nombreux rapports médicaux récents semblent en donner la preuve. Des cours de yoga complets sont consacrés au « yoga du rire » où les sons audibles s'apparentant au rire sont combinés aux postures ou tout simplement au rire pur. En fin de compte, ces cours culminent avec un fou rire hilarant ! Beaucoup de programmes de yoga et de méditation tombent dans le piège d'être trop sérieux, alors qu'en réalité, une joie non encombrée favorise réellement un esprit concentré. Bien que la méditation ait pour but de découvrir les complexités de l'esprit en allant vers un état de méditation souvent difficile, cela ne signifie pas que l'attitude enjouée doit disparaître. L'association d'un dévouement à une pratique disciplinée et à la franchise de la légèreté est une recette solide pour un succès à long terme dans la méditation.

Dans la littérature taoïste, cette approche légère s'appelle la Méditation du sourire intérieur. Avant de vous déplacer à l'intérieur, la pratique commence par une assise confortable, comme toute autre pratique de méditation avec la colonne vertébrale droite, puis un large sourire sur le visage. Alors que vous respirez naturellement, commencez à ressentir les sensations des muscles nécessaires pour sourire, notamment au niveau des joues et des yeux. En progressant dans la méditation, le grand sourire commence à se fondre dans un doux sourire. Cependant, les joues et les yeux restent dans une position qui reflète le positivisme. Dans cette pratique, le sourire représente la vitalité et la vie elle-même, provoquée par une sensation de force dans le corps et l'esprit. Les enfants bénis avec une bonne santé et un soutien émotionnel sourient la plupart du temps. Cette expression universelle recèle un pouvoir énorme et peut constituer une technique de méditation captivante.

Une fois que le sourire est établi et que les sensations des muscles sont engagées dans la conscience, le processus de méditation souriante se déroule en deux étapes. Tout d'abord, l'image visuelle du sourire sur votre visage est déplacée et diffusée dans toutes les parties du corps, facilitée par la respiration. Sentez la vitalité souriante et l'énergie de la force de vie sur votre visage, puis sous votre visage, dans votre cerveau et votre système nerveux. Respirez l'énergie souriante au fond de vos poumons et laissez la respiration porter le sourire aux muscles, aux os, aux tendons et aux organes viscéraux. Profitez de « l'analyse corporelle par le sourire » en préparant l'esprit et le corps à s'ouvrir davantage à la réception d'énergie positive.

La deuxième étape nécessite de se concentrer sur le sourire et d'utiliser ce sourire doux pour charger l'air que vous inspirez. Continuez à méditer sur cette image du sourire et du souffle, qui sont les libérateurs de cette énergie positive dans le corps pendant toute la durée de votre pratique. Lorsque des pensées ou des perturbations apparaissent, vous pouvez les saluer avec un sourire doux et compatissant et les laisser simplement s'éloigner. Le sourire ou le demi-sourire que vous établissez dans cette pratique peut être intégré à votre expression faciale normale. Un moine bouddhiste et un méditant expérimenté, Thich Nhat Hahn, le souligne beaucoup. Lorsque vous saluez les autres, que vous faites la queue, que vous soyez assis dans le bus, au travail ou que vous effectuez des tâches ménagères, permettez à votre expression faciale par défaut d'être un demi-sourire doux et positif. Vous pourriez être surpris des résultats internes et des réponses de ceux qui vous entourent !

Résumé de l'expérience de méditation sur la respiration

Les questions ci-dessous sont répétées à la fin de chacun des chapitres de la partie III consacrés aux exercices de méditation. Reconnaissez que les réponses sont relatives à votre expérience. Vous pouvez créer votre propre méthode de comparaison et de contraste des exercices. En outre, faites des ajustements pour le fait que lorsque vous vous entraînerez après une journée bien remplie (par rapport à un dimanche de détente), votre esprit sera dans un état différent. Le but ultime est de s'en tenir à une pratique, mais à ce stade-ci, l'expérimentation est acceptable. À la fin du livre, vous aurez les outils et les expériences nécessaires pour établir une méthode de méditation et vous en tenir à celle-ci pendant plusieurs mois, voire plusieurs années.

Résumé

Chaque chapitre sur un type n'est qu'un résumé d'un chemin de méditation beaucoup plus complexe. Après avoir pratiqué comme suggéré dans ce chapitre, faites une pause pour réfléchir et répondez aux questions suivantes.

1. Qu'est-ce qui vous a marqué dans les pratiques de ce chapitre ?
2. Avez-vous une idée de la raison pour laquelle elles étaient importantes pour vous ? Ont-elles un rapport avec les schémas habituels ?
3. Notez toutes les autres raisons pour lesquelles cet exercice a résonné en vous.
4. Cet exercice vous a t-il aidé à prendre davantage conscience de l'interaction des pensées et des émotions ?
5. Quel exercice vous a semblé le plus juste ?

Utilisez votre intuition ou votre réaction instinctive à cela. Essayez de supprimer les notions préconçues de l'exercice que vous « devriez » pratiquer ou de l'exercice que vous avez peut-être essayé plus tôt dans votre vie.

CHAPITRE ONZE

TYPE 2 : AFFIRMATIONS ET VISUALISATION

D'une manière ou d'une autre, nous avons tous vécu des expériences de visualisation, de manière positive ou négative. Se préparer mentalement avant un événement sportif ou une performance, où vous vous voyez exceller dans la tâche qui vous attend, est une forme d'imagination du but dans votre esprit, puis d'efforts pour atteindre ce résultat. D'un autre côté, il est tout à fait possible de se préparer inversement avant un événement tout aussi intense !

La visualisation est une pratique ancienne issue des premières traditions spirituelles. Même avant cela, depuis les temps des premiers artistes, ces peintres rupestres néolithiques, le concept de visualisation existait dans l'esprit humain. Ces peintres rupestres devaient d'abord envisager des aspects significatifs de leur vie, et à partir de ces pensées, ils étaient capables de créer des symboles et des images parfois encore plus significatives. Les images, aussi brutes qu'on puisse le penser maintenant, ont rempli l'esprit de ces habitants des cavernes et les ont orientés vers la survie et, finalement, vers la paix intérieure.

Comprendre la visualisation de manière conceptuelle

Pour être clair, la visualisation inclut l'utilisation de l'imagination, de l'œil de l'esprit et de l'imagerie comme techniques vers l'extérieur.

Cependant, avec toutes les techniques de méditation, il y a aussi un aspect interne qui se rapporte à l'intention de la pratique de la méditation. La visualisation se concentre directement sur le système de croyances d'une personne pour créer des affirmations pour les divers exercices visuels.

La visualisation a pour origine d'anciennes traditions spirituelles. La croyance qu'une force plus grande que soi contrôle la réalité est inhérente à beaucoup de ces traditions. Nos souhaits sont généralement à court terme et ne vont pas très loin et ne servent pas toujours le plus grand bien. D'une part, nous, humains, ne sommes peut-être pas en mesure de comprendre les travaux les plus infimes de la nature, sans parler des absolus. Il y a une mince ligne de démarcation entre la vie et la mort, une personne en bonne santé et subitement frappée par une maladie ou un accident imprévisible alors que tout se passe « bien ». Parfois, une maladie est en réalité une leçon et une bénédiction déguisée pour enseigner à quelqu'un la valeur de la santé et du bien-être. Une terrible dépendance peut transformer une personne pendant la phase de récupération, lui ouvrant des perspectives et des modes de vie qu'elle n'aurait jamais expérimentés auparavant. Afin de visualiser avec le plus grand bien en tête, cela aide de d'abord supprimer nos attentes.

Bien que certains auteurs non séculaires aient su capter cette essence, il est très difficile d'expliquer le non-attachement et de rester prudent. Lorsque l'on utilise la visualisation pour réussir, l'idée de non-attachement semble presque contraire à la réalisation de l'objectif. Si l'athlète veut gagner la course, elle est consciente du temps qu'elle doit battre. Si l'homme d'affaires doit vendre vingt comptes, son salaire dépendra de ses ventes. La réponse commune est de visualiser l'objectif du moment de la victoire ou du plus grand nombre de ventes.

Cependant, le problème de ces utilisations de la visualisation axées sur le « succès » réside dans la focalisation sur la quantité, pas sur la qualité. Ce type de réflexion externe se concentre sur les résultats, les objectifs matériels et les objectifs souhaités.

Pour commencer à résoudre l'énigme des objectifs, des résultats et de la visualisation, l'accent mis sur le comportement vertueux peut amener la visualisation à sa fin prévue, tout en restant moralement droit et non attaché. L'athlète à la recherche de la paix intérieure et d'un bonheur durable dans son sport peut tenter d'atteindre son plus grand potentiel en courant. Chaque foulée peut être fluide, concentrée et puissante. La discipline et le sacrifice de l'entraînement quotidien peuvent augmenter son humilité. Si cette athlète s'améliore en tant que personne tout en s'entraînant et en atteignant son plus haut potentiel, elle remporte chaque course si son objectif dépasse la distance physique. Comme avantage collatéral, si elle atteint son potentiel, elle sera rapide ! Une bonne affirmation pour cette athlète est : « J'atteins mon plein potentiel en courant » (un peu plus sur les affirmations plus loin dans ce chapitre).

L'homme d'affaires peut penser qu'il est éthique, travailleur, créatif et performant. Son affirmation pourrait être : « Je reste centré pendant que je vends les comptes de manière créative. » Ces individus focalisés agissent de manière à atteindre la grandeur comme effet secondaire de rester concentrés dans le moment présent.

Dans *Technique de visualisation créatrice*, Shakti Gawain propose une citation puissante qui reste laïque et non attachée : « Ceci, ou quelque chose de mieux, se manifeste maintenant de manière totalement satisfaisante et harmonieuse pour le plus grand bien de tous » (Gawain, 1978, p. 33). Ce type de réflexion est importante dans le cas de la visualisation pour la réalisation. De même, lors de la visualisation pour un résultat spécifique que l'on ne contrôle pas (comme la plupart des choses !), un sentiment d'échec peut apparaître à un moment donné. Une attitude humble vis-à-vis du non-attachement garantit que la visualisation remplit un objectif vertueux, quels que soient le résultat obtenu ou nos souhaits.

Sur la prise de conscience

Avant de pouvoir utiliser les visualisations de manière positive, il est nécessaire de s'affirmer sainement. Un iceberg ne révèle que sa pointe au-dessus de l'eau, la majorité se cache sous la surface. La plupart de nos complexes de conscience (souvenirs, connaissances, schémas de pensée) ressemblent à l'iceberg qui réside sous la surface de notre conscience. L'une des premières étapes de la visualisation est de pouvoir se rapporter à l'esprit inconscient. Au fur et à mesure que nos schémas de pensée plus profonds sont compris, remplacer le vieux schéma par une intention positive est très efficace. La difficulté ou la quasi-impossibilité de connaître l'inconscient fait de la tâche de « se connaître soi-même » un casse-tête à reconstituer. En nous concentrant simplement sur une image positive en relation avec notre santé, nous pouvons commencer à découvrir notre point de vue précédemment inconscient.

Peu importe notre niveau de pratique, la plupart d'entre nous ont des faiblesses dans notre personnalité. Par exemple, il est courant que la confiance en soi soit faible. Nous pouvons comprendre intellectuellement le sens de la méditation mais rester incapables de pratiquer. Par exemple, la plupart d'entre nous savons bien que la malbouffe, les sucreries, les cigarettes et l'alcool nuisent à la santé, mais notre culture consomme de grandes quantités de sodas, de cigarettes et d'alcool. Les raisons de continuer à adopter des habitudes de vie malsaines telles que la toxicomanie, la peur, la paresse, l'attachement aux plaisirs (entre autres) pourraient remplir des tonnes de livres. Lorsque vous travaillez à visualiser positivement, essayez de prendre conscience de toutes les tendances négatives que vous découvrez. Ces tendances au niveau de base résideront dans des croyances stockées dans l'inconscient. Ces croyances ne sont pas nécessairement rationnelles. L'exercice suivant vise à comprendre l'essence des attitudes limitantes dans le but de transformer ces croyances profondément ancrées.

Exercice 1 : Citez les dix plus grandes croyances de votre famille d'origine (et remarquez à quel point les vôtres leur ressemblent)

Soyez conscient et compatissant du fait que, même si vous n'êtes pas d'accord avec certains ou plusieurs aspects de votre famille d'origine, votre inconscient partage très probablement de nombreuses croyances de votre famille élargie. Par exemple, un jour, j'ai entendu un ami parler du pouvoir des manifestations assises. Il souhaitait qu'un groupe d'étudiants diplômés protestent contre la guerre du Golfe à un moment où personne d'autre ne protestait. Il voulait que nous jeûnions et que nous prenions la chapelle de l'université. Ses opinions étaient très précises, mais le ton lui-même était trop zélé. Peu de temps après, j'ai rencontré les parents de cet homme et j'ai longuement parlé à son père. Une fois que son père s'est senti à l'aise avec moi, il a immédiatement demandé : « Vous semblez être un bon garçon. Croyez-vous en la puissance de Jésus-Christ ? » Le même excès d'enthousiasme lors de la manifestation assise du fils venait du père.

Attention, le fils s'était révolté depuis longtemps contre « l'Église et l'ensemble de l'établissement », comme il le disait, mais le même zèle est resté chez le père et le fils.

Au fil des ans, j'ai testé cette théorie avec des étudiants en méditation et constaté que, tout comme les gens ont des systèmes de croyances, les familles partagent les mêmes croyances. J'ai été témoin de profonds changements lorsqu'une personne est capable de comprendre les croyances de sa famille d'origine. Lorsque l'enfant dans la dynamique rejette les croyances de la famille, les mêmes croyances apparaissent avec un aspect extérieur différent, comme ci-dessus, un père conservateur zélé, un fils libéral zélé. Une fois que ces croyances sont comprises, elles peuvent être acceptées. Une fois acceptées, elles peuvent être honorées. C'est une chose difficile à vous demander et cela peut déclencher un processus à plus long terme. C'est cependant une clé pour libérer votre esprit dans le processus de réalisation de soi. Si cet exercice vous procure du pouvoir, c'est un signe que la visualisation peut être une bonne pratique pour vous.

1. Écrivez les croyances fondamentales de votre famille d'origine. Incluez les croyances qui peuvent être partagées par la communauté dans laquelle vous avez été élevé. Veuillez énumérer ce que vous diriez comme étant les dix principales croyances de votre système familial. Pour découvrir les croyances sous-jacentes, pensez aux comportements de votre famille comme rituels et demandez-vous quelles en sont les raisons jusqu'à atteindre la croyance sous-jacente. Par exemple, dans son

enfance, les parents de Joe rendaient visite aux grands-parents chaque semaine. Ils donnaient de l'attention aux grands-parents et géraient toutes les affaires nécessaires. Croyance : la famille croit qu'il faut servir les anciens et en général, servir les personnes dans le besoin. Contrairement à cet exemple, les parents de Joe se plaignaient toujours du peu de choses que les autres membres de la famille faisaient pour les grands-parents. Mais devant les autres, les parents de Joe étaient utiles et ne disaient pas un mot. Croyance : les parents de Joe croient qu'il faut maintenir la paix à tout prix, mais se permettent de râler en privé.

2. Examinez comment vous pratiquez les croyances ci-dessus de la même façon que votre famille, ou comment vous avez adapté ces croyances et pratiquez autre chose.

3. Si vous êtes hostile ou si vous résistez aux croyances de votre famille d'origine (ou plus franchement, abhorrez fortement les croyances de la famille), essayez d'abord de leur pardonner d'être ainsi et commencez ensuite à examiner comment vous répétez ce schéma.

Jusqu'à ce que vous puissiez accepter les autres en vous, vous répétez probablement le problème.

À ce stade, vous vous demandez peut-être comment cet exercice est lié à la recherche de votre type de méditation sur-mesure. La visualisation est un type de pratique qui s'avère très puissant pour transformer des croyances profondément ancrées.

Développer des affirmations

Le « dialogue intérieur » est une autre chose de laquelle il faut se protéger lorsque vous commencez à visualiser et à travailler vos affirmations. Comme un écho silencieux, ce bavardage mental peut répéter des pensées et des idées inconsciemment dans votre esprit. Les mémoires positives aussi bien que négatives et les projections futures flottent dans nos esprits. Avant un discours, par exemple, l'esprit d'un novice peut dire : « Et si je fais une erreur ? Et si j'oublie quelque chose ? »

L'orateur vétéran, cependant, se visualise de manière positive prononçant un discours éloquent et répète comme affirmation : « Que cette conférence soit fructueuse ». Certains des concepts clés à retenir pour les affirmations sont les suivants :

1. Acceptez le discours intérieur négatif sans vous inquiéter.

Résister à la négativité crée la peur et plus de négativité. Après avoir accepté la facette négative, changez-la en un moment vivant. Par exemple : « Je suis une mauvaise mère parce que j'ai brûlé le souper ! »

Au lieu de cela, acceptez-vous et acceptez les événements qui ont mal tourné et dites-les à voix haute : « Le dîner a été brûlé parce que je changeais la couche de mon bébé et que j'avais oublié d'éteindre le feu. » En fait, vous n'étiez pas une mauvaise mère du tout, mais vous vous occupiez des besoins immédiats de votre enfant. Vous pouvez alors affirmer : « Je suis une mère dévouée. Maintenant, que pouvons-nous manger ? » Dans cette acceptation de ce qui est, la situation se transforme. En découvrant votre affirmation, cultivez-la quotidiennement.

2. Prenez le temps d'écrire votre affirmation avec SEULEMENT des images positives.

La déclaration « Je ne suis plus un parent inexpérimenté » crée d'abord l'image d'un mauvais parent. Notre esprit peut rationaliser les concepts négatifs et positifs, mais les images sont beaucoup plus chargées et claires. Affirmer plutôt que « je suis un parent attentionné » aide à déplacer les images visuelles de l'esprit vers des états plus positifs.

3. Utilisez le présent.

Nous existons dans le moment vivant du présent. Ce qui s'est passé il y a quelques instants ou ce qui va arriver dans peu de temps n'est pas l'ici et le maintenant. Des affirmations telles que « Je vais devenir… » ou « J'essaie de… » ont un ton faible, ne créent pas une image immédiate et ne font pas partie du moment présent. L'affirmation au présent décrit l'image positive dans votre esprit en ce moment même, pas hier et pas demain. Évitez les autres types d'énoncés temporels tels que « Je suis une personne intelligente, sauf lorsque je suis fatiguée » ou « Je suis en paix, mais pas si je ne médite pas quotidiennement ». Voyez si vous pouvez le présenter de manière plus globale et positive : « Je suis intelligent et, parce que je suis intelligent, je me repose quand je suis fatigué » ou « La méditation quotidienne soutient la paix intérieure et je suis en paix car j'accepte la réalité changeante appelée la vie ».

4. Soyez concis et simple.

Évitez les affirmations complexes ou interminables ; vous devriez pouvoir vous souvenir de la phrase à tout moment ! En plus de rester simple, elle devrait également être unique pour vous car c'est votre affirmation.

Essayez de rendre l'affirmation fraîche et vivante en la créant entièrement vous-même. Il peut également être utile de relier l'affirmation à votre situation actuelle.

5. Croyez en vous (et en votre affirmation).

Comme indiqué dans la section précédente, vous êtes ce que vous croyez et ce que vous percevez. La foi est un puissant allié pour surmonter les tendances négatives et évoluer vers des approches plus positives et plus saines du monde. Affirmer que vous êtes « le meilleur » de quelque chose repose sur une réalisation ultimement impossible qui sera probablement difficile à croire. Cependant, atteindre votre plus haut potentiel est tout à fait crédible.

Exercice 2 : Créez votre affirmation

En utilisant les cinq étapes pour construire une affirmation, commencez à former une affirmation correspondant à une image positive sur laquelle vous souhaitez méditer. N'oubliez pas de formuler le « but » en fonction de la croissance de la vertu et du non-attachement. Prenez votre temps et amusez-vous avec cet exercice, en rendant l'affirmation aussi unique que votre propre personnalité. Pensez à la qualité du sentiment que vous gagneriez si votre objectif était atteint. Par exemple, si je veux être marié et avoir une famille, le sentiment qui en découle serait de vivre dans une dynamique affectueuse. La manière de supprimer les obstacles dans votre esprit le plus profond est de conserver ce sentiment en utilisant la vertu qui le représente. L'accent mis sur « l'amour » permettra de résoudre le besoin plus profond. Dans cette perspective plus profonde, votre esprit se sentira plus en paix. La tendance à être dans le besoin qui bloque le but ultime s'efface alors que vous vous concentrez sur ce dont vous avez besoin au moment présent. Si vous avez une famille, vous savez que même dans une dynamique qui peut sembler aimante, vous devez toujours vous concentrer sur la façon d'aimer de l'intérieur. Vous pouvez revenir à cet exercice chaque fois que de nouveaux problèmes ou situations se présentent dans votre vie.

Vous trouverez ci-dessous des exemples d'affirmations démontrées du point de vue d'un objectif transformé en une déclaration de libération. Assurez-vous de personnaliser votre affirmation et utilisez la liste ci-dessous uniquement à titre indicatif.

But :	**Affirmation :**
Se marier et avoir une famille.	L'amour remplit mon cœur.
Trouver un emploi.	Je suis une personne productive.
Une meilleure relation avec mon frère.	J'accepte mon frère, sans condition.
Améliorer ma santé.	Je suis vital et plein d'énergie.
Perdre du poids.	Je suis soutenu.
Perdre du poids.	J'apprécie ma vie telle qu'elle est.
Perdre du poids.	Mon corps est plein de lumière.

Notez que les trois derniers exemples commencent avec le même objectif de perte de poids. Cependant, les affirmations sont complètement différentes. Cet exemple peut vous aider à comprendre que le but ultime est un état d'esprit intérieur.

Comment visualiser

Cette question appliquée peut être résolue par un exercice visuel simple et bref. Après avoir lu cette phrase, fermez les yeux et imaginez votre chambre à coucher. Observez, sans aucune autre instruction, comment vous gérez cette tâche simple. Comment était cette brève expérience ? Avez-vous pu voir la pièce dans votre esprit comme une photo ? Avez-vous « reconnu » la relation de votre lit avec d'autres objets et comment la commode se trouve-t-elle à tant de pas de la porte ? Peut-être avez-vous visualisé la pièce en termes d'espace plus grand et de sensation de la pièce elle-même ? Avez-vous invoqué votre mémoire et votre imagination lors du souvenir de votre chambre ? Avez-vous pu penser à la pièce comme un moyen de visualiser ou avez-vous simplement vu les choses telles qu'elles étaient dans la pièce ? Même s'il n'y a peut-être pas beaucoup d'autres possibilités, si l'une de ces réponses ne correspond pas à votre expérience personnelle, prenez un moment pour consigner votre méthode de visualisation unique.

Nous visualisons ou associons tous des images à des pensées, de sorte que nous savons déjà comment visualiser inconsciemment. Cependant, il peut être difficile au début de placer les nouvelles images dans votre esprit. Dans le cas où la visualisation est bien étrangère, vous devrez vous donner le temps d'apprendre votre propre méthode. Suivre la « bonne façon » de visualiser (ou la « bonne » manière de nombreuses autres compétences) peut vous amener à pratiquer un exercice mental qui ne correspond pas à votre façon de penser. D'où la petite expérience ci-dessus, pour vous amener à prendre conscience de la façon dont votre esprit formule les images. Lorsque vous commencez à apprendre à visualiser, vous n'ajoutez que vos capacités.

Exercice 3 : Remodelez-vous

Dans le cadre de la nature humaine, nous voyons souvent les choses de manière archétypique. Certaines images ou caractéristiques évoquent des pensées ou des réponses profondes. Ces archétypes peuvent être des symboles puissants. Il existe de nombreuses variétés d'archétypes à l'échelle culturelle, mais nous nous archétypons nous-mêmes. Dans une position assise confortable, fermez les yeux et commencez à imaginer ou à visualiser comment vous vous voyez personnellement. Soyez aussi créatif et exagéré que vous le souhaitez. Essayez d'être très honnête.

Alors que vous développez et peignez cette image interne de vous-même, commencez à remarquer les défauts de la peinture (ne soyez pas critique), soyez objectif et acceptant.

Ensuite, voyez si vous pouvez regarder la photo et au lieu d'être tenté de modifier ou d'effacer ce que vous voyez, essayez de remplacer la zone de faiblesse et de la remodeler avec un cadre édifiant. Si vous voyez une personne en manque de sécurité dans un costume, essayez plutôt de la remodeler pour voir la même personne dans le même costume, debout et grande avec un beau sourire sur son visage. Ou, si vous voyez un corps déformé, visualisez-le avec une santé éclatante et des choix sains.

La visualisation pour la santé est probablement le fil conducteur sous-jacent le plus courant pour de nombreux praticiens. Lorsque vous visualisez la santé vitale, l'objectif est d'essayer d'atteindre des niveaux plus profonds de votre inconscient. Lorsque vous affirmez de bons comportements en matière de santé, veillez à nourrir intentionnellement vos disciplines existantes. La plupart des gens mangent des aliments entiers, prennent soin de leurs dents et de leur peau, prennent du temps chaque jour pour se reposer, font des exercices dans une certaine mesure, étudient la littérature sur la santé et respirent profondément pendant la journée. Avoir un sentiment d'insuffisance par rapport à « tous » les bons comportements que vous *pourriez* adopter font que le changement est accablant. À vrai dire, personne ne peut physiquement faire tout ce qui est bon pour sa santé tout le temps, il n'y a tout simplement pas assez d'heures dans la journée. La clé est de rester positif lorsque vous visualisez pour la santé en vous souvenant des bonnes choses que vous mettez en pratique lorsque vous travaillez pour que votre visualisation devienne réalité.

Cet exemple peut certainement être appliqué à tout autre thème d'affirmation. En restant sur ce thème, lorsque vous visualisez une bonne santé, rappelez-vous les cinq étapes nécessaires à la construction d'une affirmation : courte et simple, positive, crédible, présente et unique. Voici quelques affirmations classiques qui pourraient vous inspirer (rappelez-vous que votre affirmation doit être votre expression personnelle !) :

- « La vitalité de mon esprit remplit mon corps. »
- « La respiration profonde m'apporte une énergie vitale. »
- « Je pratique un mode de vie sain. »

Une fois que ces idées positives se sont répétées dans votre esprit, vous pouvez commencer à considérer les comportements sains comme normaux. Bien manger ne devient plus une tâche, vous ne savez pas comment manger autrement. À mesure que les images positives de la santé gagnent en élan, vous aurez plus de chances de trouver des moyens de maintenir un point de vue positif. En d'autres termes, vous commencez à penser de plus en plus à la personne qui vit le mode de vie sain que vous visualisez. Vous aurez naturellement tendance à faire de l'exercice régulièrement, à bien manger, à vous reposer suffisamment, à pratiquer le yoga et la méditation quotidiennement et à effectuer toute autre pratique personnelle qui ajoute à votre image de soi positive.

Méditation avec visualisation

Maintenant que nous avons discuté de ce qu'est la visualisation, comment construire des affirmations comme moyen de visualisation et comment visualiser réellement, nous passons à l'utilisation de la visualisation comme pratique de méditation. En réalité, les affirmations quotidiennes et les pratiques de visualisation que vous effectuez sont des mini-méditations avec un esprit moins totalement concentré. La méditation formelle avec visualisation supprime toute autre distraction de la vie quotidienne et permet une concentration totale sur l'image que vous avez choisi de créer.

Exercice 4 : Visualiser la vitalité

Trouvez-vous une posture méditative confortable, fermez les yeux et commencez à laisser la respiration s'apaiser et ralentir. Concentrez votre esprit sur une santé rayonnante avec une image ou une affirmation que vous avez créée pour convenir à votre personnalité. Utilisez votre propre méthode pour créer cette visualisation saine (à partir de la section

« Comment visualiser »). Suivez le schéma standard d'un esprit sain et vital dans votre corps. Cependant, puisque le corps n'est pas sous contrôle total, commencez à vous concentrer sur l'esprit. N'oubliez pas que vous pouvez être en bonne santé mentale et d'esprit, peu importe la façon dont le corps se porte. La personne de quatre-vingt-dix ans avec une vigueur juvénile et un corps fragile peut être en meilleure santé que le bourreau de travail d'âge mûr et stressé et mentalement éteint qui est moyennement en forme. Asseyez-vous avec l'image de la santé dynamique pendant la durée de votre pratique. C'est un exercice fantastique à pratiquer quotidiennement avant de se coucher.

Au début, les images de visualisation sont fixes et vous imaginez concrètement. Pour être détendu en conduisant, par exemple, vous vous concentrez sur la visualisation d'un conducteur détendu et respirant profondément. Lorsque vous méditez avec la visualisation pendant plus longtemps et avec plus d'expérience, vous pouvez devenir plus réceptif dans votre approche. Le mode réceptif ou passif permet aux images de se former ou de traverser l'esprit de manière plus fluide, tant qu'elles restent en relation avec votre sujet de méditation. Si l'esprit s'égare (ce qui peut être le cas), retournez à l'image originale et concrète. Le mode réceptif de méditation peut vous aider lors du traitement d'un problème ou de la recherche d'une perspective grâce à la visualisation, car l'esprit est plus ouvert aux possibilités au lieu de n'adhérer qu'à un seul point.

Blocages à la visualisation

La visualisation peut sembler assez naturelle, rappelons-le, elle fait partie de notre patrimoine collectif depuis des milliers d'années. Malgré cela, la visualisation n'est pas toujours aussi facile. Prenez un moment pour examiner les obstacles à la visualisation, car votre esprit peut avoir la disposition naturelle à visualiser, mais des facteurs de votre expérience pourraient interférer avec votre capacité naturelle. N'oubliez pas que l'un des principaux thèmes de ce livre consiste à utiliser les méthodes les plus naturelles pour apaiser votre esprit par opposition à ce qui ne fonctionne pas.

Selon la nature de la situation ou le souvenir de situations passées, des barrières mentales peuvent se former autour de certaines images, empêchant ainsi de réaliser une visualisation. Le terme psycho-spirituel « blocage » se rapporte à tout aspect de la personnalité qui sert de barricade pour arrêter tout trafic dans votre esprit. Vous pouvez essayer de surmonter un problème allant de la faible estime de soi au pardon pour vous trouver confronté à un mur de briques mental. Peu importe vos efforts pour changer ou la détermination de votre pratique, rien ne se passe, la discipline vous échappe et les bonnes intentions restent la matière de l'imagination.

L'extrême obstacle à la visualisation est un traumatisme dont vous avez été le témoin. En raison du choc du traumatisme visuel, lorsque vous essayez de visualiser, votre esprit peut avoir tendance à se bloquer et à devenir vide. Ce type de blocage indique des émotions non résolues qui doivent encore être reconnues. De tels blocages extrêmes peuvent nécessiter une assistance professionnelle, ce qui est parfaitement acceptable. Des émotions négatives moins difficiles peuvent provoquer une résistance similaire à la méditation ou à la croissance personnelle, et nous pouvons y travailler personnellement.

Ces « plus petits » blocages nous font manquer une qualité spécifique et nous poussent à trouver toute excuse pour ne plus poursuivre nos activités de croissance. En fin de compte, ces problèmes non résolus conduisent à des problèmes plus importants. Concentrer votre esprit sur une visualisation positive peut vous aider à faire face aux faiblesses. La liste ci-dessous répertorie quelques exemples que j'ai vus à mon époque en enseignant aux gens ces pratiques et des affirmations alternatives qui peuvent apporter la liberté. Vous remarquerez que tous ne sont pas complètement négatifs à la surface !

Blocage	**Liberté**
Pas de douleur, pas de gain	L'expansion de la conscience est bienheureuse
La douleur est le seul motivateur	Une pratique spirituelle quotidienne est un mode de vie

Je suis un pécheur	Je suis un enfant de Dieu
Prendre soin des autres, c'est renoncer à soi	Prendre soin des autres me responsabilise
La pauvreté est sacrée	Vivre simplement est liberté
Je ne souhaite pas être meilleur que les autres	Je vis au maximum de mon potentiel pour bénir tout le monde
Je crains d'être fidèle à moi-même	Je fais de petits pas courageux en avant
Je suis inquiet à propos de tout	Je prie pour les choses qui me sont chères
Ma vie est trop occupée pour la méditation	Je prends soin de moi en priorité

Les étapes pour surmonter les blocages et commencer à avancer vers la liberté commencent par une confrontation et une identification honnêtes du blocage. Mettez-vous face à face avec le mur dans votre esprit et examinez-le de façon critique. Voyez si vous pouvez donner un nom aux émotions et aux modes de pensée que vous observez dans ce blocage. L'écriture est sur le mur, pour ainsi dire ; alors lisez attentivement ! Une fois que vous avez identifié votre barrière, commencez à rechercher ses racines. Un mur n'a que de la valeur dans ses fondations, recherchez donc la base, en retraçant les émotions ou les schémas de pensée jusqu'à l'essence vitale du blocage. Lorsque vous en avez la cause, vous pouvez tenter, individuellement ou avec l'aide d'un tiers, de tenter de réparer le blocage. L'auto-analyse, l'honnêteté et la compassion sont les principaux outils pour commencer à abattre le mur. Alors que vous commencez à vous faufiler dans le blocage avec votre introspection, utilisez vos affirmations et d'autres pratiques pour canaliser une énergie saine et positive afin d'encourager et de renforcer votre personnalité. Au fur et à mesure que votre force augmente, le blocage devient un ralentisseur et si vous continuez à travailler sur la question avec une acceptation totale, la barrière n'est plus qu'un souvenir.

Continuer avec la visualisation

Dans ce chapitre, nous avons utilisé la visualisation et l'affirmation dans et hors de la pratique de la méditation pour une vie meilleure. Si ce type de pratique vous intéresse, nous vous encourageons à la poursuivre afin de continuer à bénéficier des avantages de la visualisation au fil du temps en continuant et en maintenant une orientation positive. Essayez de créer une habitude de visualisation en affichant votre sujet de visualisation actuel sur votre réfrigérateur, dans la voiture, sur votre bureau au travail, dans la salle de bain ou dans votre chambre à coucher. En utilisant la visualisation, vous constaterez qu'il est bon de changer de sujet tous les quelques mois pour répondre aux besoins de votre situation actuelle. Avec le temps, maintenir une image positive devient une habitude. Le bavardage mental et le dialogue intérieur sont peut-être toujours là, mais vous constaterez peut-être qu'ils commencent lentement à changer de ton pour des notes plus positives !

Vous voudrez peut-être aussi expérimenter et élargir votre façon de voir. Rappelez-vous de l'exercice sur l'imagination de votre chambre à coucher qu'il existe de nombreuses qualités représentant différents aspects de la visualisation, telles que : sentiment, humeur, images, espace, mémoire, imagination et couleur. Vous pouvez essayer de vous rappeler le sentiment positif de l'image visuelle. Vous pouvez ressentir l'humeur émotionnelle que vous gagnez de l'image. Peut-être vous imaginez-vous dans le décor avec un état d'esprit clair. Ou peut-être êtes-vous plus conscient de l'espace autour de vous dans l'image. Essayez de mémoriser l'image, faites-en une comptine ou un jingle entraînant que vous pouvez fredonner ou chanter ! Soyez créatif et restez ouvert à votre imagination en développant votre positivité. Vous pouvez également ressentir l'image dans des couleurs vives et vivantes. Et rappelez-vous, vous pouvez avoir des images et des affirmations positives pour tous les domaines de votre vie, tels que le travail, la relaxation, les relations intimes, la santé, la méditation, l'alimentation, l'exercice, etc.

Résumé

Chaque chapitre de ce livre sur un type n'est qu'un résumé d'un chemin de méditation beaucoup plus complexe. Après avoir pratiqué comme suggéré dans ce chapitre, faites une pause pour réfléchir et répondez aux questions suivantes.

1. Qu'est-ce qui vous a marqué dans les pratiques de ce chapitre ?

2. Avez-vous une idée de la raison pour laquelle elles étaient importantes pour vous ? Ont-elles un rapport avec les schémas habituels ?

3. Notez toutes les autres raisons pour lesquelles cet exercice a résonné en vous.

4. Cet exercice vous a-t-il aidé à prendre davantage conscience de l'interaction des pensées et des émotions ?

5. Quel exercice vous a semblé le plus juste ?

Utilisez votre intuition ou votre réaction instinctive à cela. Essayez de supprimer les notions préconçues de l'exercice que vous « devriez » pratiquer ou de l'exercice que vous avez peut-être essayé plus tôt dans votre vie.

CHAPITRE DOUZE

TYPE 3 : MANTRA

Le mantra est la répétition d'un mot ou de mots sacrés. Le mot racine *man* (*manana*) signifie « pensée » et *tra* signifie « instrument ». Le mot ou le son utilisé pour un mantra inverse la raison habituelle de transmettre le sens, et le mantra crée une pensée. Normalement, la parole transmet une pensée d'une personne à une autre. Le mantra utilise le son pour créer une pensée ; le mantra est une vibration qui a son propre pouvoir. On ne saurait trop insister sur ce point car nous réalisons rarement que les sons peuvent réellement créer une pensée. Le processus réel de la méditation mantra, comme la plupart des techniques de méditation anciennes, est assez simple. La pratique du mantra peut se résumer à la répétition de mots.

La répétition des prières, pratiquée par la plupart des religions du monde, est la source traditionnelle des affirmations abordées dans le chapitre sur la visualisation. Un pourcentage élevé de personnes qui prient et méditent trouvent utile de réduire la prière à un mot sacré. Ainsi, il est recommandé de se familiariser avec cette pratique consistant à répéter un mot sacré pour enrichir sa pratique de méditation. Puisque le mantra est vocalisé à maintes reprises, il peut être utilisé dans des situations de tous les jours pour créer le motif de pensée souhaité.

Une affirmation personnelle de guérison peut également être répétée. L'exercice entier consiste à répéter un mot ou une phrase courte tout au long de la période de méditation. Après un certain temps, on ressent réellement le pouvoir de la parole de manière énergique. Easwaran décrit le mantra comme un appel téléphonique à Dieu et enseigne que le mantra peut pénétrer dans chaque cellule. Permettez-moi de vous diriger vers le livre d'Easwaran, *The Mantram Handbook*, une ressource fantastique pour ce type de méditation, disponible dans la section Bibliographie.

Ce chapitre est plus court que les deux précédents malgré son ampleur potentielle. Suivre votre intuition peut augmenter l'aspect de signification du mantra. Rappelez-vous que l'élément important de ce cours est l'accent mis sur des simples exercices pour expérimenter la méditation plutôt que de lire des descriptions intellectuelles de la méditation.

Par le biais de votre expérience personnelle, vous apprenez la forme de méditation la plus efficace et cette méditation concerne les états de conscience supérieurs établis par de simples exercices centrés sur l'esprit. Les exercices élaborés nécessitent beaucoup d'énergie et les grands sages en méditation offrent toujours des pratiques simples.

De nombreuses traditions de méditation de mantra comportent des rituels élaborés pour recevoir un mantra personnel dissimulé dans le secret, le mystère et le respect. La nature privée du mantra augmente son niveau d'importance et établit une association sacrée avec le mot choisi. Cet ensemble de rituels renforce le pouvoir du mot, et lors du processus, le système fonctionne. De nombreuses traditions ne recommande pas, par conséquent, de choisir son propre mantra.

Cependant, que le rituel soit élevé ou non, la méditation mantra fonctionne lorsque le pratiquant croit profondément en la parole choisie.

Instructions uniques pour la méditation mantra

Pour la méditation mantra, les mêmes enseignements de l'Église Orthodoxe orientale qui utilisent également le mantra sont très efficaces. Essayez la séquence suivante : prononcez le mot à voix haute, murmurez le mot, bougez les lèvres sans son, répétez le mot dans l'esprit, répétez le mot dans le cœur, puis ressentez le mot dans tout le corps jusqu'à ce que vous ayez un sentiment d'unité avec le divin. Ce mot peut être répété pendant la journée. Des mots comme amour, paix, joie, espoir, un nom de Dieu ou d'autres sons sacrés sont des exemples typiques de mantras. Penser à Dieu ou au divin au lieu de penser à d'autres pensées fugaces remplit l'esprit d'inspiration. Répétez le mantra pendant quinze à trente minutes. Si l'esprit vagabonde, retournez à la répétition.

Asseyez-vous tranquillement et répétez ce mot ou cette phrase dans votre esprit encore et encore pendant vingt minutes au total. Remarquez ce que vous ressentez pendant les premières minutes. Ensuite, remarquez votre état d'esprit aux alentours des 10 minutes, à mi-chemin. Enfin, au bout de vingt minutes, observez les effets de cette expérience. Choisissez l'un des exercices ci-dessous comme sujet pour créer votre mantra personnel.

Exercice 1 : Le mantra d'une expérience importante

Méditez sur vos expériences d'enfance du sacré, de Dieu ou d'un moment puissant qui vous a transformé. Trouvez quelque chose de stellaire et résumez cette expérience dans votre propre mantra. Un exemple pourrait être une expérience vécue à l'âge de la puberté. De nombreuses religions offrent des rites de passage à cette époque (autour de treize ans). Vous avez peut-être fait l'expérience d'un ange qui a sauvé votre vie dans votre enfance ou de l'amour d'une très vieille personne qui a touché votre cœur. Pensez à cette expérience et faites appel à sa puissance en créant un mantra à ce sujet. Par exemple, en tant qu'enfant, si vous ressentiez le pouvoir de l'amour pendant une période difficile, votre mantra pourrait être « le pouvoir de l'amour ». Si vous êtes religieux, répéter simplement le mot « foi » pourrait être le mantra dans son intégralité. Bien que ce cours reste laïc dans son approche, veuillez noter que les mantras religieux sont puissants pour les croyants. Si vous sentez un lien étroit avec un mot religieux ou une divinité particulière, utilisez ce mantra ou cette prière antique. De même, les croyances personnelles non religieuses sur l'univers peuvent être porteuses de pouvoir. Des exemples courants sont « Compassion » avec l'expiration et « Amour » avec l'inspiration.

Si vous avez des associations négatives avec la spiritualité dans votre passé, ces questions peuvent être explorées en écrivant dans un journal. Essayez de comprendre les émotions associées à ces expériences. Voyez si vous pouvez être objectif dans le présent et comprenez comment les circonstances se sont déroulées. Si vous êtes en mesure d'acquérir une nouvelle perspective sur la situation, vous pouvez être guéri et la mémoire émotionnelle stockée peut se libérer ou s'affaiblir. Au fur et à mesure que vous avancez dans la méditation, de tels sentiments subtils peuvent apparaître. Prenez le temps de vous comprendre sans créer de nouvelles réactions troublantes. Le pardon que vous trouvez peut être la source d'un puissant mantra pour renforcer les nouveaux sentiments positifs.

Chacun des processus ci-dessus pour sélectionner un mantra personnel associe des croyances profondément ancrées à une vibration énergétique. Le mantra nécessite une croyance pour donner un sens à une vibration. De même, la croyance a besoin d'une expression pour se manifester. La répétition d'un son sacré d'une manière désinvolte ne servira pas comme un sortilège de méditation. **Croyance + Vibration = Méditation mantra.**

Exercice 2 : Concentrez-vous sur l'opposé positif

Une deuxième méthode pour choisir un mantra personnel est celle du yoga (*Yoga Sutras* II:34) qui transforme une faiblesse personnelle en force intérieure. Cet exercice commence par se concentrer sur l'essence de toute situation stressante. Demandez-vous pourquoi la situation vous cause du stress. Si le trafic vous agace, assumez la responsabilité de la réaction d'agacement et demandez-vous pourquoi vous êtes agacé. La plupart du temps, la réaction personnelle consiste à être contrarié par des problèmes plus importants, comme le fait de devoir payer une hypothèque et donc de travailler à ce travail qui vous met dans ce trafic. Ensuite, vous êtes ennuyé de vous sentir comme un échec et, en fin de compte, de ne pas avoir atteint votre plein potentiel. À partir de là, vous craignez que votre vie passe si rapidement et après une réflexion franche, vous découvrez que la peur est à la base de votre contrariété.

Une fois que vous avez trouvé une raison profonde pour le stress (remarquez que je n'ai pas dit *les* raisons profondes, car il peut y en avoir plusieurs !), les *Yoga Sutras* recommandent de se concentrer sur « l'attribut positif opposé correspondant ». Dans cet exemple, l'acceptation de soi peut être l'opposé potentiel. La personne déterminerait sa réponse personnelle et utiliserait ensuite ce concept positif comme matériau pour le mantra. Ce mantra personnel serait une force de guérison pour le stress quotidien ainsi qu'un formidable motif de méditation. Enfin, voyez comment ce choix de mantra pour un adulte correspond à la découverte d'une expérience spirituelle d'enfance, comme mentionné ci-dessus.

Exercice 3 : Des sages

Beaucoup de mantras sont dérivés de sons qui ont été entendus par les sages au cours des âges. « OM » (ou « AUM »), le son primordial de l'univers, en est l'exemple le plus pertinent. Dans les états de méditation profonde ou *Samadhi* où l'ego se dissout pendant un court instant, le méditant peut entendre ce son « OM ». Le méditant perd la conscience individualisée pendant cette période, même quelques battements de cœur. Comme dans des récits d'expériences de mort imminente, certains méditants décrivent entendre le son « OM » au fur et à mesure qu'ils retrouvent progressivement la conscience normale. La répétition du son « OM » appelle ensuite tout d'abord une connexion avec l'univers plus grand et imite cet état profond de méditation.

Mantra tiré des Écritures, des prières ou de la poésie

La plupart des grandes traditions spirituelles partagent une forme d'étude quotidienne des Écritures, mais la culture occidentale a perdu cette tradition à l'époque moderne. Cependant, la plupart des cultures du monde s'appuient sur les Écritures pour trouver inspiration, sagesse et cultiver des attitudes spirituelles. Il y a de nombreuses raisons pour faire de la lecture des Écritures une priorité !

Les choses que nous lisons et pensons ressemblent à la subsistance mentale. En écoutant les nouvelles ou en lisant le journal vingt minutes par jour, l'esprit est rempli de titres sensationnels ou de pensées négatives. La lecture des Écritures permet à l'esprit de réfléchir à des idées inspirantes. Lorsqu'une situation difficile vient à l'esprit, il est plus probable que nous nous souvenions d'une idée scripturale. Nos pensées erronées seront d'une nature plus édifiante.

Si nous pouvons discuter des Écritures avec un groupe de fidèles, nos relations seront fondées sur des valeurs plus profondes. En pénétrant profondément le sens des Écritures, la vérité peut être appliquée à nos vies. À mesure que la personne vieillit, la sagesse se développe et les jeunes se tournent vers la personne sage pour obtenir des conseils. Lisez les paroles des grands mystiques et des sages pour vous aider à ressentir l'état d'esprit de l'auteur. Essayez de vivre dans la toge du saint.

Exercice 4 : Méditation sur un passage

Choisissez un court passage pour la méditation. Lisez et relisez le passage jusqu'à ce qu'il soit familier ou mémorisé. Continuez à le lire pendant cinq à quinze minutes. Une fois mémorisé, vous pouvez répéter la lecture des Écritures dans votre esprit, les yeux fermés. Si un mot attire votre attention, restez concentré sur l'idée. Remarquez comment vous vous rapportez à l'Écriture. Comment cela se passerait-il si vous étiez présent lorsque le sage prononça les paroles saintes ? Comment les mots transmettent-ils un sens à votre vie dans le présent ? Laissez les autres approches créatives vous aider à tirer le sens du texte. Fermez les yeux et restez dans l'état d'esprit induit par l'Écriture. Si l'esprit vagabonde, retournez au passage.

Blocages à la méditation mantra

Imaginez dire le même mot dix mille fois ? Et répéter le même mantra pendant trente minutes chaque jour pendant un an ? Tout comme il est presque impossible de se concentrer sur la respiration sans arrière-plan spirituel (rappel du chapitre 10), répéter un mot ne divertit pas l'esprit avec des images colorées ni des pensées intéressantes, de sorte que l'esprit peut s'ennuyer. Cet ennui est probablement un cas d'attachement à des choses extérieures à soi pour le bonheur. L'esprit vous jouera toutes sortes de tours pour éviter de méditer, car les nouveaux modèles de silence heurtent l'esprit occupé qui est en voie de guérison. Parfois, l'esprit peut se rebeller comme un enfant contrarié. L'esprit peut se comporter de manière dépressive et se trouver dans la prison de la méditation.

Comme expliqué dans différents domaines de ce livre, la méditation est simple mais l'esprit indiscipliné est avisé. Le nombre de pensées distrayantes est innombrable. Le mental est très intelligent avec ces perturbations, il est donc conseillé de se rappeler que toute pensée en dehors du mantra est une distraction pendant la séance de méditation. Ne vous attendez pas à avoir des variétés de ces distractions pendant des années. Je dis souvent que les méditants expérimentés sont aptes à accepter les distractions mais ne réagissent pas de la même manière. Cependant, si vous savez que la méditation peut parfois être difficile, vous pouvez planifier à l'avance. La méditation en groupe vous soutient lorsque vous vous sentez opprimé, tout comme vous inspirez les autres lorsque vous êtes dans un état d'esprit inspiré. Il est donc recommandé d'essayer de rejoindre un groupe.

La perte de sens survient lorsqu'un comportement mécanique, de par cœur, manque d'essence. Si vous avez utilisé un mantra pendant un certain temps, vous risquez de perdre le sens profond de son sens originel. En utilisant « amour » comme exemple, au lieu de méditer sur les qualités subtiles de l'amour, l'esprit peut rester à un niveau superficiel, ce qui est en fait une méditation sur le son du mot et non son sens. Le mantra comprend un son sacré *et* une intention sacrée.

La rêverie peut se produire sous n'importe quelle forme de méditation. Dans le cas du mantra, vous pouvez penser à deux pensées en même temps, surtout quand un acte est la répétition. La prière

« Reste immobile et sache que je suis Dieu » peut être réduite à « Reste immobile ». Un mantra simple peut continuer pendant que dans votre esprit vous planifiez quoi manger pour le déjeuner. Laissez le mantra résonner à l'arrière-plan de vos pensées. Cette emphase quotidienne du mantra aide la discipline de la méditation à se concentrer sur une pensée.

Méditation mantra pour la vie quotidienne

Le frère Lawrence, jeune moine chrétien du XIIIe siècle, a écrit le classique *The Practice of the Presence of God* [La pratique de la présence de Dieu] (Spire, 1958). Dans son nouveau monastère, le frère Lawrence a demandé n'importe quel travail autre qu'un travail en cuisine. Comme moyen de croissance personnelle, les moines aînés ont envoyé Lawrence en cuisine. Pendant des années, il a détesté les casseroles et les casseroles qui claquaient, mais le jeune moine a ardemment fait face au travail de la cuisine. Avec le temps, Frère Lawrence a écrit qu'il était capable d'assister à la présence de Dieu même dans la cuisine au milieu du bruit des casseroles et des poêles. Après des années de persévérance, il a pu retrouver la même piété dans la cuisine que dans la chapelle. Un tel exemple peut nous inciter à trouver la paix dans des situations qui nous paraissent sans vie, car notre expérience du divin est interne.

Frère Lawrence a directement affronté ses difficultés. Après avoir été appelé à mener une vie religieuse dans un monastère, il s'est retrouvé coincé dans la cuisine. Cela plongea Lawrence dans une période de tristesse, une tristesse qu'il n'avait d'autre choix que d'affronter quotidiennement des casseroles. Après avoir longuement réfléchi, Lawrence a choisi de modifier sa vision de la réalité et de percevoir la paix dans un lieu bruyant.

L'image dite de « la nuit obscure de l'âme » est enseignée par Saint Jean de la Croix, mystique espagnol du XVIIe siècle. L'expérience de la noirceur ou de la vacuité crée un environnement dans lequel l'esprit ne peut pas saisir les distractions. Les longues souffrances de frère Lawrence dans la cuisine l'ont forcé à faire face à la « nuit noire » où son esprit ne trouvait aucune distraction confortable. La vie de la plupart des gens a des zones difficiles qui agissent comme une nuit noire. Dans une perspective superficielle, nos difficultés peuvent être la source de souffrances indues ou nous pouvons utiliser nos difficultés pour notre croissance spirituelle. Finalement, comme le démontrent ces mystiques, nos difficultés peuvent être utilisées comme moyen de croissance spirituelle en nous apprenant à nous concentrer moins sur notre esprit et davantage sur la supra-conscience de la réalité. Comme l'écrit Saint Jean de la Croix : « Je suis entré sans savoir où, je suis resté sans savoir / Au-delà de toute science, sachant que… C'était la paix, c'était l'amour, c'était la connaissance parfaite / Dans une solitude profonde, j'ai vu avec sagesse… »

Dans le *Testament of Devotion* (36), Thomas Kelly écrit :

Marchez, parlez, travaillez et riez avec vos amis. Mais dans les coulisses, continuez votre vie de prière simple et de vénération intérieure. Continuez tout au long de la journée. Laissez la prière intérieure être votre dernier acte avant de vous endormir et le premier acte lorsque vous vous réveillez… Les ratés et les oublis sont si fréquents. Notre environnement devient tellement excitant. Nos occupations sont si exigeantes. Mais quand vous vous retrouvez, ne perdez pas de temps en récriminations, mais respirez une prière silencieuse pour le pardon et recommencez, là où vous êtes.

Appliquez votre mantra aux situations de travail pour créer une pensée positive. Cela affirme que vous avez le pouvoir d'influencer votre expérience de toutes les situations, même des situations où le stress semble prévaloir.

Exercice 5 : Mantra pour le travail

Les exercices de base de ce cours appliquent une pensée claire aux contraintes banales telles que faire la queue, conduire et faire la vaisselle. En plus de rendre agréables ces tâches banales, ennuyeuses et fastidieuses, essayez de cultiver un sentiment d'abnégation en accomplissant ces tâches. Fredonnez un chant spirituel ou récitez votre mantra pendant la tâche.

Au cours de votre méditation, commencez le processus par trois minutes de réflexion sur une corvée ou une situation que vous souhaitez améliorer. Remarquez comment les souvenirs de cette tâche créent un conflit en vous. Commencez par un mantra qui renverse cette tendance et vous fait sentir en paix dans la même situation. Restez rappelé à une réalité plus grande que l'esprit ou l'ego. Une femme de quatre-vingt-dix ans avait l'habitude de dire que lorsqu'elle cuisinait, nettoyait et prenait soin des autres, elle était en communion avec toutes les personnes de son âge qui cuisinaient, nettoyaient et prenaient soin des autres. Son mantra était « l'unité avec tous ». Ouvrez votre esprit à des idées inspirantes lorsque vous effectuez vos tâches quotidiennes. Pour explorer cet état d'esprit, choisissez une situation stressante demain et l'heure exacte pour réciter votre mantra pendant quelques minutes. De toute évidence, la tâche doit être banale, comme conduire, faire la vaisselle ou se préparer pour une réunion.

Résumé

Chaque chapitre de ce livre sur un type n'est qu'un résumé d'un chemin de méditation beaucoup plus complexe. Après avoir pratiqué comme suggéré dans ce chapitre, faites une pause pour réfléchir et répondez aux questions suivantes.

1. Qu'est-ce qui vous a marqué dans les pratiques de ce chapitre ?
2. Avez-vous une idée de la raison pour laquelle elles étaient importantes pour vous ? Ont-elles un rapport avec les schémas habituels ?
3. Notez toutes les autres raisons pour lesquelles cet exercice a résonné en vous.
4. Cet exercice vous a-t-il aidé à prendre davantage conscience de l'interaction des pensées et des émotions ?
5. Quel exercice vous a semblé le plus juste ?

Utilisez votre intuition ou votre réaction instinctive à cela. Essayez de supprimer les notions préconçues de l'exercice que vous « devriez » pratiquer ou de l'exercice que vous avez peut-être essayé plus tôt dans votre vie.

CHAPITRE TREIZE

TYPE 4 : DÉVOTION, PRIÈRE OU INTENTIONNALITÉ

À l'origine, lorsque j'ai appris la méditation au Japon, la prière n'était pas enseignée. Considérée comme une activité apaisante pour l'esprit, la prière n'a jamais été aussi égale à la méditation en termes d'atteinte d'états de conscience plus élevés, comme le nirvana. Au cours de mon séjour en Inde, j'ai eu de nombreuses expériences spirituelles couvertes d'images religieuses de mon enfance. Bien que élevé en tant que catholique romain, je n'avais pas mis les pieds dans une église depuis trois ans, et pourtant j'étais toujours attiré par des prières familières. Je comprenais les vérités bibliques alors que j'étais immergé dans l'étude du yoga en Inde ; c'était pour le moins une expérience interculturelle ! Tandis que mes études et mon enseignement continuaient, je me suis retrouvé poussé à continuer le voyage avec une concentration de spiritualité avec les Quakers au séminaire de la Earlham School of Religion.

En tant qu'étudiant diplômé, l'un de mes postes d'assistant d'enseignement consistait à diriger des cours de yoga par succès/échec. Le nombre d'étudiants a commencé à quinze ans et a augmenté à soixante par semestre. Après avoir entendu parler de la popularité des cours de yoga, le ministre du campus, à l'esprit ouvert, m'a dit que les étudiants inscrits au yoga n'avaient jamais été vus lors des offices religieux du dimanche. Nous nous sommes rendu compte que grâce aux cours de yoga méditatifs, les étudiants n'étaient pas seulement en train d'apprendre les bienfaits du yoga sur la santé, mais ils se connectaient à quelque chose de plus grand qu'eux-mêmes. Lorsque je dirigeais la partie de la classe consacrée à la méditation, de nombreuses réponses d'élèves étaient basées sur leurs expériences de prière dans leur enfance. Cela m'a amené à comprendre qu'un grand groupe de personnes qui ne sont pas religieuses de façon ostentatoire peuvent utiliser intérieurement la prière comme méthode de méditation.

Par conséquent, des recherches plus poussées sur la prière révèlent qu'un grand nombre de personnes calment automatiquement leur esprit de manière relationnelle. Ils ne peuvent pas prier la divinité de leur éducation dans tous les cas, mais ils cherchent toujours de manière personnelle l'objet de leur méditation. Ceci est très différent du type de méditation défini comme focalisation sur une pensée. La prière concerne une relation entre deux parties : votre puissance supérieure et vous. Indépendamment du fait que vous vous considériez comme religieux ou non, il est possible que votre esprit soit fait pour la prière.

La prière est plus le fait d'écouter que de parler

Le niveau de prière discuté ici a plus à faire avec l'écoute que la parole. Le centre de la prière est relationnel. Cependant, la personne en train de prier est dans un état d'esprit réceptif, attendant que le pouvoir supérieur, la divinité, la nature ou tout ce que l'on appelle, résonne. C'est très important, car vous pouvez approfondir le sentiment d'appréciation de la nature en disant « Merci pour cette belle création », puis vous arrêter sur cette pensée en attente d'une réponse, qu'il s'agisse d'un sentiment de la nature, d'un changement de conscience ou d'un rapprochement du divin. Vous pouvez faire une prière de guérison et garder l'esprit sur la prière pendant une longue période. Vous pouvez demander l'aide de Dieu et attendre ensuite avec une patience reconnaissante. Avant de voyager avec la prière et l'intentionnalité, la dimension psychologique est importante pour comprendre et guérir si nécessaire.

Relation avec le concept d'une puissance supérieure (ou de Dieu)

Dans cette section sur la prière/l'intentionnalité en tant que mode de méditation, le sujet de Dieu est discuté librement. Au fil des ans, j'ai rencontré des personnes qui avaient été bloquées dans leur pratique méditative naturelle en raison d'expériences négatives avec la religion organisée. De même, j'ai rencontré des personnes qui ont fait de grands progrès dans d'autres formes de méditation en comprenant leur vision du divin. Surtout si vous sentez une résistance à Dieu ou à la religion, veuillez compléter les exercices de ce chapitre. Ces exercices ont aidé des centaines de personnes à améliorer leur clarté et leur compréhension de soi.

Tout d'abord, notez que vous êtes invité à nommer ou à découvrir vos croyances religieuses personnelles en tant que facette de votre méditation. Aucune croyance n'est forcée ni promue au-delà du point que la compréhension de soi améliore l'absorption méditative. Vos croyances spirituelles (qu'elles soient avec Dieu, une puissance supérieure, une autre affiliation religieuse, ou athées/agnostiques) sont profondément ancrées dans votre psyché. De cette profondeur, vous pouvez tirer une énergie considérable pour une concentration méditative. Lorsque vous **croyez** profondément en quelque chose, la concentration autour de cette croyance peut être puissante. Le but est de canaliser ce niveau profond de concentration dans la pratique de la méditation. Pour faciliter cela, répondez aux questions suivantes dans votre journal.

1. Qui était Dieu pour vous pendant votre enfance ?
2. Qui est Dieu pour vous actuellement et que pensez-vous de Dieu ?
3. Quel est le sens de la vie ?
4. Que se passe-t-il quand une personne meurt ?
5. Avez-vous une âme ou un esprit ?

6. Appartenez-vous actuellement à des groupes à caractère religieux ou spirituel et quelles croyances vous lient à ce groupe ?

(Notez que les groupes anonymes, les clubs de nature, les organisations religieuses, les groupes de yoga ou d'arts martiaux, etc., sont tous spirituellement fondés.)

Deuxièmement, notez que la résistance personnelle à certains aspects de la croyance religieuse peut être révélée au cours de votre pratique de méditation. Parce que les croyances religieuses personnelles évoquent des émotions fortes, des conflits avec des croyances religieuses ou des expériences spirituelles non résolues peuvent étouffer les expériences de méditation. Lorsque l'esprit devient très silencieux, des croyances et des sentiments profondément ancrés atteignent la compréhension consciente. La guérison ou la résolution des sentiments précédents peut aider à libérer une personne bloquée dans la méditation. Ces pratiques aident à dépasser les croyances limitantes et à accepter les religions telles qu'elles sont. Vous trouverez ci-dessous des questions pouvant aider à la guérison ou à la résolution de problèmes religieux :

1. Quelle a été votre expérience de religion et de Dieu dans votre enfance ?

2. Comment gérez-vous les messages contradictoires des religions qui prétendent être supérieures aux autres ? Qu'en est-il des religions qui tolèrent la violence ou d'autres comportements contraires à l'éthique ?

3. Avez-vous déjà été personnellement induit en erreur ou émotionnellement blessé par un groupe religieux ? Plus important encore, pouvez-vous pardonner ou libérer cette expérience ?

4. Êtes-vous en paix avec la tradition religieuse de votre enfance ? (Soyez conscient et compatissant du fait que ces questions ci-dessus, si elles ne sont pas un problème pour vous, sont un problème pour une grande partie de la population méditante et qu'il est important de les découvrir pour une méditation efficace.)

5. Pouvez-vous pardonner des problèmes qui pourraient résulter de vos expériences spirituelles d'enfance ?

Si certaines de ces questions sont difficiles, veuillez consulter un professionnel qui pourrait vous guider dans le processus de récupération de votre patrimoine spirituel.

Dévotion à une puissance supérieure ou à Dieu

Comme mentionné ci-dessus, nos croyances sur la vie détiennent un pouvoir énorme dans la psyché. Ces croyances sont implantées dans notre conscience dès le début de la vie par nos parents, nos institutions religieuses et notre culture. Lorsque vous faites partie d'un système de croyances, il est utile de le reconnaître en tant que tel et de prendre conscience qu'il ne s'agit que d'un cadre pour accéder à une conscience supérieure. Ce type d'intentionnalité et de prière n'est pas une supplication superficielle souhaitant des temps agréables et des bénédictions matérielles. La prière liée à l'absorption méditative comprend un rapport entre le divin et la personne en train de prier. À partir de cette relation, la prière peut parler au divin et ensuite rester silencieuse pendant de longues durées.

Les *Yoga Sutras* offrent des instructions sur ce type de méditation :

Sentir toujours que je fais tout comme si j'étais invité par Lui, c'est ce que l'on appelle tout remettre à Dieu. Le dicton « Quoi que je fasse, de gré ou de force, je vous offre ses fruits, que ce soit le bonheur ou la misère » signifie que « Je ne veux ni le bonheur ni le chagrin, ni ne serai dérangé par aucun des deux. Tout est fait par toi. » Cet état d'esprit bannit tous les sentiments égoïstes et amène une foi perpétuelle en Dieu.

— *Aranya, 1981, 56*

D'un point de vue non théiste, cela peut être considéré comme une renonciation à notre ego avec l'intention d'entrer en communion avec le monde. Li Po, l'un des plus grands poètes chinois des temps prémodernes, en offre un exemple exquis :

Les oiseaux ont disparu dans le ciel et le dernier nuage a maintenant disparu. Nous sommes assis ensemble, la montagne et moi, jusqu'à ce qu'il ne reste que la montagne.

Si prier Dieu ou méditer sur une statue ou un paysage vous donne la paix intérieure, continuez à le faire. Les formes de dévotion sont vastes. Lorsque vous êtes capable de trouver une relation satisfaisante avec le divin, utilisez ces fortes croyances pour consacrer toute votre énergie à Dieu ou à une puissance supérieure.

Il est recommandé de maintenir un lien avec votre patrimoine religieux, car vos influences passées sont présentes. Comme mentionné dans l'exercice du chapitre 11 sur la visualisation, il est utile de vivre en paix avec la religion de votre enfance même si vous ne pratiquez pas ce chemin particulier à l'heure actuelle.

De nombreux occidentaux qui sont attirés par la méditation trouvent le divin dans la nature et si des pratiques chamaniques avaient été disponibles, ces types de culte naturel auraient été très enrichissants. Consacrer votre esprit à la nature est une autre façon de dépasser le sens de l'ego dans une réalité plus vaste. En observant la nature autour de vous, concentrez-vous sur la connexion : remarquez comme l'arbre respire le souffle que vous expirez et comme l'eau que vous buvez provient de la terre et des nuages. Nous avons chacun des rôles spécialisés dans la société moderne, contrairement à ceux d'il y a cent ans. Dans le passé, nous coupions du bois, cultivions de la nourriture et interagissions avec la faune. La personne de l'âge de l'ordinateur peut s'asseoir devant une machine et utiliser de l'argent pour acheter tout ce dont elle a besoin. Ainsi, vous pouvez vivre dans une sphère humaine et ne jamais dépasser vos limites. En vous mettant en rapport avec la nature, faites-en une étude dédiée. Les projets de camping ou les randonnées en plein air peuvent être considérés comme des expériences spirituelles. Un sentiment dévotionnel envers l'essence divine du monde naturel peut élargir la conscience. Par exemple, les postures de yoga effectuées avec une attitude pieuse peuvent servir de forme de prière corporelle et certaines postures peuvent être conservées plus longtemps dans cet état d'esprit.

Voici quelques possibilités (parmi de nombreuses autres) pour vous d'expérimenter des pratiques de dévotion.

Exercice 1 : Regarder un objet spirituel

Choisissez un objet pour la dévotion ou la méditation. Regarder passivement une image vénérée ou une scène de la nature est bon pour atteindre un état d'esprit calme. Vous pouvez commencer par regarder la flamme d'une bougie ou une statue. Fermez lentement les yeux et sentez dans votre cœur que tout votre être est uni à l'objet de votre méditation. Notre esprit nous sépare des choses en distinguant notre être comme différent de ce qui est en dehors de nous. Dans un profond dévouement, le sujet et l'objet se confondent. Si votre esprit vagabonde, cependant, vous pouvez ouvrir les yeux pour revenir à la méditation. Ensuite, fermez les yeux pour vous concentrer à nouveau.

Exercice 2 : Réfléchissez sur vos croyances spirituelles personnelles

Une réflexion profonde comme une prière peut être une méthode pour suivre votre cœur dans une conscience méditative profonde. La tentation de rêvasser existe dans cette méthode si vous continuez à penser pendant toute la séance. Si vous vous sentez enclin à penser constamment, tenez un journal pour répertorier vos pensées et méditez lorsque vous commencez à vous sentir plus silencieux dans votre esprit et dans votre vie. Sinon, considérez vos croyances les plus profondes et votre relation avec le divin pendant les cinq premières minutes, puis communiquez avec cela dans votre cœur avec une prière silencieuse.

Exercice 3 : Prier Dieu ou une puissance supérieure

Asseyez-vous tranquillement et discutez d'un sujet avec votre puissance supérieure. Prévoyez du temps pour de plus longues périodes de silence. Concentrez votre esprit sur l'esprit de Dieu et découvrez comment vous priez. Vous pouvez vous sentir libre de prier pour les autres ou de n'importe quelle manière selon vos pratiques spirituelles personnelles.

Exercice 4 : Relaxation de prière corporelle dans la posture de l'Enfant ou en prostration

Explorez la détente dans la posture de l'Enfant ou dans une posture de prostration. Les deux poses commencent par s'agenouiller avec le torse drapé sur les jambes repliées, la tête en avant se dirigeant vers le sol ou s'en approchant. Si vous avez des problèmes aux genoux, vous pouvez simplement vous allonger sur le ventre. Pour la posture de l'Enfant, placez vos bras le long du torse. Cette posture et la courbe de la colonne vertébrale induisent une imitation de l'enfant dans l'utérus, évoquant un sentiment de sécurité et de protection. Pour la posture de prostration, placez vos bras au-dessus des épaules. Cela crée un sentiment plus fort d'abandon. Respirez dans la région du diaphragme, ce qui permet une tranquillité d'esprit et une ouverture douce du bas du dos pour le corps.

Prière dans la nature, connexion à la nature

La communion avec les éléments de la nature est une autre méthode de prière. De nombreux praticiens de la méditation se sentent proches de la nature, qu'ils soient religieux ou non. Le monde naturel offre une tranquillité et un ordre pacifiques car tous les éléments du paysage sont reliés les uns aux autres de manière symbolique. Utiliser ce sentiment de faire partie de la nature harmonise le moi de l'être humain avec le monde plus vaste. Chez certains pratiquants, cette relation avec le monde naturel conduit à un esprit très calme. Expérimentez avec ces types de pratiques pour voir comment cela vous convient.

Le but de cette leçon est d'introduire la prière dans le contexte de la communion avec la nature. Il existe une variété de pratiques chamaniques (trop nombreuses pour être couvertes ici), mais espérons que ce type d'introduction puisse encourager ceux qui ressentent cet intérêt. Pour approfondir vos connaissances sur les pratiques chamaniques, reportez-vous au livre *Meditation: The Complete Guide* par Monaghan et Diereck.

Aux États-Unis, la relation avec la nature est une histoire séculaire (comme dans la plupart des cultures du monde). Les cultures amérindiennes, à l'origine de nombreuses pratiques chamaniques, vivaient en harmonie avec leur environnement naturel. Leur spiritualité reposait sur un rapport à la nature.

Les colons modernes en Amérique ont été inspirés par le travail et l'étude de l'approche de la contemplation de Ralph Waldo Emerson qui met l'accent sur la connexion avec la nature. Emerson, avec Henry David Thoreau, a fondé le Transcendental Club, où la première étude documentée du texte de yoga, la Bhagavad Gita, a été remarquée aux États-Unis. Les idées philosophiques asiatiques ont influencé l'Occident dans la philosophie des écrits d'Emerson et Thoreau et dans la psychologie à travers Carl Jung (Coward, 1985). (Remarque : Swami Vivekananda a été le premier yogi à donner une conférence aux États-Unis.)

Dans « The American Scholar », Emerson définit trois étapes de la vie du transcendantaliste.

1. Il étudie la sagesse du passé.

En termes de méditation, une revue des mystiques majeurs satisfait l'étude du passé.

2. Il spiritualise la vie en communiant avec la nature et en apprenant à écouter le divin en lui-même.

Cette idée ressemble beaucoup à la pensée yoguique consistant à calmer son esprit afin de comprendre les aspects plus élevés de son moi et de sa réalité. Les mystiques affirment que la divinité peut être trouvée de l'intérieur.

3. Après l'auto-renouvellement, il travaille au renouvellement de la société en général.

Ce bref résumé des enseignements transcendantalistes peut inspirer ceux qui sont intéressés à approfondir leurs connaissances si vous trouvez des moments méditatifs dans la nature inspirants. Ce type de méditation est considéré comme un type de prière dans lequel il existe un dialogue actif entre le sujet (vous) et l'objet (nature), voyez les exercices ci-dessous. La découverte ultime de ce type de prière réside dans l'état de contemplation supérieur où les limites entre le sujet et l'objet commencent à se dissoudre ou à se fondre dans l'unité. La fin de ce voyage reflète celle de l'objectif de la méditation. Notez que la prière offre un dialogue actif entre le sujet et l'objet *avant* les états de silence les plus élevés.

Avant de commencer l'exercice suivant, prenez quelques instants pour écrire les points forts de votre relation à la nature. Vous sentez-vous touché par les animaux ? Envisagez de faire une promenade silencieuse à l'extérieur pour voir le divin dans la nature. Alignez votre respiration et sentez-vous faire partie de cette divinité.

Exercice 5 : Méditation sur un aspect de la nature

Suivez la deuxième étape du chemin transcendantaliste, comme expliqué ci-dessus. Si possible, méditez à l'extérieur ou près de la fenêtre où vous pourriez vous sentir proche de la nature. Videz votre esprit en respirant de l'air frais. Pendant que vous respirez, ne faites qu'un avec l'air. Remarquez que l'air et votre corps sont connectés lorsque les éléments de l'air pénètrent dans votre circulation sanguine. Concentrez votre esprit sur un aspect de la nature et laissez se dissoudre la dualité qui existe entre vous et l'objet de la nature. Le vent, la lune, le soleil, les arbres, les fleurs, les insectes, les rochers, les animaux ou votre respiration peuvent être l'objet de votre méditation. Par temps calme, essayez de pratiquer la méditation en plein air. Par temps froid, essayez de regarder un feu. Utilisez d'abord les sens pour noter votre connexion, puis relâchez progressivement les sens externes (fermez les yeux) et trouvez une communion interne avec l'objet de votre choix.

Prière contemplative, mysticisme et méditation

Le mysticisme fait référence à la conscience de la réalité ultime transcendante ou conscience de Dieu. Le mysticisme est le plus haut niveau de prière lorsque la prière et l'objet prié se fondent dans l'unité. Comme la méditation, le mysticisme transcende les frontières religieuses, transcendant les règles et réglementations humaines par la communion directe avec le divin.

Dans son classique *The Varieties of Religious Experience* [Les variétés de l'expérience religieuse], William James définit le mysticisme sous quatre facettes : ineffabilité, qualité noétique, aspect transitoire et passivité. La qualité ineffable du mysticisme fait référence à l'incapacité d'expliquer ce qui se passe dans les états de conscience mystiques. Cela est dû à une conscience accrue de la réalité qui dépasse l'intellect. Ainsi, nous avons de la poésie mystique et des dictons paradoxaux des saints et des sages. Comme l'écrit Lao Tseu dans le *Tao Te Ching* : « On peut parler de Tao, mais pas du Tao Éternel. Les noms peuvent être nommés, mais pas le nom éternel » (Wu, 1989).

La noétique ou « connaissance supérieure » se produit dans l'expérience mystique en tant que compréhension profonde de la vérité des questions spirituelles à mesure qu'elles se manifestent. De même, en yoga, on peut atteindre la connaissance complète d'un sujet ou d'un objet en se concentrant sur ce sujet et en entrant dans un état de conscience mystique où l'on transcende l'intellect.

James affirme que les troisième et quatrième qualités sont moins nettement marquées. Le transitoire signifie que les états mystiques durent au maximum trente minutes et ne peuvent durer plus longtemps, sauf dans de rares cas. La passivité décrit l'état dans lequel une puissance supérieure ou Dieu domine le mystique. Les expériences mystiques rendent les mystiques plus humbles à cause de la crainte suscitée par un état de conscience que l'esprit ne peut pas comprendre.

James explique également comment le mystique est « invulnérable ». Le mystique peut être placé en prison ou à la montagne, mais personne ne peut contrôler son esprit. James note que, même si les mystiques peuvent avoir des opinions bien arrêtées, ils restent des êtres humains et que les opinions des non-mystiques sont également valables.

Evelyn Underhill, dans *Practical Mysticism,* décrit un processus simple en trois étapes : le processus mystique décrit comme immanence, transcendance et contemplation pure. Notez l'élément commun aux trois étapes d'Emerson ci-dessus. Premièrement, on essaie de voir Dieu en tout dans le monde en percevant l'essence divine de tous les êtres et de toutes les choses. Autrement dit, lorsque vous pouvez voir la divinité d'un malfaiteur, vous pouvez voir Dieu en toutes choses. Deuxièmement, à mesure que l'on développe la capacité de connaître la vision transcendante du divin sans explication tangible, on a le sentiment d'une réalité plus élevée. Enfin, on cesse de s'efforcer ; l'esprit est inébranlable dans une présence divine et tout ce que fait le mystique est « être » dans un état d'esprit contemplatif. Seule la grâce transporte le mystique dans cette dernière étape de contemplation.

Exercice 6 : Pratiquer la contemplation

En suivant le processus en trois étapes pour la prière contemplative :

1. Concentrez-vous sur votre compréhension du divin de manière immanente. Effectuez une prière d'action de grâce pour les aspects divins de la vie. Essayez de sentir votre connexion avec le divin en priant de votre cœur.

2. Une fois que vous sentez cette connexion dans le cœur, commencez à l'étendre à une perspective universelle. Concentrez-vous sur l'esprit à la deuxième étape. Ne rejetez pas les sentiments sincères, mais développez-les pour connecter tous les êtres vivants. Voyez la nature globale ou universelle du divin. Votre prière a cessé d'être individuelle et inclut maintenant le monde. Cette étape nécessite de nombreux niveaux d'acceptation et de compréhension du fait que votre vision personnelle de la vie est limitée par vos propres expériences uniques. Cette étape vous permet de grandir au-delà de vos croyances personnelles.

3. Une fois que vous vous sentez en paix avec votre cœur et l'univers, il est temps d'arrêter vos efforts. Soyez, tout simplement. Soyez conscient que vous ne pouvez pas atteindre cette étape immédiatement. Si vous essayez de cesser vos efforts mais que vous vous retrouvez avec une vague de pensées, revenez à la première étape. Si vous vous sentez très calme dans cet état, restez-y jusqu'à vingt minutes.

EXERCICE 7 : JOURNALISATION DE L'EXPÉRIENCE MYSTIQUE

À la lumière des trois étapes du mysticisme (l'immanent, le transcendant et le contemplatif), réfléchissez sur votre propre place dans le continuum. Vous pouvez concevoir vos propres étapes pour le mysticisme.

- Comment vous rapportez-vous au divin ?
- Trouvez-vous du réconfort dans l'immanence des milieux naturels ?
- Voyez-vous le divin opérer dans votre vie quotidienne ?
- Avez-vous le sentiment d'une réalité transcendante ?

Pouvez-vous voir l'image plus globale de la vie et prendre du recul par rapport aux activités de votre vie pour percevoir la réalité purement ?

• Apprenez-vous à accepter la réalité de telle manière que votre méditation soit passive ?

Guérir avec la prière : la lumière guérisseuse

Les aspects de prière de guérison de nombreuses traditions spirituelles utilisent l'image de la lumière pour représenter la force de vie ou la bioénergie. Le processus ressemble à une affirmation de visualisation, sauf que l'image est une autre personne ou une cause. La relation sujet-objet existe dans la prière, alors que la visualisation est basée sur l'imagination. Selon la position de chaque méditant, l'image lumineuse entourant la personne qui reçoit la bénédiction peut prendre différentes formes. Toutefois, ce type de prière ne se limite pas à des images, car les sentiments et les pensées sont des expressions appropriées. Des exemples courants sont la lumière qui entoure l'autre, qui garde la pensée de l'autre dans votre cœur, et un faisceau d'énergie qui jette une source de guérison vers l'autre.

Tandis que le sceptique à l'intérieur de votre esprit rationnel peut ne pas croire en la prière de guérison, une série d'études scientifiques l'ont révélée efficace. À San Francisco, le cardiologue Randolph Byrd a utilisé les procédures standard à double insu pour étudier 393 patients cardiaques priés par des religieuses dans un certain couvent. Les résultats ont été stupéfiants : le groupe prié avait cinq fois moins de risques d'avoir besoin d'antibiotiques et trois fois moins de risque de développer un œdème pulmonaire (Byrd, 1988). Si la recherche ne suffit pas à l'esprit rationnel, le fait que les gens prient depuis des milliers d'années dans la plupart des traditions spirituelles est le reflet d'une vaste communauté qui soutient cette pratique.

Pour cette prière et pour la plupart des autres, l'intention est le premier pas. La personne qui se concentre sur la lumière doit d'abord vider l'esprit. La préparation concerne d'abord la prière pour votre santé personnelle. Les exercices de la deuxième partie de ce livre sont de bons exercices de clarification corps-esprit.

Les étirements simples sont bons pour le corps. La relaxation se concentre sur une lumière de guérison pour votre corps et votre esprit.

Le plus gros obstacle à la prière concerne le désir personnel de voir la maladie ou le déséquilibre disparaître immédiatement. Cependant, une idée du moment où une personne *devrait* (notez l'accent) être en bonne santé ne tient pas compte de toutes les possibilités, peut-être qu'une semaine de repos supplémentaire peut aider la personne émotionnellement. Paradoxalement, un souhait spécifique dans cette situation ne correspond pas aux lois universelles. Selon les études de Spindrift, les « prières non précisées de longue durée » sont les plus efficaces (Owen, 1988, 22-23). Ainsi, une pensée du type « J'entoure mon ami d'énergie universelle » fonctionne, mais le souhait « J'envoie de la lumière guérir la jambe de mon ami » est limité. L'univers a une connaissance supérieure à celle de l'esprit conscient individuel. Offrez simplement une prière non spécifiée.

Une fois que l'objectif général est atteint, imaginez votre cœur et votre esprit comme un canal de lumière. Conservez l'image de votre ami ou de votre cause dans votre esprit pendant une, cinq ou vingt minutes. Essayez de rester un canal passif axé sur l'énergie positive sans attache aux résultats. Comme lors de nos exercices de visualisation, vous pouvez

avoir une version unique de la lumière. Certains voient une lumière blanche autour de la personne. D'autres voient les couleurs, et d'autres encore sentent l'énergie sans images visuelles fortes.
Un troisième processus consiste à écouter profondément votre soi plus élevé ou vos pensées intuitives. Respectez les pensées intuitives et lorsque vous le jugez approprié, agissez selon ces idées.

Surmonter l'inquiétude

Si vous vous inquiétez d'une situation difficile, utilisez cette inquiétude comme un signal pour visualiser une lumière de guérison qui bénirait la situation. L'inquiétude signale une situation désastreuse qui vous concerne. Si l'inquiétude persiste, cela crée une détresse chez l'inquiétant et de la peur liée à la situation. Si l'inquiétude vous rappelle de faire une autre prière, l'inquiétude a été dirigée dans une direction positive.

Résumé de la prière de guérison

1. Videz votre esprit.

2. Réfléchissez à la prière. Soyez raisonnable et ouvert d'esprit.

3. Restez concentré sur la prière pour la durée de l'exercice. Une longue durée intensifie la prière.

4. Le but est la communion avec votre puissance supérieure telle que vous la voyez.

5. Ne minimisez pas la prière en souhaitant un résultat.

6. L'origine de la maladie peut être à n'importe quel niveau : physique, mental, émotionnel ou spirituel.

7. La guérison est plus que physique.

8. Le bien-être n'est pas l'objectif. La communion avec la puissance supérieure/Dieu est le but.

Raisons pour lesquelles la prière ne fonctionne pas

- Un manque de foi.
- La souffrance communique le besoin de transformation.
- La croyance bloque la guérison.
- Déni du problème sous-jacent.
- Prier pour le mauvais problème.
- Prier pour que les symptômes disparaissent au lieu de la racine.
- Durée incorrecte.
- Vous n'êtes pas le guérisseur dans la dynamique.
- La situation sociale bloque la guérison.
- La personne se sent indigne de guérir.

EXERCICE 8 : LUMIÈRE DE GUÉRISON

1. Appliquez la lumière de guérison à votre esprit et à votre corps en vous étirant, en inspirant et expirant légèrement et en laissant la relaxation entourer votre corps de lumière.

2. Appliquez la prière légère de guérison à une personne ou à une situation dans le besoin.

3. Concentrez-vous sur une situation personnelle difficile ou sur une personne qui vous met en colère. Essayez de comprendre pleinement la situation pour libérer la douleur et cultiver le pardon. Permettez que ceci adoucisse la situation et permette la guérison en vous-même. Pour certains exemples, vous pouvez pardonner à ceux qui ont créé une guerre en interne, mais vous n'êtes pas obligé de vous joindre à cette guerre. Vous pouvez pardonner à un criminel, mais vous n'êtes pas obligé de donner au voleur la clé du coffre-fort.

Résumé

Chaque chapitre de ce livre sur un type n'est qu'un résumé d'un chemin de méditation beaucoup plus complexe. Après avoir pratiqué comme suggéré dans ce chapitre, faites une pause pour réfléchir et répondez aux questions suivantes.

1. Qu'est-ce qui vous a marqué dans les pratiques de ce chapitre ?

2. Avez-vous une idée de la raison pour laquelle elles étaient importantes pour vous ? Ont-elles un rapport avec les schémas habituels ?

3. Notez toutes les autres raisons pour lesquelles cet exercice a résonné en vous.

4. Cet exercice vous a-t-il aidé à prendre davantage conscience de l'interaction des pensées et des émotions ?

5. Quel exercice vous a semblé le plus juste ?

Utilisez votre intuition ou votre réaction instinctive à cela. Essayez de supprimer les notions préconçues de l'exercice que vous « devriez » pratiquer ou de l'exercice que vous avez peut-être essayé plus tôt dans votre vie.

CHAPITRE QUATORZE

TYPE 5 : MÉDITATION EN PLEINE CONSCIENCE

Dans ce cours, cinq types de techniques de méditation de concentration sont abordés, à savoir : respiration, visualisation, mantra, intentionnalité/prière (traitées dans les chapitres précédents) et introspection contemplative (le chapitre à suivre). Dans les exercices de méditation avec concentration, l'esprit se concentre sur une chose et ignore les autres stimuli. Les formes de méditation concentratives créent un esprit discipliné. Une fois que l'esprit développe sa maturité dans la méditation et reste concentré avec peu d'effort, l'objet de la méditation peut devenir lui-même une distraction. Au fur et à mesure que la pratique progresse, divers états méditatifs apparaissent et la tradition du yoga aborde divers niveaux d'absorption méditative (*samadhi*).

La pratique de la pleine conscience est un peu différente, cependant. Elle utilise deux modes, concentration et conscience. Au début, nous commençons par observer le souffle, en remarquant ses qualités telles que la durée, la profondeur, la rugosité ou sa fluidité. Ensuite, nous nous concentrons sur la respiration dans une zone particulière, soit les narines, le centre du cœur ou le bas de l'abdomen. Une fois que la concentration est fermement établie, nous passons au mode de conscience, prendre conscience de sensations telles que sons, émotions et pensées. Enfin, nous nous concentrons sur la nature impermanente de toutes choses.

La pratique de la pleine conscience découle de la pratique bouddhiste de *Vipassana*, ou méditation introspective. Ce type de méditation est originaire d'Asie du Sud-Est et le moine bouddhiste Thich Nhat Hanh a inspiré de nombreuses personnes à adopter cette pratique, qui sert de pratique fondamentale à de nombreux bouddhistes.

Siddharta Gotama, connu sous le nom de Bouddha (qui signifie « celui qui est éveillé »), est né en Inde d'une famille de prêtres et de brahmanes fortunés. Le Bouddha pratiquait diverses formes de yoga, y compris l'ascèse (disciplines religieuses rudes telles que le jeûne, l'isolement et les exercices spirituels pénibles). Il a simplifié les pratiques du yoga en une méditation sur le souffle, en contournant les modes de pensée discursifs afin que la nature de la réalité puisse être réalisée de manière expérimentale. Les méthodes de Bouddha étaient une réaction aux formes de rituels excessifs et parfois superstitieux pratiqués par de nombreuses sectes religieuses. Au lieu de poser la question « Que croyez-vous ? » il souhaitait plus demander aux pratiquants de remarquer : « Qu'avez-vous fait ? » et « Comment l'avez-vous fait ? » Sa pratique visait à aider les pratiquants à réaliser un état de Nirvana, ou à se libérer des entraves de la compréhension, de l'aversion et du délire.

La pratique fondamentale à la pratique bouddhiste est la compréhension de l'interdépendance. Dans *Le cœur de la compréhension*, Thich Nhat Hanh explique le terme « inter-être » qui aide à éliminer l'esprit interprétant de l'expérience :

Si vous êtes un poète, vous verrez clairement qu'un nuage flotte dans cette feuille de papier. Sans nuage, il n'y aura pas de pluie ; sans pluie, les arbres ne peuvent pas pousser, et sans arbres, nous ne pouvons pas fabriquer de papier. Le nuage est essentiel pour que le papier existe. Si le nuage n'est pas là, la feuille de papier ne peut l'être non plus. On peut donc dire que le nuage et le papier « inter-sont ».

— Hanh, 1988, 3

Ce concept est connu sous le nom d'origine interdépendante : rien n'existe en soi, tout dépend de tout le reste du cosmos.

L'esprit formé par l'Occident se targue normalement de distinguer une chose d'une autre. Les discussions philosophiques respectent des distinctions subtiles afin de mieux différencier les choses. La science a capitalisé sur la capacité de l'esprit à inverser les anciennes façons de voir la nature en toutes choses, en distinguant la matière en groupes d'atomes. Une des tâches des praticiens de la méditation est de fonctionner dans un monde de distinctions tout en demeurant conscientes de l'interdépendance de toutes choses.

Dans la pratique de la pleine conscience, nous apprenons à observer les sensations physiques et les processus mentaux, élargissant ainsi notre conscience de l'interconnectivité. Le but est d'assister pleinement au moment présent sans nos filtres habituels de concepts, de jugements, d'attentes ou d'hypothèses culturelles, sans notre « histoire » sur ce que nous vivons. Avec la pratique, nous commençons à clarifier notre expérience sans nos propres interprétations chroniques ou nos manières d'être socialement conditionnés. À mesure que nous développons la pratique sur le coussin et dans la vie quotidienne, un aperçu de la nature impermanente de la réalité apparaît. Nous sommes capables de voir la nature construite de l'ego et de devenir moins liés par les croyances d'un « moi » durable. La pleine conscience ne vise pas à apprendre quoi que ce soit d'extérieur, que ce soit connaissances ou informations. Son but est de nous aider à découvrir ce qui est intrinsèquement à l'intérieur. Nos esprits sont naturellement ouverts et non obstrués, mais ils sont assombris par tout ou partie des éléments suivants : attachement aux désirs (cupidité), aversion ou hostilité, ou perception erronée de la réalité. Notre esprit est également assombri par la tendance de l'ego à manipuler les choses à notre avantage. Pendant que nous pratiquons, notre relation avec la personnalité de l'ego change ; nous découvrons que tout est impermanent. Avec tout en évolution, il n'y a vraiment pas d'identité fixe, pas de sens de « Soi » auquel se raccrocher.

Exercice 1 : Concentrez-vous sur votre respiration

Asseyez-vous confortablement dans une posture de méditation sur le sol ou sur une chaise. Réglez une minuterie sur quinze minutes, de sorte que vous n'ayez pas à vous préoccuper du temps. Commencez à ajuster votre regard : vos yeux peuvent être ouverts, baissés à un angle de 45 degrés ou complètement fermés. Commencez à noter les qualités du souffle. Les inhalations et les expirations sont-elles longues ou courtes ? Le souffle est-il rugueux et instable ou lisse et fluide ? Respirez-vous profondément ou la respiration est-elle superficielle ? La ressentez-vous humide ou sèche ? Après avoir noté les qualités, concentrez votre attention sur la respiration dans une zone particulière, soit au niveau des narines, du centre de la poitrine ou du bas de l'abdomen. Gardez toute votre attention concentrée à cet endroit et comptez le nombre de respirations à la fin de chaque expiration. Vous pouvez compter jusqu'à dix, puis revenir à zéro. Répétez ce processus en restant concentré et stable. Si votre esprit vagabonde, ramenez-le doucement mais fermement vers votre respiration.

Conscience de la sensation : se connecter avec le corps

En faisant l'expérience de la vie, nous avons généralement tendance à juger les expériences comme agréables, déplaisantes ou neutres. Quand une sensation agréable apparaît, nous en voulons plus. Lorsque quelque chose que nous jugeons désagréable se produit, nous voulons l'éviter à tout prix. Et lorsque quelque chose de neutre se produit, nous n'y prêtons presque pas attention. Une grande partie de notre vie est vécue inconsciemment sous l'effet de la cupidité (attachement aux désirs) et de l'aversion (qui peut aller du simple évitement à la pure hostilité). Nous ignorons aussi en grande partie la vaste gamme d'expériences que nous interprétons comme neutres, car elles ne commandent tout simplement pas notre attention immédiate.

En pleine conscience, nous nous entraînons à prendre conscience des sensations et de la façon dont nous naviguons dans notre vie en fonction de notre relation avec elles. Au fur et à mesure que la pratique progresse, nous pouvons voir plus facilement comment nos jugements et nos perceptions s'influencent mutuellement. Nous devenons plus sensibles aux subtilités et plus ouverts à l'expérience. Au cours de la journée, il est important de prendre conscience de la façon dont nous portons nos corps. Nous portons une attention particulière à notre position lorsque nous sommes assis ou debout, remarquons et relâchons le repli des épaules, les tensions au front ou les crampes dans la mâchoire, par exemple. Nous prenons conscience de la constriction physique et nous concentrons sur une plus grande fluidité du mouvement. Les exercices suivants nous aideront à nous adapter à ces subtilités :

Exercice 2 : Analyse corporelle pour une pleine conscience physique

Enlevez vos chaussures et allongez-vous sur le dos sur un tapis ou une serviette sur le sol. Commencez à vous ajuster pour être dans une position détendue et confortable. Vous pouvez choisir d'avoir les jambes étendues (un oreiller sous les genoux peut être confortable) ou les genoux pliés, les pieds près des fesses. En fermant les yeux, commencez à attirer votre attention vers l'intérieur. Remarquez la montée et la descente douces du ventre à chaque respiration. Il n'y a aucun effort pour respirer d'une manière particulière. Pendant cette analyse corporelle, maintenez une attitude de curiosité et d'investigation. Si vous remarquez que votre esprit vagabonde ou si des pensées surgissent, ramenez simplement votre attention sur l'analyse corporelle.

1. Amenant votre conscience au sommet de votre tête, voyez si vous pouvez remarquer la présence de sensations.

2. Déplacez votre conscience vers le bas, en remarquant les muscles autour des yeux et la zone située entre les sourcils. Remarquez les joues, la mâchoire et la langue dans la bouche.

3. Voyez si vous pouvez localiser le centre du crâne, un point situé à mi-chemin entre les yeux et l'arrière de la tête, la couronne et la mâchoire. Êtes-vous conscient des sensations ici ?

4. En attirant votre attention vers le bas dans la gorge, remarquez-vous une constriction ou le passage de l'air semble-t-il lisse et fluide ?

5. Remarquez les muscles du cou et des vertèbres.

6. Remarquez les sensations dans les épaules. Étendez lentement la conscience le long des bras, en vous arrêtant pour remarquer les articulations des coudes et des poignets. Étendez votre conscience dans les mains, puis dans les doigts.

7. Rappelez-vous que si votre esprit s'égare, ramenez simplement votre attention sur l'analyse corporelle.

8. Ensuite, en attirant votre attention sur l'avant du corps, notez toutes les sensations présentes dans les poumons ou la cage thoracique. Parfois, les sensations peuvent être ressenties comme des zones de compression, et parfois certaines couleurs se présentent. C'est bien, continuez simplement à observer. Vous pouvez sentir votre rythme cardiaque ou la montée et la descente du souffle.

9. En déplaçant votre attention vers la région abdominale, concentrez-vous sur les sensations qui peuvent y être présentes. Sentez-vous le mouvement ? Y a-t-il des zones de compression ou de constriction ?

10. En attirant l'attention sur l'arrière du corps, notez toutes les sensations présentes dans la colonne vertébrale et les omoplates, au milieu du dos et au bas du dos. Résistez à nommer les sensations, notez-les et expérimentez-les simplement.

11. Portez votre attention sur les os du bassin, de votre taille et de vos hanches. Portez votre attention sur le plancher pelvien et sur la région de l'aine et des organes génitaux.

12. Laissez votre attention s'étendre sur vos jambes, en remarquant les cuisses, les ischio-jambiers et les genoux.

13. Continuez à remarquer les mollets et les tibias, les chevilles et les pieds.

14. Concentrez-vous sur la plante des pieds, puis sur les arches et enfin sur les talons.

15. Remarquez la sensation de vos pieds sur le sol, l'ancrage régulier qu'ils procurent.

16. Commencez à remarquer que tout votre corps est un système interconnecté.

17. Sentez la montée et la descente du souffle dans tout le corps.

18. Permettez-vous d'habiter pleinement votre corps ; détendu et pourtant alerte au moment présent.

19. Prenez conscience que toutes ces sensations, tous ces sentiments coulent librement. Aucun d'entre eux ne sont permanents.

20. Lorsque vous êtes prêt, commencez à bouger vos doigts et vos orteils. Ouvrez doucement les yeux. Restez pleinement connecté au moment présent lorsque vous vous levez et passez votre journée.

Exercice 3 : Marche méditative pour concentration et fluidité

Expérimentez avec ces façons de marcher et voyez ce qu'il advient des sensations corporelles à mesure que la focalisation change. Commencez par marcher très, très lentement, en vous concentrant sur la plante des pieds. Notez l'emplacement de chaque pied lorsqu'il touche le sol. À chaque pas, notez la séquence de mouvement des parties du pied. Observez la répartition du poids, les changements nécessaires pour rester équilibré et le ressenti de la navigation à ce rythme lent. Marchez pendant deux minutes.

Ensuite commencez à accélérer le rythme à une vitesse de marche modérée. Concentrez-vous sur le centre du cœur et imaginez que vous êtes entraîné doucement vers l'avant par une légère corde attachée à cet endroit. Pendant que vous pratiquez, une sensation de glissade peut émerger. Marchez pendant deux minutes. Maintenant, commencez à changer de nouveau votre objectif : imaginez un bol presque rempli d'eau qui repose dans votre région pelvienne. Pendant que vous marchez, laissez l'eau couler doucement d'un côté à l'autre sans le renverser. Concentrez-vous sur la région du nombril et marchez à un rythme modéré, soucieux d'apporter une plus grande fluidité à vos mouvements.

Questions à étudier

- Qu'avez-vous remarqué dans la manière dont l'attention a été focalisée ?
- Qu'avez-vous remarqué à propos de la fluidité et de la constriction ?
- Avez-vous remarqué une capacité à être présent dans le corps de différentes manières ?

Observer l'interaction des pensées et des émotions

Un autre aspect de la pleine conscience consiste à se sensibiliser davantage aux sentiments et aux émotions. Nous pouvons nous entraîner à comprendre les différents sentiments et leurs modes de fonctionnement. Lorsque nous le faisons, nous pouvons comprendre comment prévenir les conditions qui conduisent à des états émotionnels douloureux, perturbateurs ou confus, simplement en nous détendant et en modifiant notre relation à ce qui se passe.

Nous pensons souvent que les personnes ou les situations extérieures sont responsables de ce que nous ressentons. Notre langage reflète clairement cette perception erronée. Vous pouvez souvent entendre quelqu'un dire : « Elle m'a mis tellement en colère quand elle… » Pour la plupart des gens, nous essayons presque toujours de blâmer notre émotion par une autre personne ou une autre situation. Comme il serait différent d'assumer la responsabilité de notre réactivité : « Je me suis laissé énerver quand elle… »

La pratique de la méditation sur la pleine conscience permet à l'entraînement mental de passer de la réactivité à la réponse. Dans une situation réactive, nous sommes comme « enfermés » dans l'émotion qui prévaut. Elle semble avoir le contrôle sur nous. Avec la pleine conscience, nous développons la capacité de prendre du recul, de faire une pause et de regarder l'émotion. Une fois que nous pouvons le faire, nous pouvons choisir une réponse plutôt que de rester bloqué dans la réactivité.

Les émotions ont deux composantes, les sensations et les pensées. Celles-ci opèrent souvent à un niveau inférieur à la conscience. La pleine conscience nous aide à devenir plus conscients de leurs interactions. Faites une pause et essayez ce petit exercice.

EXERCICE 4 : MOTS ET SENTIMENTS

Lisez les mots suivants un à la fois, puis faites une pause. Donnez-vous le temps de noter les pensées et les sensations qui apparaissent :

- feu
- araignées
- neige
- pus
- eau fraîche
- pommes
- boue suintante
- beauté

Si vous êtes observateur, vous aurez remarqué à quel point des mots simples peuvent susciter une variété de sensations et d'images. En pleine conscience, nous en prenons davantage conscience en tant que processus d'événements internes impersonnels. Nous développons une curiosité pour ce qui se passe et risquons moins de nous laisser berner par nos schémas de pensée habituels ou par nos façons habituelles de réagir. Nous nous ouvrons aux nouvelles possibilités du moment avec fraîcheur et curiosité.

EXERCICE 5 : SE CONCENTRER SUR LES GOÛTS POUR LA CONSCIENCE DE SOI

Pendant une semaine entière, prenez un peu de temps chaque jour pour noter une chose que vous aimez. Notez-les dans votre journal. Encore une fois, concentrez-vous sur le fait de *remarquer* ce que vous aimez. Notez également les sensations corporelles qui accompagnent cette expérience. La semaine suivante, notez quelque chose qui se produit chaque jour que vous n'aimez pas. Quelles sensations corporelles étaient alors présentes ?

Notre tâche est encore une fois de découvrir ce que nous ressentons réellement et de ne pas le superposer avec une idée de ce que nous « devrions » ressentir. La clé ici est réellement de *ressentir* les sentiments. Avec la pratique, nous voyons que les émotions sont souvent complexes. Parfois, nos pensées sont en contradiction avec ce que nous vivons. Avec le temps, nous pouvons commencer à nous éloigner de nos émotions et choisir de répondre plutôt que de réagir. Si vous êtes pris dans un mode réactif, essayez cette pratique, facile à retenir avec l'anagramme mnémonique APAR :

Arrêtez-vous
Prenez une inspiration
Assistez à vos sensations corporelles
Répondez au lieu de réagir

La réponse à ce stade peut être simplement de ne rien faire, ou peut nécessiter un discours conscient ou une action consciente. La capacité de répondre en pleine conscience se développe chaque fois que nous éprouvons des sentiments forts en méditation. Nous leur permettons simplement d'être comme ils sont. Au fur et à mesure que vous apportez une conscience consciente à votre vie, à la fois sur le coussin et à l'extérieur, cette pratique vous aidera à naviguer avec plus de clarté et de facilité.

La capacité de répondre de manière consciente augmente en force chaque fois que nous éprouvons des sentiments et des émotions forts pendant la méditation. Nous nous efforçons de les laisser simplement être là, tout comme ils sont, sans réagir. Graduellement, nous commençons à apprendre que la navigation émotionnelle efficace découle de l'acceptation et de l'ouverture à nos sentiments. Avec le temps, nous accueillons les expériences de la vie avec plus de calme parce que nous ne luttons pas contre elles, ne souhaitons pas que les choses soient autrement, ou n'avons pas d'attentes par rapport à la façon dont les choses « devraient » être. Nous n'avons pas à supprimer les émotions parce qu'elles nous mettent trop mal à l'aise ou écrasantes. Lorsque nous commençons à nous accepter nous-mêmes, nous constatons que l'acceptation des autres augmente également, et que la compassion pour nous-mêmes et les autres circule plus facilement.

Travailler avec des états d'esprit et des croyances

À tout moment de notre vie et de nos voyages de méditation, il devient difficile de faire pleinement l'expérience de l'esprit, quel que soit le niveau de clarté que nous avons. Parfois, nous croyons en nos pensées et pensons qu'elles sont une représentation exacte de la réalité. Nous pensons que si nous pensons quelque chose, alors c'est comme ça. Les liens de parenté, les diktats de la société et les lois du gouvernement exigent tous la capacité de voir clairement afin de choisir la façon dont nous allons agir face à des exigences parfois conflictuelles.

Cette clarté permet une plus grande liberté et comporte parfois de grands risques. Certains des choix les plus difficiles que nous faisons « vont à contre-courant » des attentes de la famille ou des attentes sociales concernant des concepts tels que « responsabilité », « coopération » et « liberté ».

Voici un aperçu général du processus : une expérience se présente. L'esprit intervient et l'interprète en utilisant des pensées et un langage. Parfois, cela peut être une compétence de survie utile, mais le plus souvent, nous consolidons nos interprétations en croyances et nous nous retrouvons coincés parce que nous interprétons toujours les choses à travers ce filtre.

À mesure que nous devenons plus intimes avec nos états mentaux, nous comprenons que ces filtres, ces croyances, sont impermanents et sujets à changement. Nous ne nous identifions pas à nos pensées et à nos émotions et reconnaissons qu'elles ne font que passer. Nous commençons à faire l'expérience de la composante linguistique de la pensée et de la manière dont le langage crée et conditionne la manière dont nous allons ultimement expérimenter les choses. Notez la différence subtile entre dire « je suis en colère ! » et « je suis en colère maintenant ! » Dans le premier exemple, nous nous identifions à la colère, dans le second, il y a l'élément de distance. Remarquez à quelle fréquence (et sans ménagement) nous disons « je dois… » au lieu de « je vais… » ou « je choisis de… ». Voyez-vous comment le premier choix de mots limite votre perception de la liberté et de l'autodétermination ? Que se passerait-il si vous envisagiez de travailler dans une tempête de neige comme une aventure plutôt que comme un inconvénient majeur ou une situation menaçante ?

L'esprit clair a souvent été décrit comme un ciel pur et lumineux, non obstrué par les nuages. Nos pensées (et les comportements réactifs qui en résultent) recouvrent cette conscience rayonnante. Parfois, la couverture nuageuse est mince ou clairsemée, mais d'autres fois, le ciel est couvert de nuages orageux qui font rage, des pensées confuses ou qui ont un impact émotionnel énorme. La méditation en pleine conscience nous aide à voir les nuages pour ce qu'ils sont : des constructions mentales. Nous pouvons voir clairement comment certaines croyances nous limitent, comment elles restreignent notre perception et nous pouvons choisir de nous libérer de ces croyances et de vivre avec une plus grande liberté.

Avec la capacité de voir les choses clairement, les nuages commencent progressivement à s'éclaircir et finalement à s'évaporer. Cela annonce le début de la vraie sagesse. Nous commençons à naviguer dans notre vie avec plus de liberté et d'aisance, et une plus grande confiance en notre capacité à choisir judicieusement.

Exercice 6 : Nommer nos pensées

Adoptez votre posture méditative confortable préférée et concentrez-vous sur la respiration dans l'une des trois zones suivantes : les narines, le centre du cœur ou le nombril. Pendant la méditation, si des pensées surgissent, nommez-les simplement (par exemple, penser à la révision de la voiture, penser au dîner, au projet en cours, penser à mon fils, etc.) et laissez-les partir. La pratique ici consiste simplement à noter les pensées qui apparaissent, à les nommer, puis à revenir à la respiration.

L'attitude de la bonté : méditation Metta

Le mot pali *metta* est couramment traduit en anglais par « bienveillance ». Metta signifie l'amitié, la non-violence et une intention forte pour le bonheur des autres. Metta est en fait une forme d'amour très spécifique, une attitude de sollicitude envers un autre indépendante de tout intérêt personnel. Il énonce une intention spécifique pour l'épanouissement humain. Naturellement, cette attitude est souvent difficile à décrire avec des mots. Cependant, dans la pratique de la méditation Metta, on récite des mots et des phrases spécifiques afin d'évoquer un « sentiment chaleureux sans bornes ». La force de ce sentiment ne se limite pas à des affiliations particulières telles que la famille, la religion ou la classe sociale. C'est un outil qui permet d'appliquer sa générosité et sa gentillesse à tous les êtres. En conséquence, on trouve le vrai bonheur dans le bonheur d'une autre personne, peu importe qui est l'individu.

EXERCICE 7 : PRATIQUER LE METTA

Le travail à cœur ouvert et la répétition exigés d'un individu engagé dans la pratique du Metta confèrent les quatre souhaits universels : vivre heureux et être libre de toute hostilité, affliction et détresse, avec un amour intérieur très personnel. Dans cette pratique se trouve le pouvoir de transformation personnelle. Si vous débutez la pratique du Metta, vous voudrez peut-être commencer par offrir ces souhaits pendant seulement dix à quinze minutes chaque jour. Vous pouvez pratiquer en tant que méditation assise ou en marchant (de préférence sans destination). Vous pouvez également choisir d'intégrer votre pratique du Metta aux tâches quotidiennes.

Pour commencer, prenez quelques instants pour calmer votre esprit et concentrez votre attention sur l'expérience de l'amour bienveillant.

Vous commencerez par offrir le Metta à quelqu'un que vous aimez. Si des pensées gênantes apparaissent, reconnaissez-les et notez mentalement d'y revenir ensuite, mais écartez-les rapidement pour maintenir votre concentration.

Tout d'abord, offrez le Metta à quelqu'un que vous aimez, quelqu'un qui a été important pour vous dans votre vie ou quelqu'un qui vous a aidé d'une manière ou d'une autre. Rappelez-vous leur image et ouvrez votre cœur lorsque vous vous récitez les intentions suivantes :

- Puisse-t-il/elle être bien, heureux(se) et à l'aise.
- Qu'aucun mal ni aucune souffrance ne vienne à lui/elle.
- Puisse-t-il/elle être en bonne santé et fort(e).
- Puisse-t-il/elle avoir la facilité du bien-être et accepter pleinement toutes les conditions du monde.

Maintenant que votre cœur est ouvert, étendez le Metta à vous-même :

- Puis-je être bien, heureux et à l'aise.
- Qu'aucun mal ni aucune souffrance ne vienne à moi.
- Puis-je être en bonne santé et fort.
- Puis-je avoir la facilité du bien-être et accepter pleinement toutes les conditions du monde.

Ensuite, étendez le Metta à une connaissance occasionnelle ou à une personne neutre, comme une personne de votre voisinage que vous pourrez reconnaître à vue, mais que vous ne connaissez pas très bien. Répétez les phrases de la première section pour cet individu.

La dernière étape consiste à étendre le Metta à une personne difficile. Cela ne doit pas forcément concerner la personne la plus difficile de votre vie, mais cela pourrait être une personne que vous trouvez actuellement difficile à côtoyer. Sachez que si cela vous semble difficile ou malhonnête à l'heure actuelle, ignorez cette section pour le moment. Avec la pratique continue, vous serez capable de saluer même avec plus de compassion les personnes difficiles ou celles qui se sont comportées de manière néfaste. Une fois que votre Metta coule à flot, commencez à inclure dans votre pratique une ou plusieurs des catégories suivantes de personnes à qui vous allez l'offrir :

1. Un ami proche.

2. Une personne neutre.

3. Une personne difficile (inutile de commencer par la personne la *plus* difficile, mais une personne pour laquelle vous avez un peu d'aversion).

4. Tous les êtres, individus, personnalités et créatures. Choisissez n'importe quel mot pour décrire « tous les êtres » qui vous plaît ; il peut être utile de diviser cette catégorie en sous-catégories : tous les hommes, puis toutes les femmes, tous les êtres qui sont heureux, puis tous les êtres qui sont à la fois heureux et souffrant et tous les êtres qui souffrent principalement.

Méditation dans la vie quotidienne

Chaque fois que vous faites quelque chose, essayez d'attirer toute votre attention sur cette tâche. Cela peut sembler difficile dans une situation de travail chargée, mais vous pouvez progressivement vous entraîner à focaliser et à déplacer votre attention sans considérer les interruptions comme des distractions ou des pressions, mais plutôt comme des occasions de pratiquer une focalisation sereine et changeante. La concentration nous aide à être plus centrés. Nous entrons dans la tâche sans être distraits par des pensées de « aimer » ou de « ne pas aimer », simplement faire ce qui doit être fait.

Pour vous exercer, choisissez une activité et concentrez-vous sur celle-ci, en libérant toutes les pensées du passé ou du futur, ou toute idée de ce que vous pouvez en gagner. Dans le faire, qu'il n'y ait que ça, le faire. Même se brosser les dents avec conscience ajoute une dimension plus riche à la vie. Prendre une douche, manger, faire le ménage, conduire, tout, en gros, offre la possibilité d'entrer consciencieusement dans le présent.

Résumé

Chaque chapitre de ce livre sur un type n'est qu'un résumé d'un chemin de méditation beaucoup plus complexe. Après avoir pratiqué comme suggéré dans ce chapitre, faites une pause pour réfléchir et répondez aux questions suivantes.

1. Qu'est-ce qui vous a marqué dans les pratiques de ce chapitre ?

2. Avez-vous une idée de la raison pour laquelle elles étaient importantes pour vous ? Ont-elles un rapport avec les schémas habituels ?

3. Notez toutes les autres raisons pour lesquelles cet exercice a résonné en vous.

4. Cet exercice vous a-t-il aidé à prendre davantage conscience de l'interaction des pensées et des émotions ?

5. Quel exercice vous a semblé le plus juste ?

Utilisez votre intuition ou votre réaction instinctive à cela. Essayez de supprimer les notions préconçues de l'exercice que vous « devriez » pratiquer ou de l'exercice que vous avez peut-être essayé plus tôt dans votre vie.

CHAPITRE QUINZE

TYPE 6 : INTROSPECTION CONTEMPLATIVE

Cette forme de méditation la plus sophistiquée est aussi la plus simple. Paradoxal, oui, mais c'est la nature même de ce type. La méditation la plus profonde est une simple concentration sur un concept, ce qui rend la plus simple des méditations profondes ! La méditation conceptuelle pourrait être résumée comme la méditation d'aucune instruction, ou tout au plus, la méditation d'une instruction. Quel que soit le sujet spécifique de l'introspection contemplative, concentrez-vous sur ce seul concept et méditez. Connue sous le nom de « forme de méditation de l'intellect », la contemplation d'une idée est un art raffiné des philosophes, des inventeurs et des scientifiques, ainsi que des méditants avancés. Cependant, comme pour chacun des chemins de ce livre, la connaissance de ses enseignements spécifiques vous aidera dans votre chemin.

Les techniques de méditation basées sur la concentration où une pensée est observée partagent toutes une définition similaire en ce sens que l'attention de l'esprit est attirée par une pensée unique. Ce dont on ne discute pas normalement, c'est que les pensées peuvent avoir divers degrés de simplicité. Un concept ou une pensée dans le contexte de cette discussion aurait le moins de densité voulue. L'exemple habituel de l'observation de la respiration est en réalité l'une des présentations les plus denses. Vous pouvez entrer dans les niveaux subtils de la respiration à l'état éclairé, mais vous pouvez aussi ressentir l'expérience physique de la respiration. De même, vous pouvez visualiser l'image visuelle d'un mantra, parler à haute voix ou contempler l'essence du mantra. La base des concepts de l'introspection contemplative est qu'il y a très peu de choses à saisir.

En raison de ce niveau de subtilité, l'introspection contemplative est également mûre pour les distractions de la pensée, le plus grand obstacle pour les personnes intéressées par ce chemin intellectuel. Dans la tradition orale de la méditation, c'est la personne brillante et intellectuelle qui a le plus de mal à simplifier l'esprit grâce à des années d'efforts pour comprendre les vérités profondes. Il est également entendu que la personne qui a une compréhension sophistiquée de la vie mais qui est capable de rester simple, humble et chaleureuse est l'être humain ultime. La seule difficulté est qu'il n'est pas facile d'atteindre cet état ; donnez-vous donc le temps voulu ! C'est aussi la raison pour laquelle je n'impose pas de longues séances de méditation à tout le monde. Pour certains, ouvrir le cœur peut être plus précieux pour leur vie que de longues heures de contemplation silencieuse.

Que cette forme de méditation vous convienne ou non, découvrez le fonctionnement de l'esprit lorsque vous vous concentrez sur un concept. Pour ne mettre en évidence que quelques sujets choisis, le premier exercice concerne l'auto-recherche. Une explication superficielle de la pratique du Zen koan est appliquée sous forme de résumé pour donner une impression de ce que j'appelle « recherche patiente ». Le concept de *maya* ou d'illusion est enseigné à partir du grand professeur Swami Vivekananda. Un quatrième exercice concerne saint François d'Assise et la mort de l'ego.

Au fur et à mesure que l'on se développe en méditation, la forme se simplifie. Divers écrits peuvent décrire *la* technique de méditation ou *le* meilleur enseignant, mais la méditation ne devient que plus simple à mesure que vous progressez dans la pratique engagée. Chaque forme est une pensée elle-même. Les niveaux subtils de méditation la laissent derrière elle.

Exercice 1 : Relaxation sur le vide

Essayez cet exercice comme amorce pour une introspection contemplative. Une petite population de personnes intéressées par ce type de méditation trouve cet exercice de relaxation efficace.

Asseyez-vous ou allongez-vous de manière détendue et débranchez-vous de la technologie pendant cinq à dix minutes. Imaginez toutes les pensées, pressions, tensions et dissensions qui quittent votre esprit de manière lente et progressive. Vous ressentez un sentiment de paix dans un état de vide. Vous pouvez imaginer un élément de vide dans votre esprit ou une libération dans votre cœur. Dès qu'une pensée entre, vous retrouvez le sentiment physique de relaxation entouré par le vide, d'être enveloppé dans le vide, rempli de néant. Inspirez l'espace, expirez l'espace. Laissez les pensées passer et remarquez la tranquillité qui existe entre les pensées. Remarquez que tout dérive dans un être pur.

Introspection personnelle et exercice

Le grand saint indien Ramana Maharshi (1879-1950) eut un profond réveil à seize ans, peu après la mort de son père.

Mystifié en voyant le corps de son père sans vie, Ramana a commencé à contempler le mystère de la vie. Son dispositif pour comprendre qui a causé son éveil se résume à poser la question « Qui est le voyant ? » Le contexte de la vie signifie que notre esprit voit quelque chose et donne un sens à cette chose ou à cet objet d'intérêt. Si une complète compréhension de « Qui est le voyant ? » dans l'esprit est réalisée, il ne peut y avoir aucun mot. Le voyant et le vu peuvent être considérés comme une seule et même chose. Lorsque cela se produit, l'ego auparavant séparé n'est plus séparé et tout conflit intérieur disparaît. Ce processus a envoyé Ramana Maharshi dans des années d'absorption spirituelle complète. Sa principale méthode d'enseignement consistait à faire en sorte que les gens se tiennent devant lui pour ressentir un sentiment d'unité.

Lorsque les étudiants lui ont demandé conseil, son principal enseignement était que l'auto-recherche apporterait une solution à tous les problèmes de l'élève. Il a encouragé la pratique consistant à poser à plusieurs reprises la question « Qui suis-je ? » C'est très simple, mais vous pouvez maintenant avoir une chance d'expérimenter sa pratique.

Exercice 2 : Qui suis-je ?

Commencez par noter vos réponses à la question auto-dirigée « Qui suis-je ? » jusqu'à épuisement de toutes les notions de l'ego, telles que : fille, mère, ami, travailleur, parent, jardinier, cuisinier, nettoyeur, médiateur, amateur de films, de cette ville natale, etc. Entrez dans les détails explicites à ce niveau extérieur grossier : je suis la première fille, je suis un rebelle en conflit, je suis curieux et créatif… Allez plus en détail pendant que vous jetez ces couches extérieures : mon meilleur ami vit ici. Je, moi, le mien, mon [insérer un objet ici] préféré est celui-là, j'aimais ça, mais maintenant j'aime ça… Continuez ! Soyez narcissique jusqu'à ce que vous réalisiez que vous êtes unique mais pas séparé. Continuez à poser la question « Qui suis-je ? » Voyez ce qui se dégage. Que découvrez-vous ?

Après avoir creusé à travers les couches superficielles, demandez-vous « Qui suis-je *vraiment* ? » Continuez à demander jusqu'à épuisement de ce niveau.

À mesure que vous vous aventurez plus près de vous-même, il n'y a plus rien à signaler. Vous avez résumé le contenu de votre ego. La question ralentit et les pensées aussi. Lorsque vous vous sentez comme si la réponse à la question « Qui suis-je ? » dépasse les mots, vous approfondissez votre méditation. Si cet exercice vous intéresse particulièrement, je vous encourage vivement à consulter le livre *The Collected Works of Sri Ramana Maharshi,* édité par Arthur Osborne, pour plus d'informations.

Zen Koans ou devinettes intellectuelles

Le bouddhisme d'Asie de l'Est est particulièrement attaché à briser les schémas de pensée mondains de l'esprit qui interprètent mal la réalité. Ces mêmes schémas de pensée interprètent également simplement la réalité lorsque la réalité est trop grande pour être interprétée. Une pratique de la tradition zen (*Ch'an* en chinois), le koan ou énigme paradoxale, a été inventée par le Maître Hui-Neng (628-713 après J.-C.).

Hui-Neng croyait en l'illumination soudaine ou en la possibilité de comprendre l'essence de la réalité à tout moment. Ses rivaux de cette époque croyaient qu'il fallait méditer pendant de longues heures avant de pouvoir comprendre l'esprit. Hui-Neng a atteint l'illumination malgré son analphabétisme. Un jour, il a entendu un moine réciter un sutra bouddhiste et, à partir de ce moment, il a quitté le marché pour devenir moine. Son état d'esprit simple lui permettait le luxe d'être libéré de la compréhension complexe intellectuelle de la réalité.

Hui-Neng a dit :

Si quelqu'un vous interroge sur le sens premier de la vie et sur « être », *vous répondez « non-être ». S'il demande sur le « non-être », vous répondez* « être ». *S'il pose des questions sur « le commun », vous répondez « le sage ». S'il demande sur « le sage », vous répondez « le commun ». Les deux moyens interagissent et produisent le moyen terme. Si tous vos dialogues avec d'autres personnes suivent ce modèle, vous ne vous écarterez pas du principe.*

-(L'esprit du Ch'an [Zen] chinois, Wu, 24-25)

Une telle approche des discussions surprend l'auditeur, l'esprit est dupé par une réponse à une question de manière inattendue. Une question profondément philosophique peut avoir son contexte dans un contexte académique, mais lorsque vous essayez d'aller au-delà de l'esprit pensant, la simplicité est plus efficace. Cependant, une question simple peut nécessiter quelques précisions. Ainsi, lorsque vous faites face à votre propre esprit pendant que vous méditez, traitez-vous de la même manière. Explorez les domaines que vous devez comprendre et laissez votre intellect s'occuper des questions complexes, par exemple, après avoir réfléchi à une question sans réponse, telle que « Pourquoi la souffrance humaine existe-t-elle ? » Bien que cette question suscite des réponses, aucune conclusion définitive n'a été tirée au cours de milliers d'années de discussions.

Un autre exemple est celui des koans traditionnels, tels que « Quel est le son d'une applaudissement avec une seule main ? » Un koan intéressant sous la forme d'une supposition du Sutra du cœur bouddhiste : « La forme est vide, le vide est forme ». Une application moderne à cette pratique consiste à poser une question de la vie réelle sans réponse qui découle de la condition humaine. Par exemple, l'existence de Dieu a bloqué l'humanité avec la majorité croyant en Dieu, mais pas l'athée. Cette pratique contemple simplement la question. Cependant, si vous avez mal au dos et que vous vous demandez comment remédier au problème, posez des questions concrètes et remédiez à la situation. Ou si vous avez peu d'expérience de la méditation, posez des questions et lisez des livres sur le sujet. Une fois que vous aurez acquis de l'expérience, abandonnez votre esprit complexe et essayez d'être aussi simple qu'un réceptacle vide.

Les koans vous emmènent au-delà de la pensée discursive et les réponses ne peuvent pas être fournies sur le plan linguistique. « Travailler » un koan dans votre vie signifie examiner une situation au-delà d'arguments ou de débats concrets. Vous écoutez avec toutes les parties de votre être ; vous épuisez toutes les méthodes de recherche. Ce processus pourrait durer des mois, voire des années. Vous êtes assis avec la question et travaillez dessus. Vous ne voulez pas prouver un point de vue particulier, mais casser vos idées préconçues sur la réalité. Encore une fois, si ce concept résonne avec vous, il existe de nombreux livres écrits sur les Koans Zen. Les ressources comprennent : *Esprit zen, esprit neuf* de Suzuki, *L'esprit du Zen* de Alan Watts, *Gateless Gate: The Classic Book of Zen Koans* de Koun Yamada, et *The Blue Cliff Record* de Thomas Cleary.

EXERCICE 3 : RÉFLÉCHIR SUR UNE QUESTION OU UN SUJET SANS RÉPONSE

Examinez un problème comme la violence, la pollution, la guerre, le matérialisme ou un autre problème. Réfléchissez bien à ce problème jusqu'à ce que vous n'ayez plus de solution et essayez d'aller au-delà de l'esprit pour trouver une réponse mystique. Au début de cette pratique, vous pouvez effectuer des recherches sur le sujet dans une certaine mesure avant de vous sentir comme si vous compreniez certains des arguments existants sur le sujet. Puis commencez à utiliser votre intuition par la méditation. À un moment donné, l'esprit cesse de s'efforcer. Les questions typiques à prendre en considération sont :

- « Pourquoi la guerre existe-t-elle ? »
- « Dieu existe-t-il ? »
- « Que se passe-t-il quand une personne meurt ? »
- « Pourquoi y a-t-il faim dans le monde alors qu'il y a assez de nourriture ? »
- « Pourquoi mon ami a-t-il une maladie alors qu'il est jeune ? »

N'hésitez pas à créer des questions personnellement motivées.

Maya et le concept d'illusion

Le concept de *maya* (illusion) vise à réduire l'attachement aux pensées de l'esprit. Swami Vivekananda était l'un des plus grands enseignants de la philosophie védique non duelle. Il fut le premier Indien très influent à parler à des Américains dans son discours devant le Parlement mondial des religions de 1893 à Chicago. La force et la clarté de la conférence de Vivekananda a surpris le monde, l'Inde étant alors considérée comme un pays arriéré.

Dans sa définition du concept de maya, Vivekananda propose ces mots : « Parce que nous parlons en vain et que nous sommes satisfaits des choses des sens et que nous courons après des désirs, par conséquent, nous recouvrons en quelque sorte la réalité avec la brume » (*Jnana Yoga*, 88). Cette brume est notre ignorance. La réalité elle-même n'est pas une illusion, mais la perspective limitée de notre esprit à la réalité est brumeuse. Le but de la méditation et du mysticisme est de clarifier l'esprit.

Vivekananda continue :

Ainsi, nous constatons que le Maya n'est pas une théorie pour expliquer le monde : c'est simplement un exposé des faits tels qu'ils existent, le fondement même de notre être est la contradiction, le fait que nous devons traverser cette énorme contradiction partout, que là où il y a du bon, il faut aussi du mal, que là où il y a du mal, il doit y avoir du bien, partout où il y a de la vie, la mort doit suivre son ombre, et tous ceux qui souriront devront pleurer et vice-versa.

On ne peut pas non plus remédier à cet état des choses… Ainsi, la philosophie du Vedanta n'est ni optimiste ni pessimiste. Il exprime ces deux points de vue et prend les choses comme elles sont.

— ibid, 97

Pour aider à surmonter certaines limitations mentales dans le processus de méditation, l'idée que notre esprit est un outil limité peut être utile. Les mystiques affirment également que plus nous sommes attachés à notre existence individuelle par la perception de notre esprit, plus nous sommes en mesure de faire pleinement l'expérience de la réalité.

Christian de Quincey, éducateur en matière de conscience, a déclaré :

Toutes les croyances sont limitantes, car ce sont des abstractions. Les croyances sont des pensées et des concepts littéralement « abstraits » (tirés du) flux d'expérience en cours. Ce sont des instantanés de la réalité, des fragments de conscience figés. Et parce qu'ils sont des abstractions cueillies sur le flux d'expérience, ils ne peuvent jamais nous connecter avec la réalité. La réalité et l'expérience se produisent toujours maintenant.

Les croyances, par contre, sont toujours et inévitablement enracinées dans le passé. Elles viennent d'expériences déjà vécues. La plupart du temps, ces croyances sont issues d'autres personnes et sont filtrées à travers un cadre culturel. Tant que nous sommes concentrés sur nos croyances (même si nous croyons que ces croyances sont la vérité), nous manquons la réalité de ce que nous vivons. En ce sens, toutes les croyances limitent dans une certaine mesure car elles nous isolent de la réalité.

Même si cette forme de méditation ne vous convient pas parfaitement, prenez l'essence de ces enseignements et examinez en quoi la reconnaissance des illusions dans vos schémas de pensée ralentit votre niveau de méditation.

Exercice 4 : Relaxation par réflexion sur l'illusion

Chaque fois que vous inspirez et expirez, remarquez votre illusion ou votre attachement à la tension. Remplacez « Mon cou est tendu » par « La zone du cou est tendue », puis laissez-le se relâcher avec le souffle. Notez qu'en vous détachant de votre corps physique, vous pouvez diminuer la prise de l'ego sur le corps et vous laisser aller à une relaxation silencieuse. En abandonnant la vision égoïste de la vie, voyez comment une expérience détendue s'élargit.

Exercice 5 : Réfléchir à la vision de l'illusion dans votre pensée

Réfléchissez à ces questions dans votre journal pour commencer cet exercice de méditation sur l'illusion :

- Qu'est-ce qui vous empêche de faire votre méditation ?
- Quels sont vos attachements matériels ?
- Quels sont les désirs qui vous attachent à vos pensées ?

Un exemple serait que je doive envoyer un e-mail à tous mes amis sur Facebook parce qu'ils m'ont envoyé des messages, je n'ai donc pas plus de temps pour méditer. Mes amis seront fâchés avec moi si je les évite et je « veux » qu'ils m'aiment. En fin de compte, je pense que je suis une mauvaise personne si je ne réalise pas ce que je perçois de ce dont mes amis ont besoin. Je commence à réaliser que la personne qui n'a pas le temps vit dans une illusion. Le peu de temps consacré à la méditation aidera à surmonter l'illusion qui empêchera en définitive une personne de vivre dans la plénitude de sa vie.

Exercice 6 : Méditation du moment présent

Réfléchissez sur le concept de maya et découvrez certaines formes de pensées qui « brouillent » votre compréhension de la vérité. Les désirs profonds et les croyances dans nos vies nous font mal percevoir la réalité. Lorsque vous méditez sur le concept de maya, recherchez des périodes de silence dans votre esprit. Chaque fois qu'une pensée surgit, rappelez-vous que c'est une illusion. Je veux surtout souligner la façon dont cet exercice offre très peu de conseils par rapport aux autres exercices de méditation des chapitres précédents.

Méditation sans ego, ou abandonner l'ego

Les cultures monastiques à travers le monde pratiquent l'ascèse pour gagner en sagesse spirituelle. Les pratiques religieuses modernes incluent le jeûne, donner de l'argent à des causes sans but lucratif et abandonner son temps libre pour servir les pauvres, en plus d'une foule d'autres activités disciplinées. Dans la psyché collective, ceux qui renoncent au confort matériel sont considérés comme des êtres supérieurs très proches du divin. Les enseignants modernes ont tiré les leçons de l'attitude pieuse d'anciens chefs spirituels, mais prêchent souvent une vie équilibrée pour lutter contre les extrêmes potentiellement malsains de l'ascèse. Un exemple récent est un homme qui a jeûné pendant quarante jours et quarante nuits et qui est presque mort. Sa tentative pieuse d'abandonner son ego a fait que ses proches ont dû le soigner pendant trois mois. Ses efforts pour éliminer l'égoïsme ont fini par forcer les autres à prendre soin de son ego et de son corps faible.

Le processus de perte de son ego est une étape importante que les praticiens d'ascètes ont bien définie. Saint François d'Assise, l'un des professeurs les plus profonds de l'absence d'égoïsme, offre un exemple de la relation entre humilité et méditation. Une des principales difficultés de l'humilité réside dans l'estime de soi. L'humilité est une attitude avancée et indépendante de la faible estime de soi. La personne humble a une haute estime de soi et n'a donc besoin d'aucune adoration. En utilisant la philosophie de la Pensée pure du chapitre 5, en tant que paradigme pour les états psychologiques, le schéma de pensée négative provoque une faible estime de soi. Une personne qui n'a que peu d'estime pour sa propre place peut paraître humble en plaçant les autres au-dessus d'elle-même.

Cependant, cette faible estime de soi est en réalité un état dépressif. La phase positive de la triade serait la personne égocentrique qui surestime ses propres besoins. D'une autre manière, la personne à l'esprit pur comprend qu'elle n'est pas le centre de la réalité, mais elle a une haute estime de soi.

Saint François aborde le thème de « mourir pour soi-même » afin de connaître une réalité supérieure à la conscience d'éveil normale. Il remercie les personnes qui le persécutent car il reconnaît que son ego n'est pas très précieux dans le contexte plus large de l'univers. Si Saint François fait confiance à son esprit personnel limité dans sa profonde contemplation, il se leurre plutôt que de se centrer sur une réalité plus grande que son propre esprit. Saint François n'a pas une faible estime de soi, il a créé un ordre religieux qui se poursuit encore aujourd'hui. Saint François a une bonne estime de soi parce qu'il s'appuie sur la sagesse supérieure à laquelle son esprit humain s'abandonne.

La prière de saint François

Seigneur, fais de moi un instrument de ta paix. Là où il y a de la haine, laisse-moi semer l'amour ; là où il y a blessure, le pardon ; là où il y a le doute, la foi ; là où il y a du désespoir, de l'espoir ; là où il y a les ténèbres, la lumière ; où il y a de la tristesse, de la joie.

Ô maître divin, permets que je ne cherche pas trop à être consolé, mais à consoler, pas à être compris, mais à comprendre, pas à être aimé, mais à aimer. Car c'est en donnant que nous recevons ; c'est en pardonnant que nous sommes pardonnés ; c'est en mourant [pour soi-même] que nous naissons pour la vie éternelle.

La déclaration finale de la prière de saint François est son enseignement de l'humilité. Il applique figurativement l'image de la mort à l'ego humain. Cela assimile l'approche de la méditation à la cessation des pensées de l'esprit. Le but de la méditation est de focaliser l'esprit, permettant ainsi de cesser le bavardage mental normal et de laisser briller la lumière d'une réalité supérieure dans l'être d'une personne. Saint François parle de « renaître » en tant qu'état plus éclairé, et donc de renaître à la vie éternelle. Rappelez-vous que la nouvelle renaissance n'est pas un sacrifice, mais un abandon d'un état d'être inférieur qui vous laisse le sentiment d'une paix « éternelle ».

Exercice 7 : Relaxation par la fusion avec l'univers

Lorsque vous inspirez et expirez dans une posture de relaxation confortable, réfléchissez au fait que votre respiration est la respiration de l'univers. Lorsque vous inspirez, recevez le plus grand univers. En expirant, libérez-vous dans cet univers. Commencez à relâcher la tension qui représente une séparation de cet univers plus vaste. Continuez avec ce processus qui vous prépare à la méditation.

Exercice 8 : Pratiquer l'humilité

Comme deuxième exercice, remarquez comment la prière de Saint François a un rapport avec votre vie. Dans un journal, notez les domaines existants dans votre vie où l'humilité joue un rôle. Existe-t-il un domaine de difficulté où vous pouvez utiliser la formule de « mort et renaissance » pour développer l'estime de soi par le biais d'une réflexion mystique ? Prenez le temps de réfléchir profondément et de déterminer comment l'humilité peut enrichir votre vie. Pendant ses retraites, Saint François passa des heures et des heures dans une profonde contemplation, en grande partie liée au développement de sa compréhension de l'humilité. Méditez sur vos propres idées de manière similaire et dévouée.

Exercice 9 : Fusionnez votre conscience avec le Saint

Passez un peu de temps à étudier la prière de Saint François et à réfléchir à celle-ci. Pouvez-vous utiliser votre intuition pour savoir ce que serait une conversation avec le saint ? Tenter de comprendre l'esprit inspiré des écrivains spirituels est une bonne méthode d'étude des Écritures et une pratique clé de la recherche contemplative.

Résumé

Chaque chapitre de ce livre sur un type n'est qu'un résumé d'un chemin de méditation beaucoup plus complexe. Après avoir pratiqué comme suggéré dans ce chapitre, faites une pause pour réfléchir et répondez aux questions suivantes.

1. Qu'est-ce qui vous a marqué dans les pratiques de ce chapitre ?

2. Avez-vous une idée de la raison pour laquelle elles étaient importantes pour vous ? Ont-elles un rapport avec les schémas habituels ?

3. Notez toutes les autres raisons pour lesquelles cet exercice a résonné en vous.

4. Cet exercice vous a-t-il aidé à prendre davantage conscience de l'interaction des pensées et des émotions ?

5. Quel exercice vous a semblé le plus juste ?

Utilisez votre intuition ou votre réaction instinctive à cela. Essayez de supprimer les notions préconçues de l'exercice que vous « devriez » pratiquer ou de l'exercice que vous avez peut-être essayé plus tôt dans votre vie.

PARTIE IV

ENTRETENIR UNE PRATIQUE MÉDITATIVE

Que faut-il pour maintenir une pratique de méditation ? Même si nous souhaitons bénéficier des avantages de la méditation, nous devons inévitablement faire face à la résistance de nos habitudes de pensée et d'émotion enracinées. La clé est de se rappeler que la méditation est un **processus** et que les méditants ne sont pas des personnes parfaites avec des pensées, des émotions et des comportements parfaits. Les dix principales raisons pour lesquelles les gens luttent avec la méditation et leurs liens avec les préceptes respectés du yoga pour bien vivre sont explorés. En plus d'identifier ces problèmes, les lecteurs sont encouragés à se joindre à un groupe de méditation pour obtenir du soutien.

Justification de la partie IV

En organisant un cours pour ceux qui ont pris l'habitude de méditer, j'ai remarqué que les deux premières étapes du chemin de la méditation en huit étapes du yoga définissent cinq principes qui provoquent une résistance à la pratique de la méditation et cinq principes qui soutiennent la pratique de la méditation. Les dix chapitres courts de la quatrième partie traitent des luttes communes que les élèves ont soulevées lors de discussions de groupe.

Cinq comportements à éviter

- Chapitre 16 : Ne pas faire de mal
- Chapitre 17 : Vivre dans la vérité
- Chapitre 18 : Qu'entend-on par « ne pas voler »
- Chapitre 19 : Liberté dans l'auto-retenue

- Chapitre 20 : Liberté de l'avidité

Cinq comportements à observer

- Chapitre 21 : Équilibre et perspective
- Chapitre 22 : Contentement
- Chapitre 23 : La valeur de la discipline
- Chapitre 24 : Auto-apprentissage
- Chapitre 25 : Le sens de la reddition

Profiter des exercices de la partie IV

Comme il y a dix chapitres dans la quatrième partie, chacun comprenant divers exercices propices à la réflexion, veuillez en parcourir les différents chapitres et ne réaliser que des exercices de réflexion en rapport avec vos questions ou vos besoins. Concentrez votre énergie sur les exercices qui vous aident maintenant. Si vous êtes un débutant en méditation, l'intégralité de la partie IV pourrait vous intéresser à l'avenir, une fois que vous aurez commencé à parcourir le voyage intérieur de la méditation. Même si une certaine introspection vous sert dans la pratique de la méditation, le plus est l'ennemi du bien, surtout lorsque vous avez besoin de temps pour respirer, vous détendre et méditer !

CHAPITRE SEIZE

NE PAS FAIRE DE MAL

Face à l'ombre du passé

Bien que le timing soit unique et imprévisible, l'entraînement à la méditation exploite profondément la psyché de chaque participant. Dès que l'esprit se calme, comme l'eau de l'étang immobile, des problèmes plus profonds sont exposés. Des sentiments positifs comme la joie et la paix apparaissent dans des états plus forts. Des sentiments difficiles comme la tristesse ou d'autres mentalités douloureuses peuvent surprendre le méditant qui recherche la paix. Tandis que chacun d'entre nous doit parcourir les vicissitudes de la vie, nous pouvons au moins attendre ces réponses émotionnelles lors de la méditation.

Équilibrer ces émotions est un objectif. Il est également approprié de continuer à rire et ressentir la gamme normale d'émotions, car apprendre de ces émotions et des problèmes qui en résultent définit l'esprit méditatif. Le praticien en méditation vise à être parfait dans l'apprentissage mais pas parfait dans la vie. Le journaling et la discussion de problèmes personnels avec des amis de confiance peuvent être bénéfiques. Sachez toutefois que, parfois, des problèmes profonds non résolus peuvent nécessiter l'intervention d'un conseiller professionnel.

Méfiez-vous des projections émotionnelles susceptibles de se produire de manière inattendue. Projection signifie appliquer ou blâmer un état d'esprit intérieur personnel à un sujet ou à une personne sans rapport. Si vous constatez de fortes réactions émotionnelles envers votre instructeur ou un camarade de classe, veuillez en discuter discrètement avec l'instructeur.

Un autre signe d'émotion accablante s'exprime en évitant la pratique personnelle de méditation. À ce stade, il vous est conseillé d'en discuter avec la classe ou votre instructeur. Prendre le temps de noter ou de traiter l'émotion peut être la réponse appropriée. Veillez à ne pas penser que la méditation est la cause de l'état émotionnel : la méditation peut être le véhicule qui permet une guérison intérieure profonde.

Si votre pratique de la méditation continue à vous sembler accablante, vous devrez peut-être ajuster votre approche. Le moyen le plus sûr de vous ajuster est de pratiquer les exercices figurant dans les chapitres de la partie II : faites plus d'exercices de respiration profonde et de relaxation, ou travaillez vos cinq sens pour cultiver l'immobilité intérieure. Les exercices de la partie II apaisent également l'esprit mais peuvent être plus adaptés si la méditation silencieuse vous pose problème.

La non-violence et le passé

Pour la plupart des êtres humains, le présent signifie la somme du passé jusqu'à ce moment présent. Les interactions humaines sont basées sur les associations de nos expériences précédentes. Cette capacité à se souvenir du passé confère à l'esprit humain une compétence distincte dans le règne animal. Cependant, cette capacité peut aussi nous enfermer dans une réalité du passé qui peut ne pas exister dans le moment présent. En d'autres termes, l'esprit polarise constamment la réalité sur la base d'expériences passées. Les expériences passées non résolues sont particulièrement problématiques.

Il était une fois un jeune homme, dont la famille était dominante, qui s'était éloigné de son pays d'origine à la recherche de la paix intérieure. Peu de temps après, le jeune homme a été promu dans son nouvel emploi et a rencontré un nouveau patron qui ressemblait physiquement au père qu'il avait laissé derrière lui. Cela va sans dire que le jeune homme ne pouvait pas voir son patron comme la gentille personne qu'il était ni entendre ses aimables instructions. Il a revécu son passé et a continué à voir son père dans le nouveau patron. Le jeune homme était coincé dans le passé non résolu soulevé par la nouvelle « figure paternelle ». La nuit, quand le jeune homme s'est assis pour effectuer sa pratique de méditation, il a commencé à penser à sa journée de travail et à son enfance. Sa méditation ne portait pas sur le moment présent ; elle était enracinée dans le passé.

Cet exemple est normal pour les praticiens de la méditation. Le même esprit humain qui recueille la sagesse des expériences du passé s'applique également aux questions du passé. Si vous avez eu un traumatisme important dans le passé, il est important de faire appel à un conseiller spécialisé dans la guérison de ce type de traumatisme. Cependant, si vous avez simplement des souvenirs d'événements qui ne sont pas considérés comme des traumatismes, vous avez toujours des émotions qui persistent dans votre esprit. La pratique de la méditation amène ces événements au premier plan de votre esprit. Dans le calme de l'étang immobile, les profondeurs sont révélées.

Cet exemple concerne les émotions non résolues. La plupart d'entre nous avons beaucoup de ces « non-résolutions » qui révèlent leur existence lorsque nous réagissons fortement à des situations. La pratique n'enlève pas ces souvenirs de notre esprit, contrairement au lavage de cerveau. Le but est de comprendre, d'accepter et finalement de libérer l'émotion associée. Par exemple, si notre jeune homme peut comprendre ce qu'il ressent pour son père, il conservera les souvenirs mais pas la charge négative. Cela donnera à notre jeune homme la sagesse là où existait la douleur.

Rappelez-vous que la méditation n'est qu'un processus pour la réalisation de soi, un terme désignant la recherche d'une vie consciente spirituellement ou d'un bonheur profond. Il existe de nombreux processus de réalisation de soi, des mouvements de croissance personnelle aux pratiques religieuses. Les techniques, bien qu'importantes, sont secondaires à la croissance personnelle. Dans le cas de nombreuses activités de croissance personnelle, on a tendance à imaginer que la technique fera tout le travail et éliminera comme par magie les défis de la vie.

Dans ce cas, une personne s'appuie sur une technique de méditation, comme si elle allait effectuer le changement. La technique sert de miroir à la compréhension de soi. Et c'est la compréhension de soi qui mène à la réalisation de soi.

Exercice 1 : Conscience de soi

Avancez en sachant d'abord où vous êtes

Dans votre journal, citez un à trois exemples d'expériences passées guéries. Par exemple, notre jeune homme de tout à l'heure a décidé de considérer son nouveau patron comme un individu plutôt que comme une version de son père. Chaque fois qu'il avait une réaction défavorable envers son patron, il tirait des leçons de ce sentiment. Il a utilisé la distance de son vrai père pour comprendre son enfance. Il est allé jusqu'à confier cette information à son chef et il est devenu un allié dans le processus personnel du jeune homme. Le patron était extraordinaire et, avec le temps, le jeune homme a appris à accepter son père ainsi que ses propres réactions. Bien que pas complètement résolue, la méditation du jeune homme n'était plus perturbée par des pensées troublantes après six mois de pratique. En répertoriant et en résolvant quelques situations que vous avez surmontées dans votre vie, notez votre propre processus de compréhension de l'événement, de son acceptation et, éventuellement, de sa libération pour vivre dans le présent. Apprenez de vos réussites et des aperçus que vous avez de vous-même.

L'étape suivante consiste à répertorier dans votre journal un à trois exemples d'expériences passées troublantes. Vous pouvez choisir un simple facteur de stress comme le trafic ou une tâche banale que vous redoutez quotidiennement. Vous pouvez également choisir une situation interpersonnelle plus complexe sur laquelle vous insistez lorsque vous êtes assis en méditation. Cette liste peut être longue, y compris les situations d'enfance, les interactions au lycée, les problèmes de santé, les problèmes financiers, etc. Choisissez une seule situation comme objet pour la pratique de la méditation une semaine.

Appliquez le concept de non-violence à cette situation sous forme d'acceptation, d'amour, de compassion ou de pardon. Conservez cette version non-violente. Au début, le journaling peut être la forme la plus précieuse de réflexion sur la question. Ensuite, asseyez-vous tranquillement et laissez votre esprit se concentrer sur ce sujet d'un point de vue spirituel. Chaque individu peut accomplir cet exercice à sa manière, qu'elle soit visuelle, intellectuelle, sous forme de prière, de lumière, en tant que mantra ou autre approche connexe. Le fait est que vous obtenez des informations personnelles sur la situation afin que vous puissiez trouver un sens de réalisation de soi.

Exercice 2 : Relaxation du lâcher-prise (du chapitre 7)

Inclinez-vous dans une position confortable. Imaginez flotter sur une rivière. Vous flottez en toute sécurité et sentez le doux courant de l'eau dériver paisiblement. À côté de vous, un panier flotte où vous pouvez placer tous les soucis, préoccupations ou problèmes qui vous préoccupent. Vous ferez une pause de ces problèmes en les plaçant mentalement dans le panier.

Continuez à respirer et à flotter lorsque vous sentez que des tensions se libèrent à chaque expiration.

Lorsque de nouveaux problèmes apparaissent, placez-les également dans ce panier. Permettez-vous de relâcher temporairement les blessures, les regrets et les ressentiments du passé. Lorsque vous placez ces problèmes dans le panier, remarquez ce que vous ressentez et restez passivement conscient.

Continuez à respirer et à flotter en continuant à ressentir un état de relaxation plus profond.

À la fin de la relaxation, votre perception changera légèrement, vous aidant à comprendre les problèmes du panier dans une nouvelle perspective. Vous n'avez ni nié ces problèmes, ni ne vous y êtes attardés ; vous avez permis à un sentiment d'acceptation de la vie d'apaiser le corps avec relaxation.

CHAPITRE DIX-SEPT

VIVRE DANS LA VÉRITÉ

Discours correct et dialogue intérieur

Le livre de Paula Green, *Reconciliation and Forgiveness in Divided Societies: A Path of Courage, Compassion, and Commitment* [Réconciliation et pardon dans les sociétés divisées : une voie de courage, compassion et engagement] raconte l'histoire étonnante d'un groupe de moines tibétains qui sont restés compatissants envers leurs bourreaux. Détenus par les ravisseurs chinois, les moines éprouvaient de la compassion pour les soldats à qui on avait ordonné de torturer les prisonniers. Le célèbre moine Lopon n'a jamais cédé aux sentiments négatifs. Au lieu de cela, il a interprété les actions d'un point de vue compatissant. Croyant à la réincarnation de l'âme, il s'est senti désolé pour la vie future des soldats chinois. La vision du monde de Lopon inclut une forte croyance dans le concept de karma qui englobe les vies futures de l'âme basées sur les actions de la vie présente. Lopon savait également que son propre karma serait affecté s'il maudissait ses ravisseurs ; à ses yeux, ce ne serait pas différent que de susciter la haine dans son présent et son avenir.

Cet exemple extrême explique en quoi les pensées négatives sont l'une des principales raisons d'éviter la pratique personnelle de la méditation et d'effectuer une méditation incorrecte. Si l'un de nous a une pensée négative à propos d'une autre personne, quelque chose qui peut se produire quotidiennement, cette pensée est retournée vers l'intérieur tout en méditant. En restant assis, personne n'est à blâmer pour nos pensées négatives ou nos sentiments malheureux. Le praticien de méditation est laissé à lui-même dans ces moments-là. Si ces pensées négatives ne sont pas formulées de manière positive, la méditation sera très, très pénible, inconfortable et même insupportable.

Heureusement, l'exemple de Lopon et de ses moines nous donne l'inspiration nécessaire pour gérer des pensées moins négatives. Ce message aide à poser la question « Quelle est la vérité dans cette situation ? » Chaque situation de la vie est interprétée par l'être humain. Les individus sont nommés « individus » parce qu'ils ont chacun une réponse différente à une situation donnée. La réponse à la torture pour la plupart d'entre nous est le dégoût ou la colère envers la personne qui inflige la douleur. Cependant, Lopon montre que la compassion peut être une autre réponse à la situation. Par sa volonté, Lopon a été capable de transformer une situation.

Nous ne connaissons peut-être pas le processus interne de Lopon, mais nous pouvons être certains que pour la plupart des gens qui surmontent une situation difficile, il existe un processus interne à l'œuvre pour atteindre cette vérité plus profonde de la compassion. Ce processus peut ne jamais se terminer car l'esprit humain trouve constamment des raisons de s'agiter, raison pour laquelle le terme « inconscient » a conservé sa pertinence. Chacun de nous assis ici a des problèmes inconscients en jeu à tout moment. Voici quelques indices sur le fonctionnement de notre esprit. Ces types de réactions se produisent au milieu de la vie quotidienne et sont très révélateurs.

Rappelez-vous que notre culture suppose généralement que les divisions externes restent externes. Par exemple, M. X était impoli de l'autre côté de la pièce en criant sans réfléchir. Cependant, dès que M. Y pense : « Voilà encore M. X. C'est une méchante personne », M. Y a intériorisé le même état négatif. Si M. Y voit l'impolitesse de M. X avec compassion, M. Y reste dans un état d'esprit paisible. M. Y pense : « Je ressens de la compassion pour M. X, qui doit continuer à crier pour faire passer son message. »

Ce qui est en jeu ici, c'est l'effet interne sur notre esprit et l'exercice suivant peut aider à remédier à ces problèmes.

Exercice 1 : La pratique de regarder à travers le prisme de la vertu

Déterminez une vertu qui détient le pouvoir pour vous et maintenez simplement cette vertu dans votre esprit. La compassion est un bon exemple (particulièrement à la lumière de ce chapitre), mais des vertus proches de l'amour, de la joie, de l'acceptation, de la paix, de la foi et d'autres fonctionnent tout aussi bien selon votre situation. Cette pratique contient la vertu dans l'esprit et laisse cette vertu être l'objectif d'une interprétation d'une situation qui se produit dans votre esprit. Observez vos propres pensées en termes de vertu. Pratiquez cet exercice brièvement le matin pour vous rappeler de gérer les événements quotidiens avec cette approche véridique. Dans la soirée, passez en revue les événements de la journée à partir de cet objectif de vérité et recadrez les situations troublantes.

Si une pensée persistante continue à apparaître dans votre méditation, commencez à travailler avec les racines de cette pensée dans un journal ou dans une méthode qui vous aide à acquérir une compréhension plus profonde de la pensée ou du sentiment inconscient. Au fur et à mesure que vous progressez avec ces perturbations, vous pourrez réengager l'esprit apaisant. Sans affronter ces problèmes, la méditation peut devenir un mécanisme d'autodéfense.

1. Notez votre première réaction à une situation. Soyez prudent d'apprendre les racines de votre réaction plutôt que de simplement remplacer la réaction par un aspect positif.

2. Réfléchissez aux réponses alternatives à la situation à travers le prisme de la vertu que vous avez choisie.

3. Conservez la vertu chaque fois que vous réfléchissez à cette situation.

4. Rappelez-vous que ces étapes sont pour la tranquillité de votre esprit interne. Vous déterminez ensuite vos actions à votre guise. Vous pouvez toujours réprimander un enfant, mais vous exprimerez les limites ou les punitions avec amour. Vous pouvez toujours discuter d'une situation injuste avec un collègue, mais vous le ferez avec compassion.

Exercice 2 : méditation par réflexion ou journalisation

Observez la vie dans une perspective spirituelle proche de la compassion ou de la vertu de votre choix. Traitez vos pensées internes de la même manière et notez comment vous pouvez rester insensible à une situation de vie stressante tout en méditant sans l'ignorer. Essayez de pratiquer au moins quelques minutes deux fois par jour, même si l'une des séances se limite à quelques minutes.

CHAPITRE DIX-HUIT

QU'ENTEND-ON PAR « NE PAS VOLER » ?

Écouter les émotions

Dans la vie réelle, le vol se produit rarement, si vous pensez au nombre de fois où votre voiture n'est pas volée, au nombre de fois où le caissier vous donne la monnaie correcte et à environ un million d'autres interactions sociales tout au long de votre journée. Toutefois, si vous examinez des niveaux de vol plus subtils, chacun de nous tire parti de la nature, souvent sans le savoir. Nous aimons les choses « gratuites », mais est-il possible que quelque chose soit *vraiment* gratuit ? Pensez à des formes plus subtiles de vol, et pensez à voler le temps des autres, ou pensez à voler votre propre temps. En n'écoutant pas les autres et vous-même, nous détournons tous notre vie en ignorant les joies et les réalités subtiles de la vie. Voici quelques exemples souvent négligés, le vol se produisant de nombreuses manières subtiles dans la société moderne :

1. La surstimulation par la technologie, la télévision par câble, Internet, les téléphones portables, etc. ne laisse pas de temps pour les événements de la vie normale. La vie technologique vole du temps calme.

2. Les conversations au cours desquelles les deux parties réfléchissent à leurs prochains mots, sans écouter l'autre personne, perpétuent un double vol. Premièrement, nous volons l'autre personne en n'écoutant pas attentivement. Deuxièmement, nous nous volons en n'appréciant pas cette personne.

3. Nous volons notre temps calme en le remplissant d'activités sans fin, par conséquent, nous ne traitons pas nos émotions.

Exercice 1 : Écoute sincère

Dans une conversation, voyez si vous ne pouvez qu'écouter et poser des questions à un ami sans exprimer votre propre opinion.

1. Demandez à votre ami de décrire un type de stress qui interfère avec la tranquillité d'esprit.

2. Ceux qui écoutent doivent comprendre qu'ils ne se sont jamais trouvés dans une situation similaire, alors évitez de faire des commentaires supposés compréhensifs. Écoutez, tout simplement. Une réponse commune est « Oh, j'ai eu ça... » Cependant, vous n'avez jamais eu leur douleur parce que vous n'êtes pas la même personne avec le même genre de stress et vous ne savez pas pourquoi cette personne a eu cette douleur particulière.

3. Renseignez-vous sur l'émotion ressentie par votre interlocuteur à cause du stress et dirigez-le de manière à ne parler que de ses sentiments et à ne pas en tenir responsable la situation. Par exemple, celui qui parle dit : « Le trafic me dérange beaucoup. Je déteste ces conducteurs agressifs. » Une réponse que vous pourriez donner est : « Quelle émotion ressens-tu ? » Ensuite, celui qui parle évitera peut-être de ressentir l'émotion en disant : « Tu sais comment c'est, il y a trop de voitures sur les routes ces jours-ci. C'est vraiment stressant. » Une personne en contact avec ses sentiments peut dire : « Je me suis senti agacé parce que je me sentais obligé d'être au travail à l'heure ».

4. La dernière étape consiste à dissocier la résolution de l'émotion du versement dans la plainte. Une émotion est traitée quand elle est comprise. L'émotion change immédiatement en raison de l'intégration de la situation au sein du locuteur. Si le locuteur répète l'exemple encore et encore, aucun traitement interne n'a eu lieu et un état de plainte s'en suit. Essayez d'être en paix d'ici la fin de l'exercice.

Chaque fois qu'une personne parle en termes d'évitement émotionnel, il se produit une suppression des sentiments. À mesure que ce modèle se construit, des années d'émotions non résolues se conservent dans la psyché. Alors que de plus en plus de gens se cachent, la personne commence à ressentir ces émotions stockées chaque fois qu'elle s'assoit pour méditer. Plusieurs fois, la méditation est associée à une agitation émotionnelle, comme si la méditation provoquait les émotions.

En écoutant vos émotions au quotidien, vous pouvez comprendre les racines de votre pensée et disposer des outils pour résoudre ces problèmes. Avec le temps, les émotions se calment et la méditation offre des lueurs de paix intérieure profonde.

EXERCICE 2 : PASSEZ LE JOUR EN REVUE

Dans votre journal (ou mentalement, si tel est votre style), prenez le temps de passer en revue votre journée sans aucune réaction émotionnelle. Passez simplement cinq minutes à vous souvenir de chaque acte que vous avez accompli du réveil à la fin de la journée. Si vous effectuez l'exercice le soir, commencez avec le matin. Si vous effectuez cet exercice le matin, retracez les vingt-quatre heures précédentes.

Par exemple :

Je me suis levé tôt à 3 h 30 du matin et j'ai fermé la fenêtre, j'ai bu de l'eau. Un camion est passé. Je me suis endormi jusqu'à 6 h 30. Je me suis réveillé, je me suis levé et j'ai accidentellement allumé la lumière. Je me suis habillé et je suis descendu. Puis, pendant que je préparais de l'eau citronnée, j'ai remarqué que le comptoir était plein de la vaisselle de la veille. Je me demandais pourquoi ces plats n'étaient pas lavés… À 6 h 45, j'ai eu ma première réaction émotionnelle. Dans ma tête, je suis tombé dans un état émotionnel alors que je choisissais de me sentir gêné par les plats de la nuit dernière…

Continuez l'exercice tout au long de la journée. Le but est d'apprendre à quel point vous êtes émotif tout au long de la journée et comment vous voyez les fluctuations de votre esprit. Vous remarquerez peut-être une fois dans la journée où vous commencez à penser plus à l'émotion qu'aux actions réelles. Prenez un moment pour comprendre ces émotions. Au fur et à mesure que les émotions sont comprises, vous reconnaîtrez que la charge ou la perturbation diminue. Cet exercice vous aide à réduire l'écart entre l'état d'esprit méditatif assis tranquillement et l'état d'esprit méditatif au beau milieu d'une journée active.

En récupérant le sens de la vie, vous commencerez à vous sentir très heureux. En fait, lorsque vous découvrez comment ne pas voler votre propre expérience de vie, l'épanouissement surviendra. Que votre compte bancaire grossisse ou non, vous vous sentirez très riche en esprit.

CHAPITRE DIX-NEUF

LIBERTÉ DANS L'AUTO-RETENUE

Modération du désir de la renommée et du pouvoir

Brahmacarya, le terme sanscrit originel, peut être traduit vaguement par modération. Techniquement, cette vertu yogique est définie comme *carya*, être un étudiant de *Brahman*, ou la réalité absolue. Ce terme est classiquement défini comme chasteté. Une interprétation moderne est la modération. Pour notre application à la méditation, le but est de comprendre que les désirs matérialistes peuvent alimenter une vie excessive. Les désirs du plaisir se rapportent à ce sujet. Cette discussion porte en particulier sur les désirs de pouvoir et de gloire. Bien que ces plaisirs ne semblent pas être des plaisirs, ces problèmes sont sous-jacents aux distractions les plus agréables. Tout praticien de méditation chevronné connaît la force des désirs qui créent des perturbations de la pensée non-stop et qui font éviter la méditation au pire et causent un esprit dispersé au mieux. La déclaration « Je veux » résume le fléau des perturbations de la méditation basées sur le désir. Les pensées basées sur le désir alimentent une foule de perturbations et sont très importantes à comprendre tout au long de la pratique de méditation. Il existe de nombreux niveaux ainsi que de nombreuses catégories de désir.

Désir de pouvoir

Avec les avancées technologiques apportées par la civilisation occidentale, les standards de vie sur le plan de la santé et du confort ont provisoirement progressé. Extérieurement, nous avons de l'eau propre et des maisons à température contrôlée, mais l'équilibre écologique de la planète en paie le prix. Dans son abondance de commodités, la vie moderne a complètement faussé notre sens de la modération. Imaginez que vous disiez à un enfant qu'il n'est pas autorisé à utiliser Internet, la télévision, les iPod, les téléphones portables ou les jouets électroniques. Dites à un adulte qu'il ou elle doit éteindre le climatiseur en été ou renoncer à la conduite automobile. Ces commodités ne sont pas nécessaires à une vie saine, mais avec le temps, elles deviennent la norme. Remontez en arrière en 1960 : peu de gens possédaient un climatiseur et l'ordinateur à la maison n'existait pas. Curieusement et peut-être ironiquement, on parlait moins du stress il y a des années.

Ces conforts modernes donnent à une personne l'illusion de contrôler sa vie : allumez le robinet et l'eau coule à votre commande. À partir de ce confort, les humains peuvent se sentir puissants, à tort. Cette dépendance au confort est l'expression d'un sentiment de pouvoir ou de contrôle. Le besoin de pouvoir ne concerne pas nécessairement un autre être humain, mais nos propres peurs. La vérité, c'est que l'être humain n'a aucun contrôle sur la nature et que le sens du pouvoir est une illusion complète. Par conséquent, dans la mesure où nous autorisons la perspective de l'être humain sur la nature, plus les perturbations de la pensée deviennent fortes. Toute illusion sur la réalité crée de multiples pensées dans l'esprit et conduit à l'instabilité.

Dès que « je veux » contrôler la vie, je pense (et je pense beaucoup) à ce que « je veux ». Même un jeune enfant qui dit « je veux » ceci ou cela peut manipuler une pièce entière d'adultes. L'homme va s'accrocher au désir et appuie sans cesse. Cependant, le fait que le stress augmente est la preuve qu'aucun contrôle (perçu) de la réalité n'apportera la tranquillité d'esprit. L'augmentation du nombre de pensées quotidiennes associées aux appareils modernes contribue activement à la qualité médiocre de la vie intérieure, source de stress. Le stress, à son tour, crée de nouveaux problèmes de santé que la technologie tentait de résoudre en premier lieu. N'oubliez pas que la mission initiale de la technologie était d'améliorer la santé et le bonheur, et non de créer davantage de détresse.

EXERCICE 1 : RÉFLEXION PERSONNELLE SUR LE « POUVOIR SUR LA VIE »

1. Faites une liste honnête des choses que vous voudriez contrôler. Quelques exemples peuvent être :

a. J'aimerais mettre fin à la faim, à la guerre et à la violence domestique dans le monde.

b. Je voudrais éliminer les maladies du monde.

c. Je veux réparer les cœurs brisés.

d. Je souhaite orienter mon entreprise dans une direction « verte » et rentable.

e. Je veux que mes enfants apprennent la méditation !

f. Je veux prendre ma retraite tôt ; je ne veux pas travailler après soixante ans.

2. Écrivez les raisons positives de votre désir de contrôle.

a. Je ne veux pas voir les gens souffrir (je ne veux pas souffrir).

b. Je ne veux pas que quelqu'un soit malade, surtout pas ceux que j'aime.

Continuez avec vos raisons « honnêtes ».

3. Expliquez pourquoi cela n'est pas réaliste, car il n'y a vraiment aucun contrôle sur ces aspects de la nature. Rappelez-vous que même les dirigeants du monde ne sont pas en mesure de résoudre le problème de la faim dans le monde, et encore moins moi, une seule personne. La même chose est vraie avec les scientifiques du monde. Dès qu'une maladie est gérée, une nouvelle épidémie apparaît à l'horizon.

4. Définissez un plan pour accepter vos souhaits positifs tout en libérant le besoin de contrôle en même temps.

Exercice 2 : Débranchez-vous de la technologie

Un second exercice aide à comprendre votre relation au « pouvoir » ou au contrôle de la nature. Essayez de vous débrancher de la technologie pendant quelques jours, à condition de ne pas blesser les autres ni de perdre votre emploi. Veuillez vous abstenir d'utiliser la radio dans la voiture, d'utiliser Internet ou un ordinateur en dehors du travail, et le téléviseur ou d'autres appareils de divertissement électroniques à la maison pendant quelques jours. Essentiellement, « devenez Amish » : vivez le plus possible pendant quelques jours comme si vous étiez né à l'âge pré-électronique et voyez en quoi vos pensées sont affectées.

Une anecdote amusante est celle du propriétaire de ranch qui recevait des demandes de citadins stressés pour partir en vacances dans son ranch pour travailler à la ferme. L'éleveur riait à haute voix quand les riches professionnels payaient le prix fort pour pouvoir nettoyer ses étables, tout cela gratuitement pour lui !

Désir de gloire

Une fois que vous avez appris à équilibrer le désir de confort, la prochaine étape concerne le concept plus large appelé renommée. Normalement, seules les stars de cinéma et autres personnalités nationales pourraient être considérées comme célèbres. Cependant, la reconnaissance des bonnes actions au travail est un type de recherche de gloire. Essayez de noter un moment de votre vie où quelqu'un ne vous a pas reconnu et combien de temps vous avez peut-être passé à vous tourmenter à cause du manque de gloire (reconnaissance). Cela ne signifie pas que nous ne pouvons pas honorer les autres ou recevoir des louanges avec grâce. La question demeure : comment l'esprit est-il affecté par ce que les autres pensent de nous ? Une bonne solution consiste à prendre conscience que nous n'avons besoin que d'être « célèbres » ou respectés par nous-mêmes.

Un deuxième domaine de renommée concerne votre réputation. Selon votre type de personnalité, certaines personnes aiment être respectées. D'autres apprécient leurs amis et veulent être aimés par les autres. Un troisième exemple est celui des personnes qui trouvent l'harmonie des membres de la famille comme leur version de la gloire. L'intensité de ces types de pensées suffit à empêcher la méditation ou au moins à la perturber.

Exercice 3 : Pratiquer la reconnaissance

Prenez un moment pour écrire les noms de trois personnes dont vous aimeriez qu'elles vous louent et vous honorent ouvertement. Cela peut être un patron du passé, un enseignant ou un adulte de votre vie qui vous traite mal, par exemple. Imaginez si chacune de ces personnes vous accordait le respect que vous estimez mériter. Écrivez ce qu'ils diraient. Maintenant, remarquez ce que vous ressentez par la suite. En termes aussi précis que possible, expliquez ce que vous ressentez. Dans votre esprit, vous venez de vous accorder le respect dont vous avez besoin. Voyez si vous pouvez assimiler les mots qui vous auraient été dits. En d'autres termes, si le patron disait « bon travail », dites-vous « bon travail ». Avec cette reconnaissance de soi, remarquez ce que *vous* ressentez et retenez que peu importe ce que les autres peuvent penser de vous ou vous dire (ou ne pas dire). Continuez à faire cet exercice. Vous réaliserez que *vous* êtes la seule personne qui vous rend célèbre dans votre cœur. Après des années de pratique et de culture de ces idées, les désirs diminuent et l'esprit se transforme en une pensée axée sur une conscience supérieure ou sur des principes spirituels.

Exercice 4 : Pratique de la méditation

Le but de cet exercice de méditation est de vous donner la complétude que vous possédez déjà mais que vous ne pouvez pas recevoir. Asseyez-vous confortablement et concentrez-vous sur une lumière dans votre cœur. Permettez à cette lumière dans votre cœur de symboliser un sentiment de complétude. En acceptant que vous ne contrôlez pas l'univers, vous devenez fort dans la vérité. Vous êtes entier en étant ce que vous êtes à ce stade de votre vie. En d'autres termes, ouvrez-vous pour être pleinement présent.

CHAPITRE VINGT

LIBERTÉ DE L'AVIDITÉ

Abolir les désirs de plus

La quantité de distractions de la pensée générées par les désirs humains occupe directement deux chapitres courts mais concerne indirectement des centaines de situations dans votre vie quotidienne. En termes de biens matériels, l'utilisation des biens nous sert au moment présent. Cependant, le temps passé à nettoyer, soigner, acheter, payer, verrouiller, attacher, rêver et se souvenir de ces mêmes possessions crée un nombre démesuré de troubles de la pensée.

C'est connu comme être « possédé par des possessions » ou comme des « possessions possessives ». En d'autres termes, l'esprit humain peut être excessivement préoccupé par les éléments matériels.

La théorie de la méditation enseigne que l'esprit humain manque de stabilité. Le moindre événement peut causer des ravages sur les émotions et les pensées. Parce que le changement est l'une des constantes de la nature, l'esprit est constamment poussé dans de nombreuses directions. Le passage du matin au soir est normal ; personne n'a de crise émotionnelle au coucher du soleil. Dans notre sagesse, nous comprenons que le soleil se couche chaque soir et que le temps est en perpétuel mouvement.

La psyché commence à se déconnecter de la sagesse lorsque nos possessions terrestres changent comme la nuit vers le jour. Regardez dans votre maison et reconnaissez que tous (oui, cent pour cent) les objets dans la pièce ont changé au cours de la dernière année. Tout a un an de plus ; même votre bureau centenaire grince comme s'il avait pris un an. Le mental n'accepte pas que chaque possession change, alors nous nous enfermons dans des attachements à des choses qui restent constantes. Par conséquent, nous nous inquiétons car nos préoccupations mènent à un état de possession par les possessions.

En raison de la puissance du désir de l'esprit de posséder des choses, de nombreuses traditions monastiques incluent un vœu de pauvreté. La pauvreté pourrait être définie comme « la non-possession d'objets matériels ». Ce vœu rappelle que le monde matériel est en fait temporel et qu'il existe une conscience plus divine.

Un type de pensée secondaire et plus insidieux généré par le désir des choses est le fantasme ou le rêve d'avoir quelque chose que vous ne possédez pas encore. L'ironie dans cette illusion est maintenant que la propriété d'objets matériels est une impossibilité en premier lieu. Donc, si je suis le rêve américain d'avoir ma propre maison, ma voiture et tous ces appareils technologiques, alors mon rêve est une double illusion. Tout d'abord, rêver ignore la joie actuelle qui existe actuellement. Et deuxièmement, la propriété est impossible. Cela peut sembler étrange et ce n'est pas la façon dont notre culture fonctionne, mais suivez cette discussion un peu plus longtemps.

Rêver d'un bonheur futur fondé sur une chose nous fait oublier que le bonheur découle d'une perspective spirituelle qui existe dans l'ici et maintenant. Méditer tranquillement apporte la paix intérieure. Demandez à n'importe quel milliardaire s'il est heureux et ils diront que l'argent ne peut pas acheter le bonheur ; et rappelez-vous que les milliardaires les plus heureux donnent la majeure partie de leur argent à des œuvres de charité.

La propriété est un concept humain pour garder les éléments matériels organisés dans la société humaine. Afin de s'assurer que chaque personne atteigne le travail à temps, notre société attribue une voiture aux individus en offrant la propriété. Cela permet au propriétaire de la voiture de laver, d'enregistrer, d'entretenir et de conduire la voiture. En réalité, posséder une voiture, c'est prendre soin d'une voiture. Le propriétaire de la voiture paie le luxe d'un voyage rapide avec le temps et l'argent nécessaires. Pensez à vos possessions comme à la famille élargie dont vous vous occupez. Voyez combien de temps, d'énergie, d'argent et d'argent sont consacrés à une vie matériellement riche. Si vous n'êtes pas assez riche pour avoir un majordome, un chauffeur, une femme de ménage, un cuisinier et un accompagnateur personnel, imaginez le temps consacré à la formation, à la consolation, à la discipline et au recrutement de nouveaux employés. Vous pourriez même avoir besoin d'un directeur pour tous les gardiens qui supervise l'ensemble de vos biens !

EXERCICE 1 : LIBÉRER LA POSSESSION DE VOTRE ESPRIT PAR LES POSSESSIONS

1. Écrivez une liste de vos biens principaux.

2. Remarquez lesquels de ces biens sont nécessaires et lesquels sont des articles de luxe. Gardez à l'esprit que presque tous les biens sont un luxe, comme une voiture, une télévision, de l'eau chaude, de l'eau courante, un téléphone… vous voyez l'idée. Les biens non luxueux sont la nourriture, les vêtements, le logement et les éléments essentiels à la survie.

3. Examinez chaque possession en termes de coût, de temps, de nettoyage, de sécurité et autres. Par exemple : une automobile coûte un certain montant. Je la nettoie deux fois par mois. Je la fais réparer et fais une vidange d'huile quatre fois par an. Je paie une assurance. Je prends le temps de la verrouiller et crains le vol. Je ressens une certaine émotion quand elle tombe en panne. Vous voyez où je veux en venir ?

4. En guise de vérification de la réalité, imaginez une nouvelle façon de traiter vos biens temporaires. Examinez si vous devriez acheter plus, abandonner vos biens ou rétrograder à des versions moins chères.

N'oubliez pas que la possession ne vous appartient pas vraiment et que vous ne vous occupez que de l'article temporaire.

5. Faites l'expérience de la tranquillité d'esprit au niveau des biens.

Exercice 2 : Supprimer le bonheur de rêver de possessions futures

1. Faites une liste de choses que vous voulez dans votre avenir. Des choses comme une maison neuve, une voiture, un bateau, un plan de retraite anticipée sécurisé ou un mariage de fantaisie sont toutes assez courantes et parfaites pour cet exercice.

2. Remarquez comment la culture capitaliste promeut le matérialisme jusqu'aux conférences données par des gourous populaires sur la réalisation de la richesse matérielle. Comprenez comment ces pensées étaient enracinées dans votre façon de penser.

3. Réécrivez vos objectifs avec la « tranquillité d'esprit » au sommet, suivie par d'autres plans rationnels, et les objectifs matériels ultérieurs doivent correspondre à l'étape de la « tranquillité d'esprit ».

4. Asseyez-vous tranquillement avec un sentiment de liberté vis-à-vis du « bonheur » des objets matériels.

Confort dans le silence

Lorsque l'exercice ci-dessus atteint un niveau profond dans la conscience et que l'attachement aux désirs diminue, des moments de silence peuvent se produire. Bien qu'il puisse y avoir des possessions aux alentours, lorsque l'attachement à ces possessions diminue, le silence prévaut. Ces articles peuvent être nettoyés après la pratique de la méditation. La culture de l'esprit prime sur la ruée du matérialisme. Le silence n'offre aucun signe extérieur de succès et il n'y a pas de feux d'artifice ni d'applaudissements. Il y a le silence. La pratique de méditation suivante favorise une communion avec le silence.

Exercice 3 : Pratique de la méditation - Confort dans le silence

En vous appuyant sur la pratique consistant à réduire et même à « jeûner » des stimulations externes et des divertissements de la technologie, apprenez à vous sentir à l'aise avec le silence. Prenez le temps chaque jour de vous taire. Asseyez-vous tranquillement comme pour une pratique méditative. N'ayez pas d'intention ni d'ordre du jour prédéfinis pour la pratique. Voyez comment vous réagissez au silence. Si vous êtes un débutant dans la pratique de la méditation, remarquez comment vous vous sentez et la façon dont le silence est différent de la vie moderne. Si votre esprit essaie de vous jouer des tours en réfléchissant trop ou en ayant le sentiment que rester immobile est une perte de temps, effectuez quelques-uns des exercices de journalisation de cet ouvrage et des chapitres précédents. Veuillez effectuer ces exercices sans musique de fond ni autre stimulus. Pour les pratiquants plus avancés, remarquez comment vous répondez à des niveaux de silence plus profonds où aucune pensée n'est présente. Avez-vous déjà atteint le stade de « une pensée unique » et pouvez-vous rester dans ce niveau de silence intérieur ?

CHAPITRE VINGT-ET-UN

ÉQUILIBRE ET PERSPECTIVE

Pureté d'esprit par l'effort et le détachement

Si l'esprit vibre dans un état à haute onde bêta qui produit des sentiments de stress et d'anxiété, il existe un désir naturel de passer à l'état alpha pacifique le plus tôt possible. Dans certaines situations, une personne peut avoir recours à diverses drogues pour obtenir un soulagement temporaire. D'autres mécanismes d'adaptation malsains sont bien connus dans le domaine des dépendances, telles que l'alimentation, le surmenage ou toute autre activité de stimulation sensorielle.

La méditation en tant que solution possible introduit un nouvel espoir. Ironiquement, les attentes interprétées dans les ouvrages sur la méditation ou dans les médias affirment que la méditation mène très rapidement du stress à la paix. La première partie de la déclaration précédente est factuelle : la méditation mène à la paix. Et il est vrai que lorsque l'esprit atteint un état d'ondes cérébrales alpha ou thêta profond, un profond sentiment de paix s'ensuit. Dans ces états d'esprit plus profonds, le pratiquant de méditation peut se sentir en paix au milieu d'un monde brisé. Mais les articles de magazine qui vantent les études réalisées sur l'esprit des moines tibétains au cours de transes profondes omettent souvent de mentionner le long et pénible sentier que l'on doit parcourir pour atteindre ces expériences profondes.

Problème 1 : Il n'y a aucun moyen de comprendre un état de conscience qui n'a pas encore été expérimenté. Par conséquent, il est difficile de savoir quel type de pratique est le mieux adapté pour atteindre cet état.

Solution 1 : Pour atteindre cet état pur, vous devez procéder étape par étape. On ne peut pas sauter ces étapes. Ce qui peut vous aider dans ce processus, c'est de réaliser que la paix intérieure existe à tout moment et qu'il y a une paix dans la vie à tout moment. L'esprit humain est ce qui est plein d'illusion. Finalement, cet esprit humain peut être apte à comprendre la paix profonde de la vie par purification méthodique. Comme les pensées sont mesurées par des fréquences, vous pouvez apprendre à faire correspondre l'exercice de méditation approprié qui aidera à équilibrer vos ondes de pensée. Ces vagues changent de jour en jour. Une séance de méditation peut commencer par des étirements doux, une relaxation et une respiration lente afin de déplacer l'esprit à une fréquence plus silencieuse (comme illustré dans la partie II de ce livre) avant de tenter une méditation. Au fil du temps, vous apprendrez le type de routine qui convient à votre esprit.

Problème 2 : Si vous essayez trop, des perturbations de la pensée sont créées. Si vous n'essayez pas assez fort, des perturbations de la pensée sont créées. Un équilibre entre effort et détachement doit être trouvé.

Solution 2 : Équilibrer l'effort avec le détachement, ce qui signifie garder une pratique quotidienne et se donner des années pour mesurer les progrès. Beaucoup d'entre nous ont recours à un facteur de motivation externe pour nous forcer à maintenir la paix et nous essayons très fort pendant une durée limitée ; lorsque le facteur de stress externe diminue, l'impulsion pour la méditation cesse. Essayez de permettre à l'effort d'être modéré et constant à long terme. Si vous manquez une journée, tout va bien, redémarrez le lendemain.

Problème 3 : Notre société continue à envoyer des messages selon lesquels le bonheur est un droit qui contredit la quantité de patience requise pour une méditation réussie.

Solution 3 : Si votre objectif est très concret, comme obtenir quelque chose de la méditation, votre méditation est soumise à des pressions pour atteindre l'objectif. Travaillez pour faire passer la pensée orientée objectif de « but » à « direction ». Lorsque vous avez une direction à prendre dans la vie, vous êtes toujours sur le chemin, au propre comme au figuré. Utilisez la direction comme motivation pour continuer le voyage de méditation. Faites de la paix intérieure un indicateur de direction et soyez heureux de faire des pas en avant vers cet indicateur. De cette façon, vous ne configurerez pas un scénario « tout ou rien » dans lequel vous réussirez ou échouerez. Lorsque cela se produit pendant la méditation, la tendance est d'abandonner au pire des cas ou de dire « la méditation ne fonctionne pas ». Cela fonctionne à long terme, le « long terme » qui constitue le reste de votre vie.

Problème 4 : Une fois que des états plus profonds ont été expérimentés et que vous apprenez que les états changent constamment, vous pouvez avoir l'impression que vous avez fini de méditer ou que vous n'avez plus besoin de déployer d'effort à mesure que vous progressez. L'apathie ou l'arrogance s'installe.

Solution 4 : Le fait de vivre dans une communauté de méditation ou spirituelle facilite la compréhension du juste équilibre entre effort et détachement. En d'autres termes, être avec les autres sert à rappeler que le chemin est la destination. Si vous sentez que les exercices de méditation deviennent rudimentaires, commencez à enseigner aux autres, cela peut réveiller votre esprit de « débutant ».

Exercice 1 : Comprendre les attentes

Soyez particulièrement honnête avec les réponses à ces questions. Essayez de découvrir ce que vous pensez vraiment. Vous connaissez peut-être les réponses correctes intellectuellement, mais essayez d'écrire vos réponses plus centrées sur vous-même afin que vous puissiez comprendre ce qui vous empêcherait de pratiquer la méditation toute votre vie.

En réalisant vos attentes préconçues, vous avez la possibilité de les modifier.

Commencez par énumérer vos attentes personnelles en matière de méditation.

1. Que pensez-vous que la pratique de la méditation vous apportera ?
2. Combien de temps cela vous prendra-t-il pour gagner cela ?
3. Comment réaligneriez-vous ces attentes ?

Énumérez ce que vous pensez être vos impuretés ou vos perturbations avec votre pratique de méditation.

1. Quels sont vos schémas de pensée faibles ?
2. Quels sont vos dons et vos forces pour mener un style de vie méditatif ?

Énumérez comment vous serez à la fois actif et patient avec vos perturbations.

1. Comment vous acceptez-vous pour ne pas être un méditant parfait ?
2. Comment restez-vous équilibré entre l'effort nécessaire à l'amélioration et le détachement nécessaire à la patience ?

En conclusion du but de la méditation, j'ai le sentiment que peu de gens parlent d'une chose. Que se passe-t-il si vous pouvez vous asseoir et faire face à toutes les perturbations de votre esprit et que vous atteignez une longue période de temps où très peu de choses vous irritent ? Votre esprit est très calme et paisible. Imaginez à quoi cela ressemble. C'est un esprit rempli de rien et de tout. Il n'y a peut-être rien de magique dans cet état de paix, cela signifie que vous êtes simplement en paix avec ce qui se passe dans votre vie et dans le monde, tout en jouant pleinement votre rôle dans la vie.

CHAPITRE VINGT-DEUX

CONTENTEMENT

Faire l'humain VS être humain

« Je ne trouve pas le temps de méditer » est l'un des problèmes les plus courants pour la personne moyenne qui travaille sur la méditation. J'entends aussi souvent dire : « Rien ne se passe, peut-être que cette méditation est une perte de temps. » Ou : « Je me sens coupable... Je suis juste assis ici, je n'ai rien accompli. »

Ce sont tous des signes d'une société qui mesure une personne sur ce qu'elle fait et accomplit par rapport à la manière dont elle accomplit ce qu'elle fait. C'est l'ancienne discussion qui oppose la quantité à la qualité. Une personne qui possède une belle voiture et une grande maison est généralement décrite comme « allant bien ». Au fil du temps, ces types de mesures externes de la valeur d'une personne deviennent intériorisés. Par exemple, même une personne non matérialiste peut mesurer le succès en fonction du nombre de personnes desservies. « Nous avons servi mille repas aux sans-abri ce week-end, ce fut un grand succès. »

Dans la méditation, la même personne qui « fait l'humain » mesure à quel point il est bon à la méditation. Ce processus de pensée se retourne à contre-sens parce que les pensées de l'esprit sont multipliées en intensité et en fréquence par le processus interne d'auto-jugement ou d'auto-critique.

« Wahou, tu es vraiment bon à la méditation, aucune distraction autre que moi qui me jette des fleurs... »

Programmation de l'enfance

Il est presque totalement accepté de féliciter un petit garçon ou une petite fille lorsqu'ils obtiennent un bon bulletin. Mais dans le processus, la fierté est assimilée à des réalisations externes ; l'enfant apprend à recevoir de l'amour grâce à ses efforts et non pas simplement en « étant lui-même ». Cela peut sembler étrange, qui ne voudrait pas soutenir un bon élève ? Une autre méthode pour honorer le bon élève (attention, cet exemple ne parle pas de votre enfant, mais de votre enfant intérieur, la partie de vous qui se souvient d'être un enfant) est de demander au bon élève ce qu'il a appris et ce qu'il a fait pour avoir de telles bonnes notes. Cela permettra à l'enfant de s'identifier au processus d'apprentissage et d'apprendre de l'expérience. La même approche peut être appliquée si le bon élève arrive à la maison avec une moins bonne note. De cette façon, les deux étudiants sont motivés et ne sont pas pénalisés. Une autre option pour engager un enfant est de dire : « Waouh ! Tu dois avoir beaucoup appris ce trimestre. Qu'as-tu aimé apprendre le plus ? » L'enfant vous racontera la dernière leçon de manière très détaillée. Une conversation engagée s'ensuit. L'enfant se sent pris en charge parce que l'adulte l'écoute et l'honore pour qui il est, et non pour ce qu'il fait.

Vous pouvez vous dire de telles choses après une séance de méditation contenant très peu de pensées (bon élève) ou une séance de méditation où votre concentration était fugace (mauvais élève). Avec le temps, vous vous rendrez compte que vous bénéficiez des deux types de méditation et que bons et mauvais sont des termes relatifs.

S'honorer soi-même

Remarquez comment vous faites les choses et ce que vous aimez dans le processus. Notez que vous accomplissez plus en appréciant le processus. Remarquez que si vous appréciez le processus, aucun burn out ne se produira et votre créativité augmentera réellement à long terme. Le traitement de la méditation est un moment idéal pour pratiquer en respectant le processus d'être un être humain et non quelqu'un qui fait l'humain.

EXERCICE 1 : LISTE DE PRIORITÉS QUOTIDIENNE

La plupart d'entre nous ont un ensemble de croyances internes qui dictent nos choix comportementaux. Dans votre journal, notez votre liste de devoirs ainsi que les croyances sous-jacentes associées aux choix comportementaux.

Par exemple, un homme en particulier était un parent et un homme d'affaires dévoué. De façon surprenante, à l'heure de sa retraite, il est devenu complètement égoïste. Cet homme avait la croyance que tant qu'elle travaillait, une personne avait une pléthore de responsabilités, et à la retraite, toutes ces responsabilités disparaîtraient. Ceci est un exemple extrême de comportements divers, mais prouve que les croyances sous-jacentes dictent le comportement. Sous ses convictions professionnelles, il croyait que les années de travail devaient être difficiles et que la retraite devait être facile. Cette conviction était ancrée pendant des années. En termes de méditation, cet homme aurait également la tâche difficile de trouver du temps pour la méditation pendant ses années de travail. Inversement, il peut sembler que la méditation soit possible après la retraite. Toutefois, une approche plus axée sur le *laisser-faire* en matière de retraite résisterait à toute activité disciplinée. Rappelez-vous que ce que vous faites aujourd'hui est ce que vous ferez demain, les schémas de pensée continuent de faire une boucle. Par conséquent, l'illumination est pour le moment.

En comprenant vos croyances, vous serez en mesure de les tenir légèrement et de vous adapter pour atteindre au mieux un état de paix intérieure tout en vivant en harmonie avec les autres et en assumant des responsabilités réalistes.

1. Énumérez vos priorités et les tâches perçues.
2. Énumérez la conviction de chaque devoir.
3. Examinez les racines de chaque croyance.
4. Décidez si la croyance est pertinente.
5. Révisez votre liste et recommencez à l'étape 1.

Exercice 2 : La Bucket List

C'est un exercice puissant qui a été rendu plus célèbre dans les films récents. Faites une liste des choses que vous souhaitez faire avant de mourir.

Cela peut-être aussi grandiose que de gravir les pyramides en Égypte ou se porter volontaire auprès de jeunes défavorisés. Vous voudrez peut-être pardonner à quelqu'un de votre passé ou même écrire un livre sur vos expériences.

1. Écrivez votre Bucket List.
2. Après chaque élément, écrivez le sentiment que vous auriez après avoir terminé cette activité.
3. Réévaluez l'élément d'un point de vue objectif pour voir si le motif de cet événement vous apportera vraiment du contentement.
4. Partagez ces pensées profondes avec un ami ou un conseiller pour vérifier vos conclusions. (Faites attention à ne pas rêver pendant cet exercice.)

Exercice 3 : Pratique de méditation sur l'introspection « Qui suis-je vraiment »

Rappelez-vous du chapitre 15, que le grand saint indien Ramana Maharshi a souvent conseillé les étudiants en leur enseignant que l'introspection apporterait une solution à tous les problèmes dudit étudiant. Il a encouragé la pratique de l'introspection consistant à poser à plusieurs reprises la question « Qui suis-je ? » Vous pouvez commencer l'exercice en écrivant dans un journal. Posez cette question jusqu'à épuisement de toutes les notions de l'ego que vous avez perçues, par exemple : fille, mère, ami, travailleur, parent, jardinier, cuisinier, nettoyeur, méditant, amateur de films, de cet endroit, etc. Continuez à poser la question à tout moment. Voyez ce qui se dégage. Que découvrez-vous ? Lorsque vous vous approchez de votre véritable identité, la question s'arrête, de même que les pensées. Lorsque vous vous sentez comme si la réponse à la question « Qui suis-je ? » dépasse les mots, vous approfondissez votre méditation.

CHAPITRE VINGT-TROIS

LA VALEUR DE LA DISCIPLINE

La pratique à domicile

En ce qui concerne le sujet de la discipline, commençons par une réflexion personnelle : à quoi ressemble le mot **discipline** pour vous ?

Veuillez répondre à cela avec des adjectifs descriptifs pour des émotions telles qu'irrité, heureux, fatigué, etc. Soyez honnête, comment ressentez-vous la discipline à l'âge adulte ? Comment ressentiez-vous la discipline pendant votre enfance ?

Quels mots utilisez-vous en relation avec la discipline ?

Par exemple, dites-vous : « Je dois méditer aujourd'hui » ? ou « Je veux... », « Je me dois de... » ou « Je vais... » Tout comme dans la langue parlée ou écrite, gardez aussi à l'esprit que le choix des mots est important et puissant ! Être discipliné signifie que « Je… » Quels mots avez-vous entendu pendant votre enfance ?

Comment parlez-vous aux autres quand ils ont besoin d'être plus disciplinés ? Est-ce que vous parlez comme vos parents ? Avez-vous l'air doux ou hésitant ?

Avez-vous l'air sévère ou dominant ?

La discipline est un mot chargé ; chargé de potentiel ainsi que de schémas destructeurs. En règle générale, le premier lien avec la discipline se produit dans l'enfance au sein de la dynamique familiale.

Par conséquent, une compréhension de la dynamique de votre famille d'origine révèle votre point de départ. La plupart des enfants entendent la discipline en termes de commandes d'un parent contrarié. Le moment le plus courant pendant lequel la discipline est exercée est assis à un bureau pendant les heures de classe. Cela crée de la résistance ou de nouvelles associations négatives à la discipline pour beaucoup de gens. En fonction de votre expérience unique, le point de départ de la discipline pour la plupart des gens commence par la résistance. Les personnes dévouées trouvent des moyens de vaincre la résistance, mais utilisent souvent une période comme la méditation personnelle pour s'éloigner de la structure. Ajouter une autre discipline à une vie déjà structurée avec des responsabilités professionnelles et familiales peut se faire ressentir comme accablant.

Ironiquement, lorsque vous aimez une activité qui vous fait du bien, il n'y a aucune vision de la discipline car vous vous épanouissez pleinement dans cette activité. En tant qu'enfants, personne ne devait nous discipliner pour jouer avec des amis ou nous obliger à écouter une histoire. En tant qu'adultes, personne n'a besoin de discipline pour pratiquer des loisirs comme le jardinage, la lecture ou la méditation. Cependant, comme la pratique de la méditation dépend de la pratique répétitive au quotidien, il est parfois nécessaire de faire appel à la force de la discipline pour continuer à progresser.

Le mot *tapas*, discipline au sens yogique, est associé au feu.

Une description indique que seule une étincelle est nécessaire pour allumer un feu, par conséquent, la discipline peut être considérée comme juste assez d'énergie pour commencer la pratique. Une fois dans la pratique, la discipline peut être oubliée. En fin de compte, la discipline comme étincelle peut être vécue comme un cadeau pour la réalisation d'activités ayant un effet positif.

Un point commun aux praticiens de la méditation est l'importance du soutien des pairs pour la motivation. Si vous envisagez de méditer dans les années à venir, prenez le temps de déterminer qui peut aider à nourrir le feu de la discipline avec le soutien de la communauté.

Exercice 1 : Pratiquer la méditation bienveillante envers vous-même

La pleine conscience est la pratique qui consiste à prêter une attention constante à ce qui est (voir le chapitre 14). Tant sur le coussin que dans notre vie quotidienne, nous nous entraînons à diriger notre attention dans quatre domaines : le corps, les sentiments, l'esprit et l'émergence de la sagesse. La pleine conscience nous apprend à suspendre temporairement tous les concepts, jugements de valeur, commentaires mentaux, idées et interprétations de ce que nous vivons. Essentiellement, nous abandonnons « l'histoire » de ce qui se passe et observons simplement ce qui se passe. Le but est d'assister pleinement au moment présent sans nos « filtres » habituels qui peuvent déformer la réalité. Nous commençons à clarifier notre expérience sans nos propres interprétations chroniques ou nos manières d'être socialement conditionnés. À mesure que nous développons la pratique sur le coussin et dans la vie quotidienne, un aperçu de la nature de la réalité apparaît.

1. La méditation est liée au développement psychologique, alors que souvent ce que nous pensons ne vaut que pour repousser les pensées.

2. Extirpez chaque pensée ou sentiment que vous avez avec bonté.

3. Ensuite, pensez à ceux qui vous opposent de la résistance et saluez-les avec bonté.

4. Il faudra peut-être du temps pour les pardonner, les accepter et les submerger de bonté.

5. Alors que vous continuez de manière non structurée, revenez à saluer vos pensées et vos sentiments avec bonté.

CHAPITRE VINGT-QUATRE

AUTO-APPRENTISSAGE

Accepter l'avenir avec vision et patience

Les réflexions sur l'avenir peuvent être une grande distraction pour les praticiens de la méditation. La tentation de la rêverie se profile à chaque séance de méditation. Vous pouvez vous soucier de l'avenir ou simplement être obsédé par la façon dont votre vie pourrait être meilleure. Une fois que le train de pensées futures commence, il peut faire dérailler toute une séance de méditation sans que le pratiquant ne s'en aperçoive. Pour vous aider dans ce processus, essayez l'exercice suivant pour réfléchir concrètement à votre avenir. Le but de cette leçon est de comprendre une direction constructive pour votre vie afin de permettre une acceptation plus profonde.

Exercice 1 : Réfléchir à votre « Bucket List »

1. Révisez votre « Bucket List » (chapitre 22) en décrivant toutes les choses que vous voulez faire avant de mourir. Soyez débordant d'imagination, même si le premier tour de la liste peut être irréaliste : grimper l'Himalaya, créer une école, gagner à la loterie, faire le tour du monde, faire l'expérience du nirvana ou ouvrir un centre de méditation.

2. Ajoutez ensuite à la liste des éléments simples, comme passer tous les dimanches en famille ou planter un potager.

3. Prenez un élément de la liste et demandez-vous ce que vous gagnerez en tant qu'être humain après cette expérience. Qu'est-ce que le fait de gravir le mont Everest vous procurera ? Par exemple : « Ce sera une expérience de liberté, d'être si haut sur la terre dans une terre si sainte, ou un sentiment d'accomplissement et de vigueur. »

Continuez ce processus avec chaque élément.

4. En examinant les principaux thèmes prioritaires, concentrez-vous sur l'essence de chaque point et refaites la liste de manière plus réaliste, mais d'une manière qui vous permettra de faire l'expérience de l'aspect interne de l'événement. Par exemple, je ne peux pas escalader l'Himalaya, mais j'aimerais aller camper dans un endroit très éloigné pour faire l'expérience d'un profond silence dans la nature.

Le but de cette « Bucket List » révisée aide à réprimer les fantaisies irréalistes tout en permettant à l'essence de ces expériences de s'exprimer dans votre vie. Comprendre vos désirs les plus profonds peut aider à dissiper l'inquiétude ou la crainte de ne rien faire. De même, cela vous rappelle que vous êtes complet maintenant, tout comme vous êtes. Pour mieux comprendre le but de votre vie afin de créer une liberté d'esprit et une vision solide, essayez l'exercice suivant.

Exercice 2 : Planification rétrospective

L'art japonais ancien du tir à l'arc enseigne l'exercice de tirer une flèche en retraçant les étapes jusqu'au résultat final. L'archer voit d'abord la flèche dans le mille puis il suit la trajectoire de vol suivie par la flèche. Avant cela, il étudie la physique du tir à l'arc. L'archer voit comment l'arc est dirigé et tenu, il remarque la respiration, la posture, la force et la concentration du maître archer. À l'entraînement, l'archer tient compte de chacune de ces phases. Appliquons cette procédure de planification rétrospective à votre vie personnelle. Nous allons commencer à la fin de la vie et revenir en arrière.

Exercice 3 : « Quand j'aurai 100 ans… »

Il n'y a vraiment pas de règles pour votre expérience ici. Fermez les yeux et imaginez-vous à cent ans.

- Pouvez-vous voir votre moi physique ?
- Pouvez-vous laisser cette image émerger ?
- Vous voyez-vous dans un endroit ou un environnement particulier ?
- Êtes-vous seul ou avec d'autres personnes ?
- Quel est le but spirituel plus large de votre existence ?
- Où vivez-vous ?
- Quel est votre régime alimentaire et votre routine quotidienne ?
- Qu'est ce qui est important pour vous ?
- Qui êtes-vous à ce stade ; quelle est votre essence ?

Complétez cet exercice dans votre journal en répondant à des questions similaires pour votre auto-prévision à 65 ans (si vous avez atteint l'âge de 65 ans ou plus, sautez cette ligne et suivez les instructions générales à suivre). Continuez à répondre aux questions par intervalles de dix ans jusqu'à ce que vous arriviez à cinq ans de plus que votre âge actuel. Dans une version plus détaillée, écrivez ce que vous ferez au cours des cinq prochaines années pour devenir ce ou cette centenaire satisfait(e). Écrivez ce que la version centenaire de vous-même devrait faire dans le présent pour arriver à cette version éclairée de vous-même.

Pour la dernière étape, écrivez comment vous passez votre temps à votre âge actuel. Soyez honnête avec tout ce que vous faites. Notez les pressions que vous ressentez et tous les comportements négatifs dans lesquels vous vous engagez. Cela vous donnera une liste spirituelle de « choses à faire » afin que vous puissiez commencer à explorer les étapes pratiques nécessaires à votre vie, telles que vous les avez prévues. Lorsque vous planifiez à rebours de cette façon, vous réaliserez ce que vous devez faire dans le présent pour atteindre l'objectif futur. Gardez ces catégories à l'esprit (bien que cette liste ne soit pas exhaustive) : relations, travail, études, pratique spirituelle, exercice, nutrition, finances, localisation…

Lorsque les circonstances changent dans votre vie, vous pouvez mettre à jour les résultats de cet exercice. Le but est de connaître une direction pour votre vie et donc de vous sentir en paix tout en méditant. En comprenant le processus de votre vie au fur et à mesure de son déroulement, vous serez dirigé. Ensuite, vous serez libre de méditer sans avoir à vous soucier de votre avenir, car vous aurez une direction et vous vous rendrez compte que l'avenir est maintenant.

CHAPITRE VINGT-CINQ

LE SENS DE LA REDDITION

Céder à une réalité plus élevée avec esprit de débutant

La tranquillité d'esprit se heurte aux motivations habituelles de la société capitaliste. Le capitalisme utilise la compétitivité pour motiver les travailleurs. Cette même compétition peut être intériorisée de manière à ce que vous pensiez devoir méditer sans aucune perturbation et que vous méditez sans perturbation d'ici la fin de la semaine ! Une attitude perfectionniste laisse perplexe le méditant : plus vous essayez de rester silencieux, plus votre esprit dit fort : « Tais-toi ! » Imaginez attirer l'attention de votre esprit, mais celui-ci ne réagit pas avant un an. Vous pourriez recourir à crier :

« Tais-toi, esprit, tais-toi maintenant ! » Ce surmenage ne fait que rendre la position assise encore plus intolérable, voire inconfortable.

Le désir de tranquillité d'esprit inhibe également la pratique d'un esprit concentré. Chaque fois que vous pensez « Je veux la paix », votre esprit pense à nouveau. Il est paradoxal que nous ayons l'esprit tranquille lorsque nous renonçons à avoir besoin de la paix. C'est pourquoi le professeur de méditation Thich Nhat Hanh a intitulé un livre *Being Peace* [Être la paix]. Quand vous « êtes » en paix, vous êtes immobile. Vous n'êtes pas en train d'essayer d'être en paix, vous ne souhaitez pas non plus l'avoir. Vous apprenez simplement à « être la paix ».

L'intelligence est un autre préjudice intellectuel : ceux qui en savent beaucoup ont des pensées excessives et ont plus de difficulté à atteindre l'immobilité. Vous connaissez peut-être toutes les techniques de méditation et ne pouvez toujours pas pratiquer correctement. Shunryu Suzuki, professeur de méditation zen, décrit bien le concept dans son livre *Esprit Zen, esprit neuf*. « Dans l'esprit du débutant, il existe de nombreuses possibilités, mais il y en a peu dans l'esprit de l'expert. » (Suzuki, 17).

L'expert en méditation reste ouvert d'esprit. Pour méditer réellement, on transcende les capacités ordinaires de l'esprit en apaisant les pensées. Les praticiens habiles en méditation se rendent compte que la connaissance d'un être humain ne peut englober l'univers. L'esprit ouvert comprend profondément en observant l'esprit de chaque moment.

Le paradoxe est illustré comme quoi l'esprit pensant doit s'entraîner à ne pas penser. Ce processus se produit à différents niveaux au fil du temps. Quelques composants clés :

1. L'esprit se comporte différemment tout au long de votre vie.

Au cours de ce processus de méditation, vous avez découvert de nouveaux aspects sur le fonctionnement de votre esprit. Une guérison en profondeur peut se produire et des changements réels de votre personnalité peuvent s'installer. Les informations que vous avez acquises resteront avec vous. Plus d'informations vous attendent dans l'avenir.

2. Attendez-vous à l'inattendu.

Le fonctionnement de l'esprit est complexe et personne ne peut prédire ce qui va se passer dans la vie d'une personne. Les devins peuvent indiquer des événements futurs potentiels, mais il n'y a pas de prédiction absolue sur l'avenir à part attendre l'imprévu. Gardez un esprit ouvert.

3. Rappelez-vous que vos réactions aux situations créent la pensée suivante.

La grâce qui sauve au milieu du processus mystérieux consistant à calmer l'esprit réside dans le pouvoir de votre réaction à vos pensées.

Votre façon de saluer les distractions ouvre la voie à vos pensées futures. Abordez les pensées avec un sens calme de la compréhension et la pensée qui suit la pensée troublante sera une pensée apaisante. Si vous apprenez à répondre à toutes vos pensées avec tranquillité et sagesse, votre expérience dominante de la vie sera plus joyeuse. Ce type de prise de conscience permet d'accepter les événements inattendus de la vie ainsi que les divers changements qui se produisent dans votre esprit.

Exercice 1 : Méditation sur l'auto-observation

Pratiquez simplement le dernier point pour répondre à vos pensées d'un point de vue spirituel. Asseyez-vous tranquillement et utilisez tout style de méditation ou pratique qui convient à votre personnalité. Puis, lorsque la première pensée entre, saluez-la avec acceptation. Par exemple, si l'esprit commence à penser à une catastrophe écologique mondiale, accueillez la catastrophe avec acceptation. Si vous pensez à votre corps, acceptez-le. Si vous n'avez pas de pensées, acceptez-le aussi. Pratiquez à votre manière une réponse simple aux activités de votre esprit. Sentez-vous soutenu en sachant que même les praticiens de la méditation les plus expérimentés ont des pensées. La différence avec des pratiquants expérimentés réside dans leur capacité à réagir de manière pacifique.

PARTIE V

QUELQUES RESSOURCES

Cette section répertorie les ressources pour une croissance continue après l'établissement des bases d'une pratique de méditation. Un ensemble de directives pour trouver une classe locale est répertorié. Des groupes de méditation pour chacun des six types de méditation seront répertoriés (sites Web et informations de contact). Ce ne peut pas être une liste complète, mais ce sera un point de départ utile pour la propre recherche du lecteur. Une bibliographie annotée des livres clés pour chaque type de méditation est également fournie.

CHAPITRE VINGT-SIX

CONSEILS POUR TROUVER ET REJOINDRE UN GROUPE DE MÉDITATION

Pendant des milliers d'années, la méditation a été pratiquée en groupe. Étant donné que l'esprit humain est très complexe et joue des tours même au praticien le plus habile, il est préférable de rejoindre les autres pour votre pratique. Alors que ce livre vous a guidé dans la découverte de votre type de méditation personnel, le partage de l'espace de pratique avec d'autres peut avoir des impacts profonds à la fois pendant la méditation et lorsque vous êtes éloigné de votre coussin. Ceux qui vivent dans les zones urbaines auront généralement un plus grand choix, mais même si vous vivez dans une zone plus rurale, je vous encourage à rejoindre un groupe, même si ce n'est pas exactement le type que vous avez exploré dans ce livre. Être avec les autres et partager les joies et les difficultés qui accompagnent la méditation est un ingrédient essentiel. Rien ne peut remplacer l'effet positif de partager vos expériences intérieures dans un environnement sécurisé.

Études de cas fictives
Explorer les cours de méditation en groupe

Voici plusieurs études de cas fictives qui résument les extrêmes possibles qui peuvent souvent se produire avec les différents types de méditation. En d'autres termes, les études de cas montrent des éléments pouvant exister sous diverses combinaisons. Chaque groupe de méditation est différent, de même que la personnalité du chef du groupe. Plutôt que de vous faire peur par rapport aux cours de méditation, je vous avertirais de faire attention aux tendances que j'ai remarquées pendant mes années d'entraînement et de faire de votre mieux pour rechercher le positif tout en sachant que chaque situation contient de la valeur pour certaines personnes.

Il existe une tendance naturelle à promouvoir ce qui fonctionne pour vous. Les groupes de méditation se font connaître ou encouragent leurs étudiants à sentir que leur tradition est égale ou supérieure à une autre. S'il est tout à fait dans notre nature de souhaiter que nos expériences de vie soient affirmées par d'autres et que nous supposions que lorsque nous trouvons quelque chose qui fonctionne pour nous, cela fonctionnera pour tout le monde, cette attitude peut causer une multitude de problèmes. Même si certains groupes pourraient faire ces déclamations cependant, cela ne diminue pas l'efficacité de leurs programmes.

Le plus gros problème est qu'il existe six façons principales de méditer et que chacune de ces six catégories comporte une multitude de variétés. Cela se multiplie littéralement en centaines de styles de méditation et en milliers de programmes. Pour les débutants ayant accès à Internet ou à des ressources papier de livres de méditation, il peut être très déroutant et intimidant de trouver une pratique de méditation adaptée à leur type. J'espère sincèrement que vous avez réduit le champ d'application et que vous savez ce que vous recherchez après avoir expérimenté votre tempérament tout au long de ce livre.

ÉTUDE DE CAS 1 : PRATIQUE DE MÉDITATION SCIENTIFIQUEMENT PROUVÉE

Les programmes de méditation traditionnels doivent s'appuyer sur la science pour convaincre de leur efficacité. Les médecins croient en la science et ne recommanderont que quelque chose qui a été prouvé scientifiquement pour abaisser la tension artérielle et réduire les facteurs qui contribuent à l'anxiété et à la dépression. Ces programmes sont très cliniques et précis, un peu comme une ordonnance. À l'instar des soins médicaux classiques, les programmes sont généralement coûteux pour compenser le loyer élevé du site de l'entreprise ou pour payer les facilitateurs hautement qualifiés.

Avantages :	Ceci est un bon système pour ceux qui ont un esprit très scientifique et analytique
Inconvénients :	Ceux qui sont plus centrés sur le cœur et/ou sont plus religieux peuvent trouver ce type de méditation impersonnel ou clinique ; cependant, un enseignant aimant apporte de la chaleur au milieu clinique
Niveau :	Bon pour les débutants en raison des instructions détaillées
Attention personnelle :	Selon le programme spécifique, ce style peut être extrêmement bon si un enseignant individuel est affecté à chaque élève ; elle peut être assez faible si le groupe est très grand
Communauté :	Cela dépend du programme spécifique, mais comme ci-dessus, une petite taille peut avoir une communauté très solide
Coût :	A tendance à être extrême dans les deux sens : très cher pour un spécialiste ou gratuit pour les offres communautaires

Étude de cas 2 : Programme des Maîtres de l'Est pour l'illumination

Cette présentation offre une chance unique de se retrouver en présence d'un maître de méditation oriental éclairé, vêtu de magnifiques robes traditionnelles. Aucun frais n'est facturé, seuls les dons de charité sont acceptés. La salle est remplie de fleurs : une estrade surélevée et de nombreux bénévoles enthousiastes ont formé une communauté accueillante basée sur les enseignements du maître. Les gens de tous les horizons sont acceptés. Les pièces sont ornées de coussins de méditation mœlleux au sol et de chaises robustes pour ceux qui ont besoin d'un soutien du dos. Une musique douce et spirituellement engageante passe à l'arrière-plan pendant que l'encens inspire une aura de paix et de tranquillité dans la pièce humble. Certains pratiquants sont assis, les yeux fermés et respirent profondément.

Le groupe médite en communion et les gens racontent ensuite des expériences spirituelles intenses. Par la suite, un nombre beaucoup plus réduit continue à se réunir toutes les semaines pour une pratique de méditation.

Avantages :	Pour ceux qui honorent le « gourou » ou la figure sainte comme moyen d'inspiration, cette méthode peut être très transformatrice
Inconvénients :	Certaines personnes verront cela comme du fanatisme religieux sous forme de méditation ; elle ne peut pas résonner en raison des croyances de l'individu
Niveau :	Intermédiaire, une certaine discipline est demandée
Attention personnelle :	Pourrait être nulle ou pourrait être sous la forme de réunions de suivi en groupe
Coût :	En général, don seulement

ÉTUDE DE CAS 3 : PRIÈRE ET MÉDITATION À VOTRE LIEU DE CULTE LOCAL

« Priez pour calmer votre esprit » était le message d'un chef religieux qui a inspiré un large public à se calmer en priant Dieu. Ce faisant, ce dirigeant a obtenu le soutien du clergé alors qu'il renforçait ses effectifs et aidait les gens à profiter des avantages de pratiques apaisantes. Ce type de groupe religieux peut utiliser les prières de sa tradition ou proposer des adaptations de pointe pour la foi en question. Comme le disent les yogis d'aujourd'hui, « la foi en Dieu est le chemin le plus rapide vers le divin ». Les yogis le disent parce que l'intensité de la foi du croyant confère le pouvoir de vaincre les désirs superficiels. En d'autres termes, une personne peut méditer sur ses valeurs les plus profondes pour atteindre un esprit calme.

Avantages :	Approfondit la croyance de la personne religieuse et la compréhension de sa religion
Inconvénients :	Non accessible aux agnostiques ou aux athées
Niveau :	Débutant avec prière, avancé si contemplation
Attention personnelle :	Selon le groupe, peut aller de zéro à une communauté religieuse très unie
Coût :	En fonction du groupe religieux, une sorte de cotisation et éventuellement des frais de cours de méditation (généralement faibles)

ÉTUDE DE CAS 4 : LE PROGRAMME EXCLUSIF ET COÛTEUX

Le secret du programme de marketing a séduit ceux qui s'intéressent à la méditation par son secret : « Apprenez la technique de méditation renommée que des milliers de personnes ont essayée ! » Aucune autre information n'est donnée au-delà des témoignages captivants qui sont vraiment sincères. Peut-être avez-vous entendu parler d'un ami qui a prétendu qu'un système ou une technique était au-dessus de tout. Cet ami a suivi le programme religieusement pendant des années avec d'excellents résultats. Vous n'avez peut-être pas la moindre idée de ce qu'ils font exactement, mais ce doit être bien pour être un tel secret ! Le prix est cinq fois supérieur au prix de la méditation scientifiquement fondée, mais en contrepartie, une consultation privée est organisée. Parmi les milliers de personnes qui dépensent des milliers de dollars dans ce système, celui-ci fonctionne très bien pour un petit nombre de personnes, et vaut chaque centime pour ces quelques personnes.

Avantages :	Le prix élevé amène beaucoup de gens à valoriser la pratique de la méditation plus que s'ils avaient appris la même pratique simple dans un cadre moins intense ; cela peut en valoir la peine, la motivation est une qualité importante.
Inconvénients :	Très coûteux et peut créer un sentiment de succès basé sur une technique seule
Niveau :	Débutant à avancé
Attention personnelle :	Rencontre exclusive avec la personne importante
Coût :	Deux à trois fois plus que tout autre programme, le plus cher

Étude de cas 5 : La méthode supérieure sans émotion ni pression

Une autre méthode de méditation financée uniquement par des dons, ce groupe attire un public intellectuel. Ce type de pratique a tendance à s'épanouir à proximité des universités ou des centres artistiques. Les membres disposent d'un contrôle émotionnel profond et il y a très peu d'instructions à part être au courant de vos pensées pendant la pratique. Il existe de nombreux livres qui ont un sens complet sur ce chemin de méditation particulier. La conversion apparente des membres est absente : les membres se connaissent mais ne connaissent pas les détails de leur vie. L'aura de sophistication donne à cette forme de conscience méditative l'impression d'être destinée à l'esprit expérimenté. Ce système fonctionne très bien pour un petit nombre de personnes.

Avantages :	Espace de méditation au point, concentré et cohérent
Inconvénients :	Pas aussi sympathique que d'autres groupes pour ceux qui apprécient le soutien émotionnel
Niveau :	Intermédiaire
Attention personnelle :	Très peu, sauf introduction pour les débutants
Coût :	Faible coût

ÉTUDE DE CAS 6 : COURS DE MÉDITATION DANS VOTRE ÉCOLE DU SOIR LOCALE

Presque toutes les villes ayant une école d'apprentissage pour adultes dans une université ou une école publique offrent des cours du soir peu coûteux sur la méditation. Beaucoup de personnes expérimentent avec ces programmes moins coûteux pour découvrir ce qu'est la méditation. Cette entrée en toute sécurité dans la pratique élargit l'accessibilité de la méditation. Cependant, il peut y avoir des instructeurs très inexpérimentés dans ces programmes ainsi que des types de professeurs à la retraite très qualifiés. Typiquement, cependant, une forme de méditation est pratiquée par un instructeur enthousiaste.

Avantages :	Cours courts et évaluables pour l'expérimentation
Inconvénients :	Instructeurs inexpérimentés ; cours courts avec peu de suivi
Niveau :	Débutant
Attention personnelle :	Très peu à nulle
Coût :	Faible coût

Étude de cas 7 : Retraites de méditation

Les programmes de retraite ont le potentiel d'être des expériences qui changent la vie. Isolé de la routine quotidienne, un niveau de liberté personnelle et de discernement peut être soutenu. Les dirigeants sont généralement bien formés, expérimentés, sages et attentionnés. Le public qui est attiré offre des connaissances et une bonne camaraderie.

Il peut parfois y avoir du fanatisme ou de la pression des pairs pour rejoindre un groupe, il est donc important de faire des recherches avant de rejoindre un programme. Cependant, comme les programmes durent généralement au moins deux jours, apprendre d'une tradition différente peut être très inspirant. Ce type d'expérience est cultivé par des méditants aguerris qui sont établis dans leur pratique personnelle. Ils bénéficient de visites saisonnières à annuelles dans un cadre inspirant. Pour les débutants, l'essentiel est d'établir un système de suivi après son retour à la maison afin de maintenir l'expérience stimulante.

Avantages :	De nouvelles expériences profondes peuvent se produire et de nouvelles perspectives peuvent se mettre au jour dans l'environnement de retraite
Inconvénients :	Peut être trop intense ou biaisé
Niveau :	Débutant à avancé
Attention personnelle :	Intensive pendant la retraite ; pas de suivi à domicile
Coût :	De don ou faible coût pour les organisations religieuses à très cher pour les retraites New Age

Étude de cas 8 : Méditation sur-mesure

Méditation sur-mesure ne privilégie pas une technique à l'exclusion de toutes les autres ; elle intègre tous les styles. Cette méthode passe énormément de temps à préparer l'esprit à la méditation. Comme certaines des méthodes ci-dessus, elle reconnaît qu'un style de vie simple et ciblé est nécessaire pour garantir vingt à trente minutes par jour de pratique de méditation non perturbée. Ce système met l'accent sur la compréhension de soi et la pensée positive. Il enseigne que la respiration, la relaxation et la maîtrise sensorielle sont très importantes pour donner à la méditation une chance de fonctionner.

Ce système dirige les gens vers chacune des traditions de méditation établies qui peuvent les aider une fois qu'ils ont trouvé leur style personnel. Tous les membres quittent ce programme avec des instructions claires pour expliquer comment les autres peuvent trouver la pratique de méditation qui leur convient le mieux.

Avantages :	Aide une personne à établir une fondation et à trouver un chemin
Inconvénients :	Pas le meilleur pour le long terme, plus un parcours d'introduction
Niveau :	Débutant à intermédiaire
Attention personnelle :	Très élevée ; le soutien du groupe est une clé pour la pratique de méditation
Coût :	Moyen à élevé pour un cours formel ; moyen pour les cours en continu

Ressources pour la *Méditation sur-mesure*

Les **centres de retraite** sont un excellent moyen d'approfondir la pratique : vous pouvez simplement utiliser les ressources Internet pour trouver une retraite près de chez vous sur le type de méditation qui vous intéresse. Un site général qui prend en charge une liste très exhaustive, www.retreatfinder.com vous offre de nombreuses options.

Les sites Web sont trop nombreux pour être énumérés. Veuillez utiliser les ressources via Internet pour trouver les groupes référencés dans les livres.

BIBLIOGRAPHIE

Ceci est une liste partielle de livres de méditation. Si vous voyez une tradition qui n'est pas mentionnée, veuillez nous pardonner. Ce livre aide les débutants à trouver le type de méditation qui convient à leur personnalité. Je vous encourage à rechercher des endroits à visiter et à en apprendre davantage sur les diverses traditions de méditation. Il y a plus de traditions que celles énumérées ; cela vous permet juste de commencer.

Ouvrages de méditation générale

Goleman, Daniel. *The Meditative Mind.* New York: G.P. Putman's Sons, 1988.

Monaghan, Patricia, et Eleanor Diereck. *Meditation: The Complete Guide.* Novato, CA: New World Library, 1999.

Méditation bouddhiste

Rahula, Walpola. *L'Enseignement du Bouddha. D'après les textes les plus anciens.* Points, 2014.

Thera, Nyanaponika. *Satipatthana, le cœur de la méditation bouddhiste.* Librairie d'Amérique et d'Orient Adrien Maisonneuve, 2003.

Pleine conscience bouddhiste (*Vipassana,* Asie du sud-est)

Gunaratana, Bhante H. *Mindfulness in Plain English.* Boston: Wisdom Publications, 2002.

Nhat-Hanh, Thich. *Le cœur de la compréhension.* Village des Pruniers, 1990.

———. *Le miracle de la pleine conscience.* J'ai lu, 2008.

———. *The Sun My Heart.* Berkeley, CA: Parallax Press, 1988.

———. *Transformation et guérison.* Albin Michel, 1999. Rosenberg,

Larry. *Breath by Breath*. Boston: Shambala, 1998.

Zen bouddihiste (Asie de l'est)

Herrigel, Eugen. *Zen in the Art of Archery*. New York: Pantheon Books, 1953.

Suzuki, Shunryu. *Esprit zen, esprit neuf*. Points, 2014.

Watts, Alan W. *L'esprit du Zen*. Points, 2005.

Introspection contemplative

Easwaran, Ecknath. *The Upanishads*. Petaluma, CA: Nilgiri Press, 1987.

Osborne, Arthur. *The Collected Works of Sri Ramana Maharshi*. York Beach, ME: Samuel Weiser, 1997.

Vivekananda, Swami. *Jnana Yoga*. Mayavati, Himalayas: Advaita Ashrama, 1948.

Wu, John. *The Tao Te Chung*. Boston: Shambala, 1989.

Wu, Yi. *The Mind of Chinese Ch'an (Zen)*. San Francisco, CA: Great Learning Publishers, 1989.

Prière de guérison

Bakken, Kenneth L. *The Call to Wholeness*. New York: Crossroad, 1985.

Dossey, Larry, MD. *Ces mots qui guérissent. Le pouvoir de la prière en complément de la médecine*. Jean-Claude Lattès, 1995.

James, William. *Varieties of Religious Experience*. New York: Collier Books, 1961.

LeShan, Lawrence. *The Medium, the Mystic, and the Physicist*. New York: Viking, 1974.

MacNutt, Francis. *Healing*. New York: Bantam Books, 1966.

Merton, Thomas. *Contemplative Prayer*. New York: Doubleday Books, 1971.

Sanford, Agnes. *La Lumière qui guérit*. Delachaux et Niestlé, 1955.

Smith, Houston. *The World's Religions*. San Francisco: Harper, 1991.
Underhill, Evelyn. *Practical Mysticism*. New York: EP Dutton, 1915.

Mantra

Easwaran, Eknath. *The Mantram Handbook*. Petaluma, CA: Nilgiri Press, 1977.

———. *Méditation : Un programme en huit points pour donner un sens à la vie*. Bellarmin, 1996.

Palmer, Gerald E. H., Philip Sherrard, et Kallistos Ware. *The Philokalia*. London: Faber & Faber, 1979.

Pleine conscience (Occident)

Kabat-Zinn, Jon, PhD. *Au cœur de la tourmente, la pleine conscience*. J'ai lu, 2012.

———. *Où tu vas, tu es*. J'ai lu, 2013.

Tart, Charles T. *Living the Mindful Life*. Boston: Shambala, 1994.

Exercices de préparation et mode de vie

Easwaran, Eknath. *Take Your Time*. Petaluma, CA: Nilgiri Press, 1994.

Yogendra, Shri. *Guide to Yoga Meditation*. Bombay, India: The Yoga Institute, 1983.

Visualisation

Gawain, Shakti. *Creative Visualization*. Novato, CA: New World Library, 1978.

Redmond, Layne. *Chakra Meditation*. Boulder, CO: Sounds True, 2004.

Méditation par le Yoga (Respiration, concentration)

Aranya, Swami Hariharananda. *Yoga Philosophy of Patanjali*. Calcutta, India: University of Calcutta Press, 1963.

Robinet, Isabella. *Taoist Meditation*. New York: SUNY Press, 1993.

Satchidananda, Sri Swami. *The Yoga Sutras of Patanjali*. Yogaville, VA: Integral Yoga, 1978.

Vivekananda, Swami. *Raja Yoga.* New York: Longmans, Green, and Co, 1901.

Avez-vous aimé La méditation sur-mesure ?

Si vous avez aimé ce livre, nous aimerions vous demander une petite faveur en retour. L'écriture d'un ouvrage représente des mois d'écriture et souvent de longues années de travail en amont pour acquérir les connaissances nécessaires. C'est pourquoi, si vous le voulez bien, nous vous serions reconnaissants de prendre quelques minutes pour parler de ce livre autour de vous, à vos amis, à vos libraires, sur les forums, blogs, sites web, pages, réseaux sociaux, etc., mais aussi pour laisser un avis sur les sites de vente en ligne.

Vos commentaires participent beaucoup à la visibilité du travail de nos auteurs, mais les aident (et nous aident) aussi à mieux cerner vos attentes, à apporter des améliorations à leur travail et à écrire des ouvrages sur d'autres sujets qui pourraient vous intéresser.

Un livre ne vit et n'existe que lorsqu'il se partage et devient accessible à d'autres. Or, cela ne peut se faire que s'ils en entendent parler. Voilà pourquoi votre participation est aussi importante, et pourquoi nous nous en remettons à vous.

Ouvrages du même éditeur

Émotions, vibrations, intuition

AUTEURE : JOHANNA HANI

Vous venez de retourner ce livre car vous vous demandez si vous devez le lire. Et si, plutôt que de vous laisser influencer par les mots, vous appreniez à observer votre corps pour prendre la décision juste pour vous.

Votre corps, grâce à vos sensations et émotions, est une antenne entre le monde qui vous entoure et Vous. Prendre conscience que vous êtes une vibration en communication permanente avec tout ce qui est, vous permettra d'accéder facilement à votre intuition et de vivre une vie en adéquation avec votre Être véritable.

Les thérapeutes et les coachs ainsi que tous ceux qui souhaitent développer leur intuition trouveront dans ce livre des explications, des outils et des exercices innovants et faciles à transposer aussi bien dans la vie quotidienne que dans le cadre d'un cabinet.

Broché 15 x 21 - Illustrations N&B - 146 pages

Retrouvez votre vraie nature... d'être

AUTEURE : STÉPHANIE BESNEHARD

Vous est-il déjà arrivé de vous poser la question : « Qui suis-je vraiment ? » ou encore « Quand suis-je juste avec moi-même ? »

Vous construisez votre nature d'être en fonction de votre passé, de vos croyances, de vos limites, de vos peurs, de vos pensées...

Malheureusement votre « Être » ne peut véritablement se dévoiler à lui-même dans ces conditions.

Au travers de cet ouvrage ludique et didactique, l'auteure vous guide vers une prise de conscience progressive, à l'image de l'artichaut que vous effeuillez petit à petit. à chaque étape, des évolutions vous permettent de vous rapprocher de votre savoureux cœur afin de vous révéler pleinement en vous débarrassant des couches superflues.

Ce livre vous éclairera sur votre manière de circuler dans votre labyrinthe intérieur. Et surtout, il vous aidera à vous retrouver et « Être » enfin, véritablement.

Broché 15 x 21 - Illustrations N&B - 158 pages

La Vie, une histoire d'amour avec... Soi

AUTEUR : KALIL J. MACÉ

« Si tu veux être aimé pour toi-même, alors, apprends d'abord à t'aimer. » Qui n'a pas déjà entendu cette petite phrase ?

Qu'est-ce qui fait que nous avons parfois le sentiment d'un échec lors d'un travail psychothérapeutique ? Quelles sont les raisons qui font que, malgré un acharnement à vouloir changer, nous restons bloqués dans les mêmes systèmes ?

Si chaque situation, que nous vivons ou qui nous a conditionnés, était l'occasion d'une remise en question, pour nous aider à développer plus d'amour pour nous-mêmes.

Et si la vie était, surtout, une histoire d'amour avec… Soi ?

S'aimer, c'est avant tout apprendre à se connaître, autant dans notre fonctionnement physiologique, que psychologique et spirituel. C'est rétablir le lien avec soi-même, faire la paix avec le passé et se donner le droit de choisir des contextes et des personnes nourrissantes, autant physiquement, que mentalement, émotionnellement et spirituellement. Ceci, afin de redevenir des êtres autonomes, responsables et libres, dans le respect de soi, des autres et du monde qui nous entoure.

ⓘ *Broché 15 x 21 - Illustrations N&B - 350 pages*

Dépôt légal : septembre 2019 N° imprimeur : 091963953-01

Imprimé en France par Présence Graphique - Monts.